逻辑学引论

主 编 陈爱华
副主编 苏向荣 徐传宇

东南大学出版社
·南京·

内 容 提 要

本书既融思想性、科学性、审美性和趣味性为一体，同时又有形式逻辑的形式化、公式化、精确化特征，形成了多维立体宽广视野。第一，引进现代逻辑发展中的批判性思维向度，并在习题中编排了相关的应用练习，为读者进行 MBA、MPA、GCT－ME 等批判性思维逻辑的学习奠定坚实的逻辑理论基础。第二，每章末有"关键术语提要"、"进一步阅读指南"，既有利于读者巩固已学知识，又便于读者对感兴趣的问题进行新的探索；每章的"问题与思考"，便于读者弄清理论、理清思路；"练习题"可以运用逻辑理论进行"思想实验"。第三，首次引入了对逻辑的审美向度的探索性研究，让读者领略"美与真是一回事"。第四，对逻辑应用与发展过程中凸现的类比思维与非形式逻辑思维的直觉思维及其作用进行了独到的分析，对读者有多方面的启迪。第五，本书设立了"辩证逻辑"一章，使读者对逻辑有更全面的了解。

本书不仅适合多层次、多方面读者阅读与研究逻辑，而且也为学习 MBA、MPA、GCT－ME 等逻辑的读者提供解题思路与指导。

图书在版编目(CIP)数据

逻辑学引论 / 陈爱华主编. —南京：东南大学出版社，2013.1
 ISBN 978-7-5641-4085-4

Ⅰ. ①逻… Ⅱ. ①陈… Ⅲ. ①逻辑学 Ⅳ. ①B81

中国版本图书馆 CIP 数据核字(2013)第 014988 号

逻辑学引论

出版发行：	东南大学出版社
社　　址：	南京市四牌楼 2 号　邮编：210096
出 版 人：	江建中
责任编辑：	史建农
网　　址：	http://www.seupress.com
电子邮箱：	press@seupress.com
经　　销：	全国各地新华书店
印　　刷：	南京京新印刷厂
开　　本：	787mm×1092mm　1/16
印　　张：	17.25
字　　数：	420 千字
版　　次：	2013 年 1 月第 2 版
印　　次：	2013 年 1 月第 1 次印刷
书　　号：	ISBN 978-7-5641-4085-4
印　　数：	1～4 000 册
定　　价：	36.00 元

本社图书若有印装质量问题，请直接与营销部联系。电话：025－83791830

导　言
逻辑的真、善、美——探索逻辑的多维视阈

在探索逻辑的过程中,一般人们都以"逻辑与求真"话题为主,并对逻辑的求真之维给予了充分的肯定。这样,逻辑的求真之维得以展露,而逻辑的臻善之维和审美之维则处于遮蔽状态。本书主要以普通逻辑为解析对象,试图将其中处于遮蔽状态真、善、美的三重维度予以展露,进而使人们关注逻辑的求真、臻善、审美的三重功能。

一、逻辑与求真

黑格尔在界定逻辑学研究对象时说过,"真理就是逻辑学的对象"①。因而关于"逻辑与求真",应是逻辑的题中之意。然而,这里笔者关注的不是"逻辑要不要求真"或"逻辑与求真有无关联",而是"逻辑是如何求真的"？以往无论是形式(普通)逻辑的教学还是研究,均从肯定的、确定的和既成的思维视角,从相对独立的方面对有关理论加以阐释或分析有关问题。而在近几年的 MBA、MPA(GRK)、GCT 逻辑教学与研究中,展露的却是形式逻辑的另一方面——批判性思维——从否定(质疑)的、不确定的和生成过程中的分析解剖相关的案例,从题干、问题和选项的联动中,从错综复杂的多重关系中分析和把握思维对象。这样,使逻辑获得了一种新的魅力,开拓了崭新的思维视阈。正如黑格尔所说:"认识到思维自身的本性即是辩证法,认识到思维作为理智必陷于矛盾、必自己否定其自身这一根本见解,构成逻辑学上一个主要的课题。"②因此,逻辑在求真运思中,既有其肯定的思维向度,又有其否定(批判性)的思维向度。其肯定的思维向度表现为,根据逻辑思维规律(或规则),在思维对象发展的相对稳定状态之中、在其相对静止的条件下考察其属性,判断其真假,推断思维对象之间具有的逻辑因果联系。其否定(批判性)的思维向度表现为,根据逻辑思维规律(或规则),对业已形成的有关思维对象发展状态、属性、判断以及关于思维对象之间具有的逻辑因果联系的推断进行批判性判定:或类比其逻辑错误、逻辑思维方法,或探寻其假设,或削弱其论证等。通过这种正向与逆向的逻辑运思,达到求真的目的。

二、逻辑与臻善

"逻辑与臻善"在一般情况下似乎是风马牛不相及,实际上,逻辑与臻善有着内在的逻辑联系,突出地表现在以下三个方面:一是对于思维活动的个体尤其是科学创新人才而言,有助于培养其思维品性——理智德性。就普通逻辑而言,它要求人们在思想交流过程中、在逻辑运思中,必须概念明确,判断恰当,推理符合逻辑,论证依据充分,这不仅是求真的要求,也是对人思维品性——理智德性的培养。关于德性,亚里士多德曾阐释道:"德性有两种:理智的和道德的。理智的德性,是由于训练而产生和增长的(所以必需时间和经验);道

---

① 黑格尔:《小逻辑》,商务印书馆,1980年,第66页。
② 黑格尔:《小逻辑》,商务印书馆,1980年,第53页。

德的德性则是习惯的结果"①。人的思维品性不会与生俱来,而是后天"训练而产生和增长的"。由于逻辑要求人们在思维过程中一定要遵守有关的逻辑规则和逻辑基本规律才能使概念明确、判断恰当、推理有效、论证有力,因而逻辑是对人思维品性——理智德性的培养和训练的必经环节。对于科学创新人才而言,良好的理智德性,是其道德德性得以生成的理智基础;同时,道德德性决定其人生目标与价值取向,对理智德性具有引导和激励作用。二是从逻辑的论证功能而言,可以揭露谬误,反驳诡辩,伸张正义。诡辩从政治上讲,是一种骗术;从逻辑上讲,是故意制造逻辑错误,其惯用的手法是偷换概念或偷换论题、歪曲引证、庸俗类比、错误概括等,这些都是不合逻辑的。逻辑通过揭露诡辩中的逻辑谬误,能澄清事实真相,使人们明是非、辨真伪、识美丑、知善恶,使正气得以弘扬,使正义得以伸张。三是逻辑的数学化——数理逻辑的发展推动了计算机的发展,从而推动了社会发展与人的解放的进程:社会各行各业的自动化——不仅使人从繁重的体力劳动中解放出来,而且也从繁重的脑力劳动中解放出来。这样,使人们有更多的闲暇时间从事发展与创新活动。

三、逻辑与审美

逻辑不仅具有求真、臻善的功能,更有审美价值。黑格尔在界定美时指出:"美就是理念……美与真是一回事。这就是说,美本身必须是真的。"尽管在严格意义上,真与美是有分别的,但"当真在它的这种外在存在中是直接呈现于意识,而且它的概念是直接和它的外在现象处于统一体时,理念就不仅是真的,而且是美的了"②。由此,黑格尔对美下了这样的定义:"美就是理念的感性显现。"③

逻辑的审美价值具有丰富的内涵:一是概念的逻辑美,表现为内涵与外延的关联美;概念种类的多样美;概念外延间关系具有包容美、同一美、层次美、互摄美和区别美;定义则具有明晰美;划分具有层级美;概括的递进美与限制的逆溯美相得益彰。二是判断的逻辑美,表现为其一性质判断形式的多样美、其对当关系的关联美和对称美、主谓项的周延美;其二复合判断真值表的明晰美、逻辑表达式的形式美与简洁美、负判断之间的转化美。三是推理的逻辑美,表现为性质判断换质推理的否定美、换位推理的主谓项之间的易位美、换质位推理的集成美;三段论则具有逻辑结构的严谨美、逻辑形式的简洁美和逻辑体系的和谐美。关系判断及其推理则表现了其特有的关联美、对称美和传递美。复合判断推理的逻辑美则表现为,前提与结论之间的蕴涵美;推理形式的多样美。四是逻辑规律的逻辑美,主要显现为逻辑规律的统摄美,简洁美,严谨美。五是模态判断及其推理使我们在把握事物发展趋势的过程中,领略其逻辑思维的预测美,"必然"与"可能"、"实然"与"应然"、"允许"与"禁止"之间的关联美。六是归纳推理与类比推理的逻辑美,表现为综合美、创新美和超越美;假说则展示了其预测美和探索美。七是论证的逻辑美,主要表现为求真美和自洽美。

简言之,逻辑不仅与求真密切相关,而且与臻善、审美也具有内在关联性。从审美的视角看,逻辑如诗(逻辑推理)、如画(文恩图、真值表等)、如歌(思想的理论逻辑——思维的心曲)。因此,在逻辑的教学或研究中,不能仅仅偏重其求真之维,而且要重视逻辑的臻善之

---

① 周辅成:《西方伦理学名著选辑》,商务印书馆,1987年,第291页。
② 黑格尔:《美学全书》第1卷,商务印书馆,1979年,第158页。
③ 黑格尔:《美学全书》第1卷,商务印书馆,1979年,第158页。

维和审美之维,进而使人们对逻辑及其功能有更全面而深刻的领悟。

基于上述认识,确立本书编写的指导思想是:在形式逻辑基本理论的基础上,增强其思想性、科学性、审美性和趣味性。将原来形式逻辑的单一型的形式化、公式化、精确化特色,变为融思想性、科学性、审美性和趣味性为一体的多维立体特色。在此前提下,调整原来形式逻辑(普通逻辑)的编写框架和结构:第一,进一步引进现代逻辑发展中的批判性思维向度,在每章的习题中都编排关于这章中的知识在批判性思维中的应用的练习,为读者今后参与 MBA、MPA、GCT-ME 等批判性思维逻辑的学习奠定基础。第二,对逻辑的审美向度,特别是三段论的逻辑美进行了探索性研究,让读者领略黑格尔所说的"美就是理念……美与真是一回事"。第三,对逻辑应用与发展过程中凸现的类比思维与非形式逻辑思维的直觉思维及其作用进行了分析与探索,并尽力使它与形式逻辑的内容协调或衔接起来。第四,为了使读者对逻辑有更全面的了解,本书增加了"辩证逻辑"一章。第五,为了便于读者自学,在内容编排上,一是每章设有关涉其内容与思想方法的"名人名言"——以引起读者对这章内容与方法及其作用的关注;二是每章设有"本章概述"——使读者对自己将要学习的内容"胸中有数";三是在每章末有"关键术语提要"、"进一步阅读指南"——一方面巩固已学知识,另一方面便于读者对感兴趣的问题进行新的探索;四是为了增强读者分析问题和解决问题的能力,在每章设有"问题与思考"——弄清理论、理清思路,"练习题"——运用逻辑理论进行"思想实验"。

作为教育部振兴行动计划东南大学重点资助教材,本书在出版后的近八年的实践中,其融思想性、科学性、审美性和趣味性为一体的风格得到了广大读者的好评与肯定。为了满足广大读者进一步学习逻辑学和深造等多方面的需求,我们对原书做了进一步的修订:一是更新了一些例题和习题,使得逻辑学与现实的联系更加紧密,更具有时代感;二是增加了一些批判性思维训练的习题;三是增加了事件排序的题型,以强化读者综合运用逻辑学知识的能力;四是在格式上做了一定的调整,使得该书的重点更加突出,层次更加鲜明。如果《逻辑学引论》能继续为提高读者的思维品性和思维能力发挥作用,我们将感到欣慰。

由于水平所限,本书肯定还有不当和不足之处,我们竭诚欢迎同行和广大读者提出批评意见,以便促进本书的改进。

陈爱华
2012 年 8 月

目　　录

导言 ··· I

第一章　形式逻辑概述 ·· 1
　第一节　形式逻辑的研究对象 ······································ 1
　第二节　形式逻辑的性质 ·· 4
　第三节　逻辑发展简史 ·· 7
　第四节　学习形式逻辑的意义与方法 ······························ 10
　关键术语提要 ··· 12
　进一步阅读指南 ··· 12
　问题与思考 ··· 13
　练习题 ··· 13

第二章　概念 ··· 15
　第一节　概念的概述 ··· 15
　第二节　概念的种类 ··· 18
　第三节　概念间的关系 ·· 19
　第四节　定义 ··· 21
　第五节　划分 ··· 25
　第六节　概念的限制与概括 ·· 27
　关键术语提要 ··· 29
　进一步阅读指南 ··· 30
　问题与思考 ··· 30
　练习题 ··· 31

第三章　性质判断及其推理 ······································· 34
　第一节　判断概述 ··· 34
　第二节　性质判断及其对当关系 ···································· 37
　第三节　推理与性质判断的直接推理 ······························· 43
　关键术语提要 ··· 47
　进一步阅读指南 ··· 48
　问题与思考 ··· 48
　练习题 ··· 48

第四章 三段论 ... 52
第一节 三段论概述 ... 52
第二节 三段论公理与规则 ... 53
第三节 三段论的格与式 ... 55
第四节 三段论的省略形式 ... 57
第五节 复合三段论 ... 58
拓展研究:三段论的逻辑美 ... 60
关键术语提要 ... 65
进一步阅读指南 ... 65
问题与思考 ... 65
练习题 ... 66

第五章 关系判断及其推理 ... 68
第一节 关系判断及其推理概述 ... 68
第二节 对称性关系判断及其推理 ... 72
第三节 传递性关系判断及其推理 ... 74
关键术语提要 ... 77
进一步阅读指南 ... 77
问题与思考 ... 77
练习题 ... 77

第六章 复合判断及其推理(上) ... 80
第一节 复合判断及其推理概述 ... 80
第二节 联言判断及其推理 ... 82
第三节 选言判断及其推理 ... 86
第四节 假言判断及其推理 ... 93
关键术语提要 ... 105
进一步阅读指南 ... 106
问题与思考 ... 106
练习题 ... 106

第七章 复合判断及其推理(下) ... 111
第一节 负判断及其等值推理 ... 111
第二节 二难推理 ... 118
第三节 其他复合判断推理 ... 124
第四节 真值表方法及其判定作用 ... 129
关键术语提要 ... 135
进一步阅读指南 ... 135

问题与思考 ·· 135
　　练习题 ··· 135

第八章　模态判断及其推理 ·· 138
　　第一节　模态判断概述 ·· 138
　　第二节　模态判断及其推理 ·· 139
　　第三节　规范判断及其推理 ·· 145
　　关键术语提要 ·· 151
　　进一步阅读指南 ··· 151
　　问题与思考 ·· 151
　　练习题 ··· 151

第九章　逻辑基本规律 ·· 154
　　第一节　逻辑基本规律概述 ·· 154
　　第二节　同一律 ··· 155
　　第三节　矛盾律 ··· 157
　　第四节　排中律 ··· 160
　　拓展讨论：充足理由律 ·· 162
　　关键术语提要 ·· 163
　　进一步阅读指南 ··· 163
　　问题与思考 ·· 163
　　练习题 ··· 163

第十章　归纳推理 ··· 166
　　第一节　归纳推理概述 ·· 166
　　第二节　完全归纳推理 ·· 169
　　第三节　不完全归纳推理 ·· 170
　　第四节　探求因果联系的逻辑方法 ·· 174
　　第五节　概率归纳推理与统计归纳推理 ··· 183
　　关键术语提要 ·· 185
　　进一步阅读指南 ··· 186
　　问题与思考 ·· 186
　　练习题 ··· 186

第十一章　类比推理和假说 ·· 189
　　第一节　类比推理 ··· 189
　　拓展讨论：类比在现代逻辑发展中的作用——以逻辑学发展为案例 ································· 195
　　第二节　假说 ·· 199

关键术语提要 ⋯⋯ 208
　　进一步阅读指南 ⋯⋯ 208
　　问题与思考 ⋯⋯ 209
　　练习题 ⋯⋯ 209

第十二章　证明与反驳 ⋯⋯ 212
　　第一节　证明概述 ⋯⋯ 212
　　第二节　证明方法 ⋯⋯ 216
　　第三节　反驳 ⋯⋯ 219
　　第四节　证明与反驳的规则 ⋯⋯ 221
　　关键术语提要 ⋯⋯ 224
　　进一步阅读指南 ⋯⋯ 224
　　问题与思考 ⋯⋯ 225
　　练习题 ⋯⋯ 225

第十三章　辩证逻辑 ⋯⋯ 231
　　第一节　辩证逻辑的发展 ⋯⋯ 231
　　第二节　辩证思维形式与规律 ⋯⋯ 235
　　第三节　辩证逻辑的方法与应用 ⋯⋯ 241
　　拓展讨论：近代辩证逻辑的发展与特征 ⋯⋯ 248
　　关键术语提要 ⋯⋯ 254
　　进一步阅读指南 ⋯⋯ 255
　　问题与思考 ⋯⋯ 255

附录　论直觉思维及其作用——非形式逻辑思维探索 ⋯⋯ 256

主要参考文献 ⋯⋯ 262

后记 ⋯⋯ 264

> 每一时代的理论思维,从而我们时代的理论思维,都是一种历史的产物,在不同的时代具有非常不同的形式,并因而具有非常不同的内容。因此,关于思维的科学,和其他任何科学一样,是一种历史的科学,关于人的思维的历史发展的科学。①
>
> ——恩格斯

第一章 形式逻辑概述

本章概述

本章主要内容包括形式逻辑的研究对象、形式逻辑的性质、逻辑发展简史以及学习形式逻辑的意义与方法等。正确认识与把握这些内容对于学习掌握形式逻辑、体悟逻辑美的真谛具有重要意义。

第一节 形式逻辑的研究对象

形式逻辑发展的历史源远流长,它是"关于思维的科学,和其他任何科学一样,是一种历史的科学,关于人的思维的历史发展的科学"②。同时,正如导言所述,形式逻辑还具有求真、臻善、审美的三重功能。当代,随着科学技术的发展,形式逻辑发挥着越来越重要的作用,人们也比以往更加重视学习和运用形式逻辑。为了学好形式逻辑,首先必须弄清逻辑的内涵,了解形式逻辑的研究对象。

一、什么是逻辑

人们对"逻辑"一词也许并不陌生,但"逻辑"的含义是什么,并非都能准确了解。

"逻辑"一词来源于古希腊文"λογος"(逻各斯),原意指思想、言辞、理性、规律性等。古代西方学者用"逻辑"来指称研究推理论证的学问。我国古代和近代学者曾用"名学"、"辩学"、"理则学"、"论理学"等表示"逻辑"。近代,自严复将英语"Logic"一词译成"逻辑"以来,一直沿用至今。

在日常应用中,逻辑是一个多义词,其含义如下:

1. 作为规律的逻辑

例如:

---

①② 《马克思恩格斯选集》第3卷,人民出版社,1972年,第465页。

一部受大众好评的电视剧一般是符合生活逻辑的。

新生事物的发展不是一帆风顺的,这是事物发展的客观逻辑。

2. 作为观点的逻辑

例如:

"不知则问,不能则学,虽能必让,然后为德。"① 这是荀子的逻辑。

3. 作为思维或思维规律的逻辑

例如:

为了适应高科技迅猛发展和信息时代的需要,我们都要学会运用逻辑。

4. 作为一个序列科学的逻辑

它包括形式逻辑、数理逻辑、辩证逻辑以及各种应用逻辑,如认知逻辑、科学逻辑、法律逻辑、刑侦逻辑、描述逻辑等。

二、形式逻辑学研究什么

形式逻辑的研究对象,可以概括为:研究思维的逻辑形式及其规律以及简单的逻辑方法的科学。

然而,要理解上述形式逻辑的研究对象,必须弄清以下几个方面的问题:

1. 实践、认识与思维

要了解实践、认识与思维的关系,首先必须了解实践是认识的基础。就人们的认识而言,它是一定社会的人们在一定的实践过程中形成的。因为人们在作用于自然、社会的过程中即改造、利用和保护自然实践中与其他社会实践中,认识了人—自然—社会。在认识的过程中,一般需要经过两个阶段:第一阶段是接触人—自然—社会的过程中,在人脑中产生对于人—自然—社会的感觉、知觉和表象——这是属于感性认识阶段;第二阶段是综合上述感性认识阶段感觉的材料,并对其加以整理和改造,再逐步把握事物的本质及其规律,进而产生认识过程的飞跃,形成概念,进而构成判断和推理——这是属于理性认识阶段。由此可见,认识既包括感性认识阶段,又包括理性认识阶段。而思维是认识的高级阶段,即属于认识的理性阶段。毛泽东指出:"认识的真正任务在于经过感觉而到达思维",思维"就是人在脑子中运用概念以作判断和推理的工夫"②。

属于认识的理性阶段的思维在反映客观世界(人—自然—社会)的过程中,具有三个最基本的特征,即抽象性、概括性和间接性。就是说,思维能够从许多个别事物的各种各样的属性中,抽象出其本质的属性,把握一类事物内在的、本质的属性(特性与联系性);思维还能够根据已有的认识推出新的知识,而不局限于现有的、感性的直接认识。因此,思维是人脑对于客观世界(人—自然—社会)的抽象的、间接的和概括的反映。正因为如此,从马克思主义的认识论来看,思维对于客观世界(人—自然—社会)的反映正确与否,必须经过实践的检验。

2. 思维与语言

思维不仅与实践和认识相关,而且与语言有着密切的联系。

---

① 《荀子·非十二子》。
② 《毛泽东选集》1~4卷合订本,人民出版社,1964年,第262、267页。

首先,就思维与语言的相互联系来说,一是思维和语言是人们在劳动过程中同时产生的。因而,没有思维就没有语言,没有语言就没有思维;二是思维是语言的内容,语言是思维的外壳。语言总是思想的直接现实。斯大林指出,"不论人的头脑中产生什么样的思想,以及这些思想在什么时候产生,它们只有在语言的材料基础上,在语言的术语和语句的基础上才能产生和生存。"①因此,不借助于一定的语言,人们的思想就无法交流。

其次,思维与语言还是有区别的,主要表现在以下三个方面:

(1) 反映的对象不同

思维是人脑对客观事物的反映;语言则是以语音、词汇、语法结构规律组成的表达系统,它是思维的物质外壳,是表达思维的工具。语言除表达思维外,还可以以"啊"、"呢"、"吗"等语气词表达感情、意愿,如赞美、祝愿、愤怒、哀伤等。

(2) 特点不同

就思维的特点而言,它具有间接性、抽象性、概括性;就语言的特点而言,它具有直接性、具体性、可感性,还有民族性和地域性。

(3) 所属的研究范畴不同

语言是语言学研究的对象,而思维则有多门学科将其作为研究的对象,如,除逻辑学外,还有哲学、心理学、神经生理学、语言学以及人工智能、信息论等,也都直接或间接地研究思维,但它们都根据各自不同的实践目的,从不同的侧面或视角来研究思维。形式逻辑在研究思维时,有其自身领域和视角,正如恩格斯所指出的那样:"逻辑是关于思维过程本身的规律的学说"②,即形式逻辑主要研究思维的逻辑形式及其逻辑规律和简单的逻辑方法。

3. 思维内容与思维形式

任何事物都有它的内容及其形式,思维也是如此。所谓思维内容就是指思维所反映的特定对象及其属性;而思维形式就是指思维内容的反映方式,如概念、判断(命题)和推理等。思维内容与思维形式既相互联系,又相互区别。二者的相互联系表现为,一定的思维内容必须要借助一定的思维方式才能得以表达;一定的思维方式包含了一定的思维内容。但它们又有一定的相对独立性。

例如:

所有商品都是有价值的。

所有阔叶植物都是会落叶的。

所有小说都是有情节的。

从逻辑上看,这是三个判断,它们分别反映三类不同的对象具有不同的属性,这就是这三个判断的思维内容。尽管这3个判断的思维内容各不相同,但是它们具有共同的形式结构,即"所有……都是……",这就是它们的逻辑形式。其中"所有"、"都是"称为常项。我们用 S 表示判断中指称对象的概念(称为变项),用 P 表示判断中指称属性的概念(称为变项),上述3个判断所共同具有的逻辑形式即为:

所有 S 都是 P。

---

① 《斯大林选集》下卷,人民出版社,1979年,第527页。
② 《马克思恩格斯选集》第4卷,人民出版社,1972年,第253页。

又如：

① 凡是金属都是导电的，
   铁是金属，
   所以，铁是导电的。

② 所有的菌类植物都是没有叶绿素的，
   蘑菇是菌类植物，
   所以，蘑菇是没有叶绿素的。

这是两个推理，它们的具体内容各不相同，但它们的形式结构却是相同的。它们都有3个不同的判断，其中包含有3个不同的概念。我们以 M、P、S 分别表示上述两个推理中那3个不同的概念(变项)，它们的逻辑形式即为：

所有的 M 都是 P，
所有的 S 都是 M，
所以，所有的 S 都是 P。

由此可见，不同的思维内容可以用同一种思维方式来表达。不仅如此，同一思维内容可以用不同的思维方式来表达。例如，

① 如果我们不从现在开始就重视预防和消除信息高速公路上的信息垃圾，那么总有一天信息高速公路将无法正常通行。

② 只有从现在起就开始重视信息高速公路上信息垃圾的预防和消除，信息高速公路才可能预防无法正常通行的后果。

这两个判断思维内容相同，但在表达形式上不同：①包含了这样的逻辑思维形式："如果不……那么不……"；②包含了这样的逻辑思维形式："只有……才……"。我们将其中包括的相同判断分别用 p、q 表示，上述两个判断的逻辑形式分别为：

$\neg p \rightarrow \neg q$

$p \leftarrow q$

总之，思维的逻辑形式就是不同内容的判断和推理自身所具有的共同结构。思维的逻辑形式包括：概念、判断、推理；正确地运用一定的思维的逻辑形式还须遵守一定的逻辑思维规律。逻辑思维规律包括：同一律、排中律、矛盾律等；正确地运用一定的思维的逻辑形式进行思维，还可以借助简单的逻辑方法。简单的逻辑方法主要有：定义、划分、限制、概括、真值表、演绎、归纳、类比等。

第二节 形式逻辑的性质

一、形式逻辑的性质

由于思维形式相对于思维内容有一定的独立性，形式逻辑便以思维的逻辑形式及其规律以及简单的逻辑方法作为研究对象，因此形式逻辑是一门思维工具性的科学。其工具性主要表现为，形式逻辑的应用范围，涉及人们的生活、工作和科学研究等一切领域。因为人

们在社会生活的任何领域,都要运用概念、判断、推理等思维形式认识事物及其现象,表达自己的思想。在这一过程中,都关涉是否符合逻辑规律和规则的问题。而掌握逻辑这个思维工具是正确思维的必要条件。列宁曾说过,任何科学都是运用逻辑。因此,逻辑和语法一样,都是学习其他科学知识的工具。尽管形式逻辑所研究的思维的逻辑形式及其规律以及简单的逻辑方法属于认识的理性阶段,但它们不是人们主观臆造的,而是有其客观基础的,即是对思维对象的客观性及其发展的规律性的反映。它们是思维对象中最普遍、最常见的关系在人们头脑中的反映,是人们在长期实践中经过亿万次的重复才固定下来的。列宁明确指出:"逻辑形式和逻辑规律不是空洞的外壳,而是客观世界的反映。"①

然而,康德主义者认为,逻辑形式和逻辑规律同客观世界毫无关系,只是人脑所固有的先验的范畴。逻辑实证主义者认为,逻辑规律就像玩牌和下棋的规则一样,是人们任意约定的。这些观点显然都否认了逻辑形式和逻辑规律产生的客观基础,因而是错误的。

从形式逻辑的研究对象来看,思维的逻辑形式及其规律是属于全人类的,它没有阶级性。任何人要进行正常的思维活动都必须运用这些思维的逻辑形式和遵守思维的逻辑规律。自从亚里士多德创立形式逻辑以来,人类社会经历了从奴隶社会、封建社会到资本主义社会和社会主义社会的重大变革,形式逻辑的基本原理并没有什么太大的变化,但在阶级社会里人们在运用它的过程中表现出一定的阶级性。这是因为运用逻辑的人属于一定的阶级。此外,对逻辑形式、逻辑规律和逻辑方法的哲学解释,即所谓逻辑哲学,存在着唯物主义与唯心主义的激烈斗争,进而表现出这个阶级或那个阶级的观点和意志。因此,我们必须将形式逻辑与形式逻辑的应用区分开来,不能混为一谈。

二、形式逻辑与其他学科

我们不仅可以从"是什么"了解形式逻辑的性质与研究对象,还可以从形式逻辑与其他科学的关系中加深理解。

1. 形式逻辑和哲学的关系

形式逻辑和哲学两者之间的关系很密切,形式逻辑是在自然哲学中孕育和成长起来的。长期以来,许多哲学家把形式逻辑作为哲学的一个组成部分。随着形式逻辑的发展,形式逻辑和哲学的区别日益明确了:哲学是世界观和方法论,形式逻辑是研究思维的逻辑形式及其规律以及简单的逻辑方法的一门具体科学。所以,形式逻辑不是哲学,不是世界观,不能把形式逻辑混同于哲学上的形而上学。

2. 形式逻辑和辩证逻辑的关系

形式逻辑和辩证逻辑都是研究思维的逻辑形式及其规律的科学,因而都属于思维科学。作为思维科学,它们同以思维之外的客观物质世界为研究对象的物理学、生物学、政治经济学等自然科学和社会科学相区别,也和研究人的心理现象的科学——心理学不同。这是它们的共同点。在人们的整个认识和思维过程中,既需要运用形式逻辑的工具,也需要运用辩证逻辑的工具,两者并不相互排斥,而是相辅相成的。

但两者又是有区别的。它们总的区别是从不同角度研究思维形式的两种逻辑。具体来说:

---

① 《列宁选集》第38卷,人民出版社,1972年,第92页。

(1) 涉及真理问题的层次不同

辩证逻辑涉及真理的各个方面;形式逻辑只从判断之间的相互关系研究思维形式之间的真假关系以及推理的逻辑性,它所确立的只是逻辑的有效性和逻辑的真理性。

(2) 研究的方式不同

首先,形式逻辑从思维内容与思维形式的相对独立性出发,主要从思维的逻辑结构方面研究思维形式;辩证逻辑结合思维的具体内容,从思维的内部本性和在把握真理性认识的作用方面去研究思维形式。其次,形式逻辑从事物既成的、相对稳定的、相对静止的状态中研究思维形式,因而其范畴具有相对的确定性、一贯性和明确性;而辩证逻辑是从事物的运动发展状态中研究思维形式,因而其范畴是流动的、互相联系的。恩格斯指出:"辩证逻辑和旧的纯粹的形式逻辑相反,不像后者满足于把各种思维运动形式,即各种不同的判断和推理的形式列举出来和毫无关联地排列起来。相反地,辩证逻辑由此及彼地推出这些形式,不把它们互相平列起来,而使它们互相隶属,从低级形式发展出高级形式。"①

(3) 研究的范围不同

形式逻辑只研究思维逻辑形式的结构及其规律以及简单的逻辑方法;而辩证逻辑研究思维形式的产生、形成和发展过程,甚至包括辩证法本身。因为辩证逻辑是关于真理的学说,是认识史的总结。而人的认识是否具有客观真理性,仅仅靠逻辑推理是不能解决的,必须经过实践检验。因此,辩证逻辑把实践的观点包括在对思维形式的研究之中。

(4) 研究的重点不同

形式逻辑注重推理和论证;辩证逻辑通过概念、判断、推理得出科学理论,推理本身和推理过程只是科学理论建立和发展的一个从属因素。

总之,由于从不同的角度研究思维形式,因而形式逻辑和辩证逻辑有着不同的对象、性质、职能、作用和不同的发展方向。

3. 形式逻辑(亦称传统逻辑)和数理逻辑的关系②

数理逻辑是从形式逻辑中分化发展起来的一门新兴学科。对于数理逻辑和形式逻辑的关系,正如格·克劳斯所说,只存在一种逻辑,把数理逻辑排除在形式逻辑之外是不可能的。这两者的区别是:

(1) 形式逻辑和数理逻辑的研究对象不完全相同

形式逻辑包括广泛的研究内容,而数理逻辑则侧重于研究演绎方法。比如,形式逻辑中的归纳方法、类比方法等,数理逻辑还没有进行充分的研究。而数理逻辑中的有些研究对象,例如公理系统的完全性、独立性问题,形式逻辑不研究。即使有些对象,例如直言三段论推理和假言推理等是两者都研究的,但是它们研究的侧重点也是有所不同的。再如同一律、排中律和矛盾律在形式逻辑中是作为基本规律,而在数理逻辑中则作为公理或定理。

(2) 形式逻辑与数理逻辑的研究方法不同

形式逻辑主要用自然语言来表达思维形式及其结构。例如用"所有的 S 都是 P"和"如果 p,那么 q"来分别表达全称肯定判断的结构和充分条件假言判断的结构。这里的"所有的……都是……"与"如果……那么……"就是自然语言。为了避免自然语言可能产生的

---

① 《马克思恩格斯选集》第 3 卷,人民出版社,1972 年,第 545—546 页。
② 参见于光远主编:《中国小百科全书·思想学术·逻辑》第 7 卷,团结出版社,1998 年。

歧义和某些不确定的因素,数理逻辑应用了符号语言,将上述判断表述为:(x)(S(x)→P(x))和 p→q,其中符号的意义,都是有明确规定的。

(3) 两者表达的精确性不同

形式逻辑的表达方式比较笼统、直观,数理逻辑的表达方式比较精确,例如在形式逻辑中,"所有 S 是 P"和"有 S 是 P"都属直言判断,而在数理逻辑中,就成为全称量词的蕴涵式:(x)(S(x)→P(x))和存在量词的联言式:(∃x)(S(x)∧P(x))。

(4) 形式逻辑与数理逻辑在人们认识中所起的作用不同

数理逻辑主要是数学研究中的有效工具,而形式逻辑则是普通思维中的便利工具。当然,这种区分不是绝对的。对于普通思维中的某些问题,可以也需要应用数理逻辑的某些内容来加以解决;同时,在数学研究中也要应用自然语言,因而也需要应用以自然语言来表达的形式逻辑的某些内容。因此,我们既要大力研究和发展数理逻辑,也要进一步研究和发展形式逻辑,其中包括吸取数理逻辑的某些成果来充实和丰富形式逻辑。

第三节 逻辑发展简史[①]

形式逻辑是一门古老的学科,大约公元前 5 世纪,古代中国、印度和希腊的思想家就开始研究有关思维和论辩中的逻辑问题,从而形成了三个不同的逻辑传统,即中国逻辑传统、印度逻辑传统和希腊逻辑传统。

一、中国的名学

先秦时期是中国逻辑的奠基时期,也是取得成就最大、中国逻辑史上最灿烂的一页。

孔子从"名"在政治生活中的作用认识到"正名"是必不可少的,曰:"为政必先正名","名不正则言不顺,言不顺则事不成"。而在教育实践中孔子要求学生"闻一知十"、"举一反三",强调类推方法的意义。

道家始祖老子则与以上两种观点相反,认为"无名天地之始",唯"无名"方能尽"道",因而主张"大辩若讷",反对名的辨察。

墨子作为墨家的创始人,有着丰富的逻辑思想。他第一次明确地把"类"、"故"作为逻辑范畴提出,主张"依类明故、推类察故",将察类、明故作为论辩的原则和方法,这为以后的墨经逻辑奠定了基础。

名辩思潮历经 200 多年的百家争鸣,至战国中后期,名、儒、墨三家的逻辑思想渐趋成熟。

名家一派的惠施注重对譬式推论和概念内涵的研究。他认为"譬"是一种"以其所知喻其所不知而使人知之"的重要思维手段;遍历万物,考察自然界的各种现象,得出著名的"历物十事",其中包含了朴素的辩证法思想。战国末名家的公孙龙以"白马非马说"闻名天下,并有"坚白石离"等判断,这都可以在他对"正名"理论的阐述中得到完整的理解。"正名"的关键在于"位",强调名反映实必须"物以物其所物而不过",实之于名也必须到"位",即"实以实其所实而不旷"。"位其所位",即正名之意,也就是"正其所实"。

[①] 参见于光远主编:《中国小百科全书·思想学术·逻辑》第 7 卷,团结出版社,1998 年。

后起墨家的著作《墨经》集先秦逻辑之大成,其中包括《经上》、《经下》、《经说上》、《经说下》、《大取》、《小取》6篇。《墨经》十分注重对"辩"的考察:"辩也者,争彼也。""彼"可以理解为现在所说的矛盾的判断,"辩"就是要从两个互相矛盾的判断之中找出其中正确的一个。"当"与"不当",即是否与事实相符,是检验判断真假的标准。《墨经》中十分重视"辩"的作用:"夫辩者,将以名是非之分,审治乱之纪,明同异之处,察名实之理,处利害,决嫌疑。"将思维的基本形式概括为名、辞、说三种:"以名举实,以辞抒意,以说出故。"将推理的方式分为或、假、效、譬、援、侔、推七种,并对后四种论证在类推中可能出现的谬误及其原因都有详细的分析。因此,《墨经》是中国古代逻辑发展的高峰。

以庄子为代表的道家一派则坚持老子"无名"论,认为"万物一体",无须辨别。主张取消辩论,因为"是"即"不是"。这实际上是从哲学方面来看待逻辑辩论,指出了逻辑在某些范围内的局限性。

儒家集大成者荀子的代表作是《正名篇》。他主张"君子必辩",并提出"辩异而不过,推类而不悖,听则合文,辩则尽故"之原则。一方面认为应确保日常伦理观念的稳定性,另一方面又重视对反映万物及人事的"散名"的研究。荀子按不同标准将名分为"单名、计名、共名、别名、大共名、大别名、宜名、实名、善名"等种类;并提出"推而共之,共则有共,至于无共然后止"的概括方法和"推而别之,别则有别,至于无别而后止"的限制方法。对名、辞、说三种思维的基本形式也作了精确的刻画。由此荀子建立起了儒家的"正名"逻辑。

法家韩非则从"法治"角度提出"言当则有大利,不当则有大罪",认为辩说要立标准、讲功用。

因此,先秦时期是中国逻辑思想史上最重要的时期之一。

二、印度的因明

印度有五明:内明、声明、医药明、工巧明、因明。其中因明是研究逻辑问题的。

因明是梵语 Hetuvidyā 的意译,音译为希都费陀。广义的因明可指古印度的古典逻辑,狭义仅指佛家逻辑学。Hetu 即"因",指原因、根据、理由;Vidyā 为"明",其含义为知识、智慧。因明也就是关于推理、论证的学说理论。因明源于古印度婆罗门教、佛教、耆那教以及各个哲学派别之间的激烈论争。正理派和佛教徒亦在此问题上争论不休。印度逻辑理论的主要派别,是婆罗门的正理逻辑与佛教的因明。正理派注重正确知识的获得,因而详细探究推理论证的方法和对象、形式等问题,后期学说整理为《正理经》。《正理经》中的逻辑理论,主要有量论、论式和论过三部分。量论是关于认识和获得认识的方法的理论;论式是获得正确认识或知识的推理方式及其理论;论过是关于逻辑错误的理论。因明是研究推理的根据或原因的理论,是佛教的逻辑理论。正理派创立的五支论式包括宗、因、喻、合、结五个部分。公元5世纪时,陈那将前人的"因三相"说加以独到的发挥,把上面的五支作法改造为只包含宗、因、喻的三支作法,对古因明进行了根本性的改造。

例如:

宗:此山有火
因:因有烟故
同喻:凡有烟处必有火,如灶
异喻:凡无烟处必无火,如湖

陈那撰有《因明正理门论》《集量论》等重要著作，而陈那以后的因明学被称为新因明。公元7世纪时法称对新因明又有所发展，其"因明评论"为后世所重。

三、古希腊的逻辑及其以后的发展

在古希腊，亚里士多德对形式逻辑进行了较系统的研究和论述，在《工具论》《形而上学》等著作中，他分别论述了范畴、判断、三段论、证明、逻辑谬误以及矛盾律、排中律等问题，制定了以演绎法为主的形式逻辑体系。在西方逻辑史上，亚里士多德通常被认为是形式逻辑的奠基人。

欧洲中世纪逻辑是西方逻辑发展史上的一个重要环节。欧洲中世纪逻辑是指从中世纪开始到文艺复兴时期整个欧洲逻辑学说。它是在继承古希腊罗马逻辑基础上逐步发展起来的。古罗马逻辑学家波爱修等人将亚里士多德和麦加拉-斯多噶逻辑翻译、介绍给中世纪学者。同时，经院哲学内部的争论提出了许多问题，从而对逻辑的研究起了一定的推动作用。欧洲中世纪逻辑大致分为3个时期：

（1）过渡时期（从中世纪开始到12世纪），在逻辑上无重大贡献和进展，主要是教学。到12世纪，阿贝拉尔总结了古希腊罗马的逻辑材料，写成《论辩术》一书，为中世纪逻辑的发展奠定了基础。

（2）创作时期（从阿贝拉尔开始到13世纪末），提倡"现代逻辑"，提出了词项理论。代表人物有大阿尔伯特、希雷伍斯德的威廉、西班牙的彼得。

（3）完善时期（从14世纪的奥康的威廉开始到文艺复兴时期），成就有：词项等特性理论进一步发展，创立了推论学说，发展了斯多噶学派的判断逻辑，研究了说谎者悖论及其解决办法等。代表人物有奥康的威廉、布里丹、萨克森的阿尔伯特和威尼斯的保罗。

欧洲中世纪逻辑的基本内容和主要成就有：

（1）助范畴词理论（见"助范畴理论"）。

（2）指代理论。认为指代是判断中范畴词的一种特性，即范畴词在判断中代表它所指的东西。还把指代区分为实质指代，如"人是一个名词"中的"人"和形式指代，如"人是哺乳动物"中的"人"，后者是指称语言外的对象。这种区分相当于现代逻辑中的"使用"(use)和"提及"(mention)。

（3）推理论学说。是中世纪逻辑的主要成就。这一学说继承和发展了斯多噶派的判断逻辑，把推论分为形式推论和实质推论，还包括了一部分模态判断逻辑。

（4）词项逻辑。主要在三段论方面。对格、式、词项问题进行了研究，还建立了模态三段论系统。

（5）不可解判断。

17世纪，英国哲学家弗兰西斯·培根着重研究了作为科学方法的归纳法，奠定了归纳逻辑的基础；19世纪，英国逻辑学家穆勒研究了判明现象之间因果联系的归纳法，进一步丰富和发展了归纳逻辑的内容，并将其纳入传统形式逻辑的系统，和由亚里士多德奠定基础的演绎逻辑一起构成了传统形式逻辑的基本内容。现代逻辑的主流是数理逻辑，它是随着传统形式逻辑和数学的发展而产生和发展起来的。

17世纪，莱布尼茨最先明确地提出了关于数理逻辑的根本思想，他提出要建立一套通用语言，并设计一套推理的普遍演算，使逻辑得以按确定的规则进行推演。19世纪，布尔第一次实现了莱布尼茨的设想,建立了一个逻辑代数系统。弗雷格设计了一种符号语言,较完备地发展了判断演算,并引进了量词和约束变元,发展了谓词演算。20世纪初,罗素在与怀特海合著的《数学原理》中,构造了一个判断演算和谓词演算,发展了关系逻辑,提出了高阶逻辑和防止悖论的类型论。1929年,哥德尔证明了谓词演算的完备性,标志着数理逻辑的完成。20世纪30年代,哥德尔不完全性定理、塔尔斯基形式语言真理论和图灵机理论,是逻辑科学在哲学方面获得的三大成果,把现代逻辑的发展推向了新的阶段。

第四节 学习形式逻辑的意义与方法

如果要了解学习学习形式逻辑的意义与方法,首先必须弄清,"为什么学逻辑",其次是"怎样学逻辑"。

一、为什么学形式逻辑

1. 形式逻辑能帮助我们获取新知、探求真理

形式逻辑是由已知到未知的必要工具。人们要正确认识客观事物,获得新知,探求真理,首先必须以马克思主义的唯物辩证法和历史辩证法作为指导,积极投身社会实践和科学研究。其次,通过学习形式逻辑,掌握一定的逻辑知识与逻辑方法。恩格斯在《反杜林论》中指出:"甚至形式逻辑也首先是探寻新结果的方法,由已知进到未知的方法"①。一般来说,演绎推理的结论虽然已经客观地包括在前提中了,但是通过推理还是可以使认识由已知达到未知。欧几里得的几何学,从为数不多的公理、公设出发,通过逻辑推理,推出了许多人们原来不知道的定理。伽利略运用逻辑推理,推翻了延续一千多年的自由落体快慢与其重量成正比的错误论断。科学史上许多伟大的科学发现都离不开逻辑推理,例如海王星的发现,离不开科学家的逻辑推理。即便是某些简单的智力游戏,也在运用逻辑。应用形式逻辑中的演绎法,可以从已知必然地推出未知,通过归纳方法、类比法能得到许多具有创新意义的知识(或结论)。虽然其真实性还有待证明,但这些知识(或结论)为我们提供了进一步研究的线索与方向。因此,它是获得新知识的重要环节,也是科学研究中经常采用的方法。人类的知识,总是要通过现象到达事物的本质,达到对事物的规律性认识。而事物的本质和规律,都不能凭借人类的感觉器官去直接感知,只能靠思维来把握。因此,人类在认识世界和改造世界的过程中,必须运用形式逻辑作为由已知到未知的一种认识方法。

2. 形式逻辑可以训练我们准确表达和优良思维品性的形成

形式逻辑是人们准确地、严密地表述和论证思想的必要条件。恩格斯曾经指出:"一个民族想要站在科学的最高峰,就一刻也不能没有理论思维。"因为,如果"没有理论思维,就会连两件自然的事实也联系不起来,或者连二者之间所存在的联系都无法了解"②。马克思、恩格斯、列宁、毛泽东等无产阶级的革命导师一直非常重视形式逻辑的作用,他们的著作和演说,都是运用逻辑的光辉典范。不仅如此,学习和掌握形式逻辑还为培育优良思维品性打下坚实的基础,也为进一步学习和研究辩证逻辑奠定了基础。

---

① 《马克思恩格斯选集》第3卷,人民出版社,1972年,第174页。
② 《马克思恩格斯选集》第3卷,人民出版社,1972年,第467、482页。

在当前科学技术迅猛发展和经济全球化的时代,人们的交往日益频繁,要使自己的说话或文章概念明确、判断恰当、推理有逻辑性,学点逻辑十分必要。与此同时,综合国力的竞争也日趋激烈,创新是一个民族自立于世界民族之林的灵魂。为了培养更多的创新人才,形式逻辑的教育,在创新和创造教育、促进创新人才形成优良思维品性的过程中具有不可替代的重要作用。

3. 形式逻辑可以帮助人们揭露谬误,反驳诡辩,伸张正义

常言道"真金不怕火炼","真理愈辩愈明"。人们在说话、写文章的过程中,有时会有意无意地违反形式逻辑的规律或规则,就会造成各种逻辑错误。而形式逻辑就是发现和揭露各种逻辑错误的有力工具。例如,有这样一个推理:"我国的高等院校分布在全国各地,东南大学是我国的高等院校,所以,东南大学分布在全国各地。"尽管这一推理的每一个前提是正确的,但结论是错误的。其错误的原因在于,其两个前提中的共有项"我国的高等院校"并非同一概念,进而使推理的结论错误(关于这一推理的规则,将在第四章的三段论中深入讨论)。

形式逻辑还有助于反驳诡辩。诡辩从政治上讲,是一种骗术;从理论上讲,是唯心主义与形而上学的变种;从逻辑上讲,是故意制造逻辑错误。因此,诡辩既违反唯物辩证法,又违反逻辑。比如,偷换概念或论题、歪曲引证、庸俗类比、错误概括等,都是不合逻辑的。历史上有一个著名的诡辩:古希腊诡辩家欧布利德有一天对他的朋友说:"你没有失掉的东西,那么你就有这种东西,对吗?"他的朋友回答说:"对啊!"欧布利德就说:"你没有失掉头上的角吧,所以你头上就有角了。"显然,欧布利德有意利用"失掉"一词的歧义,这就是既可以指"失掉"头上实际上没有的东西,也可以指"失掉头上实际具有的东西",因而推出了荒谬的结论。我们只有运用逻辑揭露诡辩,用铁的事实揭穿其混淆是非、颠倒黑白的卑劣伎俩,才能坚持真理,捍卫真理,伸张正义。

二、怎样学好形式逻辑

1. 认真学习,探索真理

要重视形式逻辑基本知识的学习。尽管"逻辑的形式是大家所熟知的,可是……'知道了的东西还不因此就是认识了的东西'"[①],黑格尔也说过,"熟知的东西并不就是真知"[②]。形式逻辑的知识是人类长期认识的总结,掌握这些知识是我们运用逻辑进行正确思维的重要前提。

2. 循序渐进,陶冶思维品性

必须全面掌握形式逻辑理论体系。形式逻辑是一个系统化的知识体系,形式逻辑的各个章节有它的内在联系。不学好概念、判断,就很难真正掌握推理;不掌握概念、判断、推理的知识,就无法论证,当然也谈不上综合运用逻辑知识。所以,学习形式逻辑不能"一口吃个饼",必须循序渐进,由浅入深,要抓住核心,记住一些重要的公式、符号,才能系统而完整地掌握逻辑知识体系,与此同时,养成严谨思维的习惯,陶冶思维品性。

---

① 《列宁全集》第38卷,人民出版社,1972年,第86页。
② 黑格尔:《精神现象学》上卷,商务印书馆,1979年,第20页。

3. 多做练习,体悟逻辑美的真谛

必须坚持理论联系实际。坚持理论联系实际,这是学好形式逻辑的关键。一方面,形式逻辑作为一门工具性的科学,如果不联系实际,就很难发挥它的作用。另一方面,抽象是各门科学的共同特点,形式逻辑也不例外。如果不联系实际,就会感到内容抽象,枯燥乏味,既学不懂,又用不上。因此,只有理论联系实际,即要在努力学习形式逻辑系统理论的同时,多分析相关的逻辑案例,认真做好习题,这样不仅可以培养驾驭思维形式的熟练技巧,而且有助于消化和巩固所学的逻辑理论知识,还能体悟严谨、精确、练达的逻辑美之真谛。

4. 举一反三,培养创新能力

必须注重逻辑的运用。学好逻辑,"功夫在书外",即在学习其他课程的过程中,在工作中和日常生活中,如读书、看报、听广播、看电视或与人交谈中,经常注意发现逻辑问题,应用形式逻辑的理论知识加以分析和解决,"处处留心皆学问",只有这样,才能熟能生巧,融会贯通,培养和提高创新能力。

关 键 术 语 提 要

形式逻辑是研究思维的逻辑形式及其基本规律和简单逻辑方法的科学。它的对象包括三个方面,形式逻辑思维的逻辑形式、逻辑基本规律和简单逻辑方法。

思维的逻辑形式即思维内容各部分之间的联系方式或形式结构。任何一种逻辑形式都是由逻辑常项和变项构成的。不同逻辑形式之间的区别,取决于它们的逻辑常项。

进 一 步 阅 读 指 南

1. 恩格斯. 自然辩证法. 北京:人民出版社,1971
2. 斯大林. 马克思主义与语言学问题. 斯大林选集. 下卷. 北京:人民出版社,1979
3. 黑格尔. 精神现象学. 上卷. 北京:商务印书馆,1979
4. 郁慕镛,张义生. 逻辑·科学·创新. 长春:吉林人民出版社,2002
5. 普通逻辑编写组. 普通逻辑. 上海:上海人民出版社,2011
6. 苏越. 思路·逻辑·创造方法. 北京:中央广播电视大学出版社,1992
7. 郁慕镛. 形式逻辑纲要. 南京:江苏科学技术出版社,1992
8. 王球,崔文琴. 逻辑学导论. 北京:中国广播电视出版社,1991
9. [美]R.J.克雷切. 大学生逻辑. 宋文淦译. 北京:北京大学出版社,1989
10. 郑毓信. 现代逻辑的发展. 沈阳:辽宁教育出版社,1989
11. 朱志凯. 形式逻辑基础. 上海:复旦大学出版社,1983
12. 马玉珂. 西方逻辑史. 北京:中国人民大学出版社,1985
13. 江天骥. 西方逻辑史研究. 北京:人民出版社,1984
14. 张巨青. 科学逻辑. 长春:吉林人民出版社,1984
15. 全国工商管理硕士入学考试研究中心. MBA联考综合能力测试辅导材料·逻辑. 北京:机械工业出版社,2012

16. 杜国平.普通逻辑.北京:高等教育出版社,2010
17. 陈爱华.2002MBA 逻辑.北京:清华大学出版社,2001

问 题 与 思 考

1. 形式逻辑的研究对象是什么?
2. 思维与语言有何区别和联系?
3. 什么是逻辑常项?什么是逻辑变项?
4. 如何理解形式逻辑的性质?
5. 学习形式逻辑有何意义?怎样才能学好形式逻辑?

练 习 题

一、请指出下列各题中的逻辑常项和逻辑变项。

1. 所有的 S 都是 P。
2. 有的 S 不是 P。
3. 只要 p,就 q。
4. 只有 p,才 q。
5. 要么 p,要么 q。
6. 不仅 p,而且 q。
7. 所有的 P 是 M,所有的 S 不是 M;所以,所有的 S 不是 P。
8. $p \rightarrow q$。

二、请指出下列各题中具有共同逻辑形式的判断或推理,并用公式表示。

1. 书是人类进步的阶梯。
2. 只有认识错误,才能改正错误。
3. 长期对自然进行掠夺性的开采,必然破坏生态平衡。
4. 坚持效率优先、兼顾公平,既要提倡奉献精神,又要落实分配政策,既要反对平均主义,又要防止收入悬殊。[①]
5. 创新是一个民族进步的灵魂,是一个国家兴旺发达的不竭动力,也是一个政党永葆生机的源泉。
6. 如果能给我一个支点,那么我就可以托起地球。
7. 胜者或因其强,或因其指挥无误。
8. 如果行为不具有社会危害性,就不是犯罪行为。王某的行为不具有社会危害性,所以王某的行为不是犯罪行为。
9. 没有文化的军队是愚蠢的军队,而愚蠢的军队是不能战胜敌人的。

三、逻辑知识在批判性思维中的运用。

1. 近几年,我国大陆房地产业迅速升温,很多人节衣缩食只为购买一套住房;但也有的

---

① 引自《十六大报告:全面建设小康社会,开创中国特色社会主义事业新局面》。

人不愿意将大半生的积蓄耗在房子上,声称人不能为一套房子而活着。

试分析题干与选项中的逻辑常项与变项,根据以上信息,最不可能推出以下哪项?

A. 近几年我国大陆的商品房价格偏高。

B. 在房价偏高的情况下,买房人可能会成为房奴。

C. 人应该为两套或两套以上的房子而活着。

D. 有的中国人感到生活中有意义的内容很多,住房只是其中的一个方面。

E. 大部分人还是想购买一套住房,只是对房价的承受能力有限。

2. 如果任何人在任何时候都遵守交通规则,即使没有警察,也不会发生任何交通事故。而实际的情况是,仅就 A 国而言,每年死于交通事故的就有数万人。

试分析题干与选项中的逻辑常项与变项,根据以上信息,可以推出以下哪项?

A. 每时每刻都有人违反交通规则。

B. 任何人都有违反交通规则的时候。

C. 有人经常违反交通规则。

D. 有时有人违反交通规则。

E. 大部分人都不遵守交通规则。

> 概念(认识)在存在中(在直接的现象中)揭露本质(因果律、同一差别等等)——整个人类认识(全部科学)的真正的进程就是如此。①
> ——列宁

第二章 概　念

本章概述

本章主要内容包括概念的内涵与外延;概念的种类:单独概念与普遍概念、集合概念与非集合概念、正概念与负概念;概念之间的关系:概念的相容关系与不相容关系;明确概念的逻辑方法:定义、划分、限制与概括。

第一节　概念的概述

从思维形态看,概念是思维的最小单位。它是构成判断、推理的基础。因此,学习逻辑学就要从学习概念开始。在学习概念的过程中,我们不仅能学到明确概念的理论与方法,培养优良的思维品性,而且能领略概念的逻辑美。其中包括概念的内涵与外延的关联美;概念种类的多样美;概念外延之间关系的包容美、同一美、层次美、互摄美或区别美;定义的明晰美;划分的层级美;概括的递进美与限制的逆溯美。

一、什么是概念

概念是反映事物及其本质属性的思维形态。客观世界中的各个事物都有许多自身的性质,如形状、颜色、气味、动作、好坏、美丑、善恶等。各个事物除了自身的性质以外,还与另一些事物发生一定的关系。如天下、前后、上下、互助、战胜、侵犯等。我们把事物的性质及其相互间的关系,统称为事物的属性。

事物与属性是不可分离的。属性都是属于一定的事物的属性,事物都是具有某些属性的事物。具有相同属性的事物就组成一类,具有不同属性的事物分别组成不同的类。如具有"掌握医药知识以治病为业"属性的人就成了"医生"这个类;具有"高等学校中职别最高"属性的人就形成"教授"这个类。

组成某一类的那些个别事物,叫做某类的分子。分子与类之间,有"属于"这种关系,即某分子属于某类。现代逻辑用符号"a∈A"来表示(其中"a"代表分子,"A"表示类,∈表示

---

① 《列宁全集》第38卷,人民出版社,1972年,第355页。

"属于")。

事物的属性可分为本质属性和非本质属性。所谓本质属性,就是决定一事物之所以为该事物并区别于其他事物的属性;而非本质属性,就是对该事物不具有决定意义的属性。如能制造和使用生产工具与社会关系的总和,这些都是人的本质属性,是人区别于其他动物的标志;而肤色、毛发、高矮、性别等则是人的非本质属性。

人们认识事物的目的就是要把握事物的本质和规律,而认识事物的本质,必须先把事物的本质属性和非本质属性区别开来,再把事物的本质属性抽象出来,并用适当的语词表达出来,便成了概念。

人的认识是一个不断深化的过程。首先,在实践中通过感官去感知对象,获得感性认识。然后随着实践的发展,认识的深入,即在感性认识的基础上,运用比较分析、综合、抽象、概括等方法,逐步认识到事物的本质属性,并借助于语词形成概念。概念的产生是认识过程的质变。在认识事物本质属性的过程中,开始往往只能把握事物比较初级的本质,这时形成的概念也只能是初步的概念。把握的本质愈深刻,形成的概念也就愈深刻。如,古代人是从直立行走、有语言等来把握"人"这个概念的。近代、现代人则从能制造和使用工具来把握"人"这个概念。马克思主义的"人"的概念理解才最深刻地把握了人的本质,认为"人"是一切社会关系的总和。正如列宁所说:"(抽象的)概念的形成及其运用,已经包含着关于世界客观联系的规律性的看法、信念、意识。"[①]

二、概念与语词

概念和语词是密切联系的,因为概念作为一种思维形态,是不会自我显示的,它必须借助于语言才能表达,而表达概念的语言形式就是语词。语词是概念的语言形式,概念是语词的思想内容。一方面,概念的产生和存在必须依附于有声或有形的语词,不依附于语词的赤裸裸的概念是没有的。另一方面,一个语词都具有特定的含义,这是因为它表达了一定的概念。语词和概念的这种联系,使人们在表达概念时必须选择恰当的语词,否则就会造成概念的混乱。如"白头翁"这个语词,它有时表达一种鸟,有时表示一种植物,有时也表示白头发的男性老人。

但是,概念和语词之间又有本质的区别。

首先,概念和语词分别属于不同的范畴。概念是反映客观事物的思想,是认识的结果,具有全人类性。而语词是表达一些概念的声音或笔画,是民族习俗的产物,具有民族性。不同民族对同一概念的表达可以是相同的,但使用的语词却是不同的。中国人与外国人对三角形的概念是相同的,但表达三角形的语词却是不同的,中国人用"三角形"、英国人用"Triangle"、德国人用"Dreieck"来表示三角形。

其次,概念都是通过语词来表达的,但并非所有的语词都表达概念。语词可分为实词和虚词两大类。实词如名词、动词、形容词、数量词等表达概念。虚词,如"了"、"的"、"啊"、"呢"助词,叹词等一般不表达概念。而有些连词,如"如果……那么……"、"或者……或者……"等,因为它们反映了事物之间或事物情况之间的关系,所以也可表达概念。

再次,同一个概念可以用不同的语词来表达。如"大夫"与"医生"、"自行车"与"脚踏

[①] 《列宁全集》第38卷,人民出版社,1972年,第189页。

车"、"土豆"与"马铃薯"等。其中每一组语词都是同义词,表达的是同一概念。

最后,同一语词可以表达不同的概念。事物是无限的,作为反映事物的概念也是无限的,但语词却是有限的。用有限的语词表达无限的概念,势必产生"一"与"多"的问题。如"逻辑"这个语词,既可以指事物的规律,又可以指思维规律,还可以指关于思维形态结构规律的学说,指观点等。

三、概念的内涵与外延

概念反映事物的本质属性,同时也反映具有这种属性的事物的本身,这就形成了概念的内涵和外延两个方面,内涵和外延是概念的两个重要的逻辑特征。

概念的内涵就是反映在概念中的事物所具有的本质属性,也就是通常所说的概念的含义。如"用来交换的劳动产品",就是"商品"这个概念的内涵。

概念的外延,一般来说,就是概念所反映的一切事物,也就是概念所确指的事物的范围。"人"这个概念的外延,就是具有人的本质属性的事物。如孙中山、鲁迅、布什等具体的人。

一般来说,概念的内涵通常是指概念的含义,它反映事物的"质",说明概念所反映的对象的本质属性即事物是什么样的;概念的外延就是概念所指的事物,它反映事物的"量",说明概念所反映的是哪些事物。

任何概念都是内涵与外延的统一。概念的内涵和外延都是概念所必须具备的,否则,概念就失去了指向性,也就是失去了它所反映的事物。这样,概念也就不复存在了。

但是,概念的内涵与外延并不是固定不变的,这是因为:

首先,客观事物本身是发展变化的,随着客观事物的发展变化,反映该事物概念的内涵和外延也就要相应地发生变化。如"人民"这个概念,在我国不同的历史时期,就有过不同的内涵和外延。毛泽东对此有过精彩的论述:抗战时期,一切抗日的阶级、阶层和社会集团都属于人民的范围,日本帝国主义、汉奸、亲日派都是人民的敌人。解放战争时期,美帝国主义和它的走狗即官僚资产阶级、地主阶级以及代表这些阶级的国民党反动派,都是人民的敌人,一切反对这些敌人的阶级、阶层和社会集团,都属于人民的范围。社会主义建设时期,一切赞成、拥护和参加社会主义建设事业的阶级、阶层和社会集团,都属于人民的范围,一切反对社会主义和敌视、破坏社会主义建设的社会势力和社会集团,都是人民的敌人。

其次,人们对客观事物的认识是不断深化的,随着人们认识的深化和发展,概念的内涵和外延也会发生相应的变化。如,随着天文学的发展,人们对天体的认识也随之发生变化,因此,"天体"这一概念的内涵和外延必然发生相应的变化。

概念是确定性和灵活性的统一。概念在一定条件下有它确定的内涵和外延,这是概念的确定性;概念又随着事物的发展和认识的深化而发生变化,这是概念的灵活性。

概念要明确,这是逻辑学对使用概念提出的首要条件,也是正确思维的首要要求。如我们要明确"国家"这个概念,先要明确"国家"有哪些本质属性,即内涵,再明确"国家"有哪些种类,即外延。只有准确揭示概念的内涵和外延两个方面的逻辑特征,才能明确一个概念。

第二节 概念的种类

为了更好地明确概念的内涵与外延,更好地使用概念,逻辑学根据概念内涵与外延的一般特征,把概念分成若干种类。根据内涵情况,可把概念分为正概念与负概念;根据外延情况,可把概念分为单独概念与普遍概念,集合概念与非集合概念。

一、单独概念与普遍概念

根据概念的外延是一个事物还是多个事物,概念可分为单独概念和普遍概念。

单独概念是指所反映某一特定事物的概念的外延是一个独一无二的事物。如"1949年10月1日"、"1997年7月1日"等,这些是表示时间的单独概念;"马克思"、"毛泽东"、"曹雪芹"等,这些是表示人的单独概念;"北京"、"香港"、"伦敦"等,这些是表示地点的单独概念;"南昌起义"、"澳门回归"、"中华人民共和国成立"等,这些是表示事件的单独概念。这些概念外延都是独一无二的,也就是说这些概念的外延都是一个分子,因而都是单独概念。

从语言学上看,专有名词和摹状词都可表达单独概念。此外,有些包含数目的序列或最高程度的概念,以及用包含指示词所表达的概念,也是单独概念。如"美国第一任总统"、"世界最长的河流"、"《阿Q正传》的作者"等。

普遍概念是指所反映某一类事物的概念,它的外延是由两个或两个以上的事物。也就是外延中包含有两个或两个以上的事物的概念。如"国家"、"人"、"法律"、"商品"等,它们的外延都包含有两个或两个以上的事物,它们都是普遍概念。

从语言学角度来看,普通名词、动词和形容词,一般来说,都是表达普遍概念。如名词性短语"《独立宣言》的起草者"、动词性短语"勇往直前"、形容词性短语"繁荣昌盛"也是表示普遍概念的一种形式。

普遍概念的外延可指称该类中的每一子类,也可以指称该类的每一个分子。所以由这种概念作判断主项时,必须表明主项的数量。如"文学作品是有教育意义的",这里的"文学作品"判断不明确,必须在"文学作品"前加上"有些"或"所有"这些量项,判断才明确。

二、集合概念与非集合概念

类与集合是不同的。一个类是由许多事物组成的。属于一个类的任何分子,都具有这类事物的本质属性。如"曹操"、"杜甫"、"鲁迅"……都具有人这个类的本质属性。但是,一个集合体,却是由许多事物作为部分有机地组成的。一个集合体的部分却不必具有这个集合体的本质属性。

如"森林"是一个集合体,它通常指以乔木为主体、大片生长的林木、由树木和其他植物、野生动物、微生物构成的生物群落。林木仅仅是森林集合体中的有机组成部分。因此,树木不具有森林的本质属性。

根据概念所反映的事物是否为集合体,我们把概念分为集合概念和非集合概念。

集合概念就是反映集合体的本质属性的概念。如"森林"、"篮球队"、"乐队"、"无产阶级"等都是集合概念。

非集合概念就是反映的不是集合体本质属性的概念。如"树木"、"篮球队队员"、"小提琴手"、"雇佣工人"等都是非集合概念。

值得注意的是,有时同样一个语词,在一种语境中表示一个集合体的集合概念,而在另一种语境中,则表示某类中的一个普遍概念,即非集合概念。如"人民群众是历史的创造者"中的"群众"是一个集合体,表达的是集合概念。"干部要关心每一位群众"中的"群众",反映的是个体的群众,表达的是非集合概念。因此,语词何时表达集合概念,何时表达非集合概念,是要通过具体的语境来辨别的。

三、正概念与负概念

正概念也叫肯定概念,是指在一定范围内反映具有某种属性的概念。如,"正义战争"、"社会主义"、"合法"等,都是正概念。负概念也叫否定概念,是指在一定范围内反映不具有某种属性的概念。如"非正义战争"、"非社会主义"、"非法"等都称为负概念。

从语言角度看,表达负概念的语词往往带有"无"、"不"、"非"等。但带有"无"、"不"、"非"等字的表达不一定都是负概念。如"非洲"、"不丹"等。事物总是具有某种属性,又不具有另外一些属性。因此,对同一事物既可以从正面反映它具有某种属性,形成正概念,也可以从反面反映它不具有某种属性,形成负概念。如:表述"战争"这一概念反映其具有侵略性质,可以形成正概念"侵略战争";也可以反映它不具有正义性质,形成负概念"非正义战争"。在实际思维中,要突出事物具有某种属性就使用正概念,要突出事物不具有某种属性就使用负概念。

负概念总是相对于一个特定的范围,因此,要明确负概念的内涵和外延,尤其是外延,必须了解负概念所处的论域。如"非党员"这个负概念是相对人这个论域而言,"非党员"是表示所有不是党员的人。负概念所相对的论域,通常人们称之为这一概念所关涉的范围。

第三节 概念间的关系

客观事物之间的关系是复杂多样的,反映客观事物本质属性的概念之间的关系也必然是复杂多样的。逻辑学不可能对概念之间的所有关系加以研究,一般只研究概念外延之间的关系,也就是类与类、类与分子之间的关系。

根据两个概念的外延是否具有相同部分而把概念间的关系划分为相容关系和不相容关系。

一、相容关系

相容关系就是外延至少有部分相同或重合的概念间的关系。如"警察"和"公务员"、"大学生"和"共青团员",它们间的关系就是相容的关系。根据相容的程度,相容关系又可分为以下4种:

1. 全同关系

全同关系是指外延完全相同的两个或几个概念之间的关系。如"北京"和"中华人民共和国首都"、"《呐喊》的作者"和"《狂人日记》的作者",它们两两之间都是全同关系。设A、B为两个概念,如果A的全部外延正好是B的全部外延,那么A和B具有全同关系,可以用欧拉图(18世纪瑞士数学家欧拉为给法国公主辅导逻辑,第一次使用,后来被许多逻辑学家认

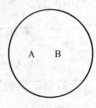

可,简称"欧拉图")表示如上图所示。

具有全同关系的概念,两者只是外延全部相同,但内涵并不一样或不完全一样。如"规定国家根本制度的法律"和"具有最高法律效力的法律"反映的是同一事物即宪法,但前者强调的是内容方面的属性,后者强调的是效力方面的属性,二者内涵不相同,它们是全同关系。如果内涵和外延都是一样,那是同一概念,而不是具有全同关系的概念。如"土豆"和"马铃薯"。

在实际运用中,全同关系概念可以互换使用,这样有助于人们从不同的角度加深对同一对象的认识,使语言表达更加生动活泼。如《在马克思墓前的讲话》中的一段话,"3月14日下午两点一刻,当代最伟大的思想家停止思想了,这位巨人逝世以后形成的空白,在不久的将来就会使人感觉到。正像达尔文发现有机界的发展规律一样,马克思发现了人类历史的发展规律。这位科学巨匠就是这样,……"这段话中的"当代最伟大的思想家"、"这位巨人"、"马克思"、"这位科学巨匠"等语词表达的是全同关系的概念,这有助于人们从不同方面深刻认识马克思伟大的一生。

2. 真包含关系

真包含关系是指一个概念外延包含另一个概念的外延的概念关系。真包含关系的概念中,外延大的概念叫属概念,外延小的概念叫种概念。如"动物"和"马"、"规律"和"思维规律"、"文学"和"外国文学"等。这两个概念之间,前者对于后者的关系就是真包含关系概念。设A表示属概念,B表示种概念,概念的真包含关系可用右图表示。

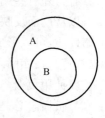

3. 真包含于关系

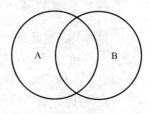

真包含于关系是指一个概念的外延被另一个概念的外延所包含的概念关系。真包含于关系的概念中外延小的概念叫种概念,外延大的概念叫属概念。如"社会矛盾"和"矛盾"、"行星"和"星球"、"散文"和"文学作品"等,这两个概念之间,前者对于后者的关系是真包含于关系。设A表示种概念,B表示属概念。概念的真包含于关系可用左图表示。

当然,属概念和种概念的区别不是绝对的,而是相对的。如"帆船"相对于"船"来说,它是种概念,而相对于"双帆船"来说,它又是属概念。

4. 交叉关系

交叉是指两个概念的外延只有部分相同或重合的概念关系。如"青年"和"大学生"、"工人"和"妇女"、"管理人员"和"科技人员"等,它们之间各有且仅有一部分外延是相互重合的。设A、B两个概念的外延有一部分相同,也有一部分不相同。概念的交叉关系可用右图表示。

两个概念的外延部分交叉,说明它们从不同方面反映了同一事物,部分相异表明,这两个概念反映的不只是一个事物。如"罪犯"和"青少年"。

二、不相容关系

不相容关系又称全异关系,是指两个或两个以上概念的外延没有重合的概念关系。如"奇数"和"偶数"、"合法经营"和"非法经营"、"动物"和"植物"等,它们两两之间就是不相容关系,其外延没有任何的相同或重合的部分。

设 A、B 两个概念的外延没有任何部分相同或重合。概念的不相容关系可用下图表示。

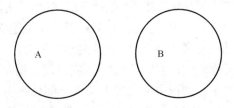

在概念间的全异关系中,有矛盾关系和反对关系两种。

1. 矛盾关系

矛盾关系是指两个具有全异关系的种概念同时包含于一个属概念之中,并且它们的外延之和等于其属概念的外延的概念关系。如"金属"和"非金属"、"有理数"和"无理数"、"理性"和"非理性"等,它们两两之间就是矛盾关系。设 C 表示属概念,A、B 是两部分外延之和等于 C 概念全部外延的两个矛盾概念。概念的矛盾关系可用右图表示。

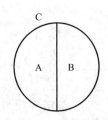

一般来说,前面概念分类中所说的正概念和负概念就具有矛盾关系。

2. 反对关系

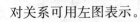

反对关系是指两个全异关系的种概念同时包含于一个属概念之中,并且它们的外延之和小于其属概念的外延的概念关系。如"进步"和"落后"、"名词"和"动词"、"正数"和"负数"等,它们两两之间就是反对关系。设 C 表示属概念,A、B 是两部分外延之和小于 C 概念外延的两个反对关系概念。概念的反对关系可用左图表示。

矛盾概念和反对概念,只是反映两个概念之间的外延没有重合,不能与日常用语或者哲学上的意义混为一谈。

由于在实际应用中涉及的概念之间关系可能很多,因此我们在考察概念间的关系时,仍须从两两关系分析入手,才能依次把多种概念间的不同的关系分析清楚。

第四节 定 义

一、定义概述

定义是揭示概念内涵的逻辑方法。内涵是概念所反映的事物的本质属性,因此也可以说,定义就是揭示概念所反映的事物的本质属性的逻辑方法。

例如:

① 生产关系就是人们在物质资料生产过程中结成的人与人之间的社会关系。

这个定义揭示了"生产关系"这个概念的内涵,说明了它所反映的生产关系的本质属性。

②法律规范就是由国家制定或认可的,体现统治阶级意志的,以国家强制力保证实施的行为规则。

这个定义揭示了"法律规范"这个概念的内涵,明确了法律规范的本质属性。

定义由三部分组成,即被定义项、定义项和定义联项。被定义项也叫被定义概念,可用"Ds"来表示,是我们需要通过定义来揭示、明确其内涵的概念,如上例中的"生产关系"、"法律规范"。定义项也叫定义概念,可用"Dp"来表示,它是用来揭示、明确被定义项的概念,如例①中的"人们在物质资料生产过程中结成的人与人之间的社会关系"。定义联项,就是把被定义项与定义项联系起来的连接词,在汉语中,一般用"就是"、"是"、"即"、"所谓……就是……"来表示。

定义用逻辑公式表示为

Ds 是 Dp
或
Ds=Dp

被定义项与定义项在外延方面是全同关系,二者的位置有时可以互换。

二、下定义的方法

要给一个概念作出科学的定义,必须通过实践掌握概念所反映的思维对象的特有属性。在实际思维活动中,最常用、最常见的定义方法是属加种差定义的方法。

用属加种差定义的方法给概念下定义时,首先是找出被定义概念的邻近的属概念,揭示被定义的对象属于哪一类,然后找出被定义项所反映的思维对象与其同层次种概念,所反映的思维对象相区别的本质属性。

例如:

政治经济学是研究人类社会生产关系发展规律的科学。

其中"政治经济学"是需要明确内涵的概念,"科学"是"政治经济学"的邻近的属概念,然后把政治经济学同其他各种科学进行比较,"研究人类社会生产关系发展规律"是"政治经济学"区别于同层次其他种概念的本质属性,简称种差。

属加种差定义的公式是:

被定义项=种差+邻近的属概念

由于事物的属性是多方面的,种差也可以是不同方面,因而对某一个概念用属加种差定义方法作出的定义也是多种多样的,这样属加种差定义就有:

1. 性质定义

性质定义是以被定义概念所反映的事物的特有性质为种差而形成的定义。

例如:

教育是传播人类文明成果、科学知识和社会生活经验并培养人的社会活动。

2. 发生定义

发生定义,就是用事物发生或形成过程中的情况作为种差的定义。

例如：

折线是把不在一直线上的若干点用线段逐点连接起来的图形。

这是"折线"的发生定义，它的种差是折线形成的情况。

3. 功用定义

功用定义是以事物的特殊功能作为种差的定义。

例如：

血压计是测量血压的医学仪器。

这种定义指出了某事物特有的功能也是本质属性。

4. 关系定义

关系定义就是以事物间的关系作为种差的定义。

例如：

偶数就是能被 2 整除的数。

这个定义是关系定义，种差"能被 2 整除"是偶数与 2 之间的关系。

属加种差定义是给概念下定义最常用的方法，但它也有局限性。对于单独概念和哲学范畴就不能用这种方法下定义。单独概念反映的是独一无二的事物，虽然它有属概念，但没有种概念，区别个别事物要把握很多属性，因而常用特征描述的方法来说明它，以代替下定义，也可称作摹状定义。哲学范畴如"物质"、"意识"反映的是一个外延最大的类，在它们以外没有外延更大的属概念，因而也无所谓种差，也就不能用属加种差的方法来定义。

上述下定义的方法都是揭示概念所反映的事物的本质属性，逻辑学上把它们叫做真实定义或事实定义。此外，还有用解释语词意义来说明概念的定义方法，叫语词定义。语词定义可分为两种：一种是说明语词定义；另一种是规定语词定义。

5. 说明语词定义

说明语词定义是陈述一个语词或词组已经确定了的意义的语词定义。当人们不了解某一个语词意义时更要作出说明，如，"于菟"就是虎，表示了"于菟"是虎的一种名称，同时也确定地说明"于菟"是用来表示虎这类对象的。所以，说明语词定义有对错问题，如果一个说明语词定义符合已确定的意义就是对的，反之就是假的。例如，"于菟"就是虎，若说"于菟"是兔子，这个说明语词定义没有正确反映已确立的意义，便是错的。

6. 规定语词定义

规定语词定义又称为约定定义，就是给一个语词规定一个意义。

例如：

六三三学制又称壬戌学制。1922 年在中国开始实行，指小学 6 年、初级中学和高级中学各 3 年的学制。中华人民共和国成立后，基本沿用此学制。

规定语词定义是创立新语词或组成新词组时，对一个可能产生歧义的语词或词组加以明确的规定。这种规定有相当的随意性，但并不是任意的，一旦规定之后就有了确切的意义，不能任意解释或引用，它必须合乎某些规律或人们的日常习惯。

三、下定义的规则

要作出一个正确的定义，除了应具备相应的具体知识和掌握下定义的方法外，还必须遵守一定的下定义的逻辑规则。这些规则是：

1. 定义项的外延必须与被定义项的外延全同

在一个正确的定义中,定义项与被定义项的外延必须是全同关系,因为定义项是揭示被定义项所表示的特有属性,二者只有外延全同才能明确反映同一个事物,否则定义项不能明确被定义项的内涵,也就不是一个正确的定义。

违反这条规则就会犯以下错误:

(1)"定义过宽",就是定义项的外延大于被定义项的外延。如:人是具有两足能够行走的动物。"具有两足能够行走的动物"这个定义项的外延大于被定义项"人"的外延,属于"定义过宽"的错误。

(2)"定义过窄",就是定义项的外延小于被定义项的外延。如:人是会编程序的动物。"编程序的动物"这个定义项的外延小于被定义项"人"的外延,属于"定义过窄"的错误。

(3)定义项和被定义项之间是交叉关系或全异关系,也是不符合这条规则的错误。

2. 定义项不能直接或间接地包括被定义项

在作出定义以前,被定义概念是不明确的,所以才通过定义概念予以明确,如果定义项直接或间接地包括了不明确的被定义项,结果无法明确被定义项。

违反这条规则的错误有:

(1)定义项直接包括被定义项。如:作家就是参加作家协会的人。由于定义项中直接包括了需要明确的被定义项"作家",原来不明确的被定义项还是没有明确,这种错误又称为"同语反复"。

(2)定义项间接包括被定义项。如:主语是谓语陈述的对象。然后又给谓语下定义:谓语是对主语加以陈述的语词。这里出现了定义项与被定义项相互包含的情况,在主语与谓语都不明确的情况下,用谓语来阐述主语,又用主语来阐述谓语,结果还是不能正确下定义,这种错误又称为"循环定义"或"恶性循环"。

3. 定义项不能包括含糊不清的概念和隐喻的语词

定义是明确概念内涵的逻辑方法,如果在定义项中使用了含糊不清的概念,就无法达到揭示概念内涵的目的,下定义必须使用确切、清楚的科学术语。

违反这条规则的错误有:

(1)定义含糊不清,如:生命就是通过塑造出来的模式化而进行的新陈代谢。这里的定义项中包含了许多含混不清的概念和语词,令人不知所云。

(2)定义使用比喻。如:教师是人类灵魂的工程师。比喻虽然形象生动,但是它还是没有明确地提示概念的内涵。

4. 定义项一般不能用否定形式和负概念

下定义要说明这个被定义项所反映的事物的特有属性,如果定义项是否定形式,包含负概念,则只能表示被定义项不具有某种属性,而不能从正面说明它具有什么属性,事物的本质属性仍没有明确。如:物理学不是化学。

但是,有些情况定义项中包含负概念也是允许的,当被定义项本身就是一个负概念,它的本质属性就是缺乏某种属性,这时候往往使用否定形式和负概念。如:非党员就是没有参加党组织的人。这样,给"非党员"这个否定概念下定义是可以的。

四、定义的作用

1. 把握、巩固已有的认识成果

我们在学习和实践过程中,对某事物的本质属性有了比较充分的认识后,就可以给它下个科学定义,把握和巩固已有认识成果,这是人们认识和改造客观世界的一种重要手段。

2. 帮助人们学习和掌握知识,继承前人的知识财富

学习知识离不开概念,概念有了明确的定义,就可以清晰地掌握概念,它是人们传播知识,进行知识教育的一种重要手段。

3. 指导我们的工作实践

4. 检验人们所用的概念是否明确

概念的定义是人们在写作论文、进行思想交流、问题讨论过程中防止曲解、诡辩,避免分歧的重要手段。

第五节 划 分

一、划分概述

划分是明确概念外延的逻辑方法。

概念的外延有大有小。单独概念的外延只包含一个单独的思维对象,概念的外延很清楚。普遍概念则反映一类事物,分子数有多有少,有的有限,有的无限。对于分子数无限的概念如果用一一列举的方法,不仅办不到也没有必要,这种情况下,我们就需要采用划分的方法来明确概念的外延。

划分是以事物的一定属性为根据,将某个概念所指的事物分成若干类。如"社会产品"这个概念,我们根据其用途不同,把它划分为"生产资料"和"生活资料"两类。小类是大类的种,大类是小类的属,所以,划分实质上是把一个属分为几个层次种的逻辑方法。又如把"社会"这个概念的外延按其生产方式的不同,划分为"原始社会"、"奴隶社会"、"封建社会"、"资本主义社会"、"社会主义社会"等,这五种类型的"社会"都是社会的种概念,它们与社会是种属关系。

从结构上来看,划分是由三要素组成的,即划分的母项、划分的子项和划分的根据。被划分的概念也叫做划分的母项,从母项划分出来的种概念叫划分的子项。如上面的"社会产品"是划分的母项,"生产资料"和"生活资料"是划分的子项。这一划分是以社会产品的用途作为划分依据的。进行概念划分时的依据,标准就是划分的根据,它通常是由实践的需要决定的。同时,我们还应该明确,划分的母项和划分的子项之间是属种关系;诸子项之间是同层次种概念之间的不相容并列关系。

二、划分方法

1. 科学划分和一般划分

根据划分所依据的属概念的属性不同,划分可分为科学划分和一般划分。在科学研究中,严格按照某一事物的本质属性来进行的划分,称为科学划分。它是人们知识系统化的反映,并在科学发展的相当长时期中起作用,比一般划分有长期性、稳定性。如门捷列夫元素周期表对化学元素的分类。一般划分也就是人为划分,它是人们根据一时的需要来进行的划分,具有人为性质,随着实践过程的完毕也就不再重要。如参加集体劳动,可以按小组进行分工,随着劳动结束,这种小组分工也就失去了意义。

2. 一次划分和连续划分

根据划分的次数不同,划分可分为一次划分和连续划分。

一次划分是根据实践的需要对划分母项一次划分为划分子项完毕。它只包括母项和子项两层,如把三角形划分为直角三角形、锐角三角形和钝角三角形。

连续划分是把划分母项分为若干划分子项之后,再将划分子项作为母项继续进行划分,这样连续划分下去,直到满足实践需要为止。例如将科学划分为自然科学和社会科学,再将自然科学划分为数学、物理学、化学、生物学、天文学、地理学,将社会科学再划分为经济学、法学、历史学、教育学等。然后还可以把数学继续划分为初等数学和高等数学等。

3. 多分法和二分法

根据划分后子项的数量不同,划分可分为多分法和二分法。

多分法是一次把划分母项划分为三个或三个以上子项的划分。

例如,把人分为老年人、中年人、青年人、少年儿童等,这就是多分法。

二分法是一种特殊的划分方法。它以思维对象有无某种属性作为划分根据,将一个属概念划分为两个具有矛盾关系的种概念,既划分为一个正概念和一个负概念。

例如,把战争划分为"正义战争"和"非正义战争",把元素分为"金属"和"非金属"。这种划分便于人们在思维过程中把注意力集中到应当注意的那一部分上。二分法的优点在于它比较简单,划分结果醒目,易于突出工作需要的内容,始终不会违背划分规则;缺点是运用二分法所得到的子项中的负概念,只反映思维对象不具有某种属性,并非说明它具有某种属性,负概念的外延不明确。

三、划分规则

对概念进行划分,在逻辑上不仅要掌握正确的划分方法,还必须遵守划分的规则。划分的规则主要有:

1. 划分所得各子项的外延之和应等于其母项的外延

划分所得各子项的外延之和应等于其母项的外延,即二者必须全同。否则会出现以下错误:

(1) 子项不穷尽母项。即划分子项的外延之和小于母项的外延,这又被称为"划分过窄"、"划分不全"、"子项不穷尽"。如:句子可分为陈述句、疑问句、感叹句。这个划分就是子项未穷尽母项,因为还有祈使句。

(2) 子项多出母项。即划分后子项的外延之和大于母项的外延,把一些不属于母项的对象当作子项,这又被称为"划分过宽"、"多出子项"。如:实词可分为名词、动词、形容词、数词、量词、代词、副词,连词,介词。这个划分把不属于实词的连词和介词也包括在实词的外延中,犯了"多出子项"的错误。

2. 划分后的子项不得相容，应相互排斥

违反这一规则，如果划分中出现一些对象既属于这个子项又属于那个子项，必定会引起外延混乱，出现"子项相容"的逻辑错误。如：把本班同学划分为"体育运动爱好者"、"文学活动爱好者"、"文体活动爱好者"三个小组分别召开座谈会，这个划分结果会引起混乱，因为子项外延间出现了属种关系，"文体活动爱好者"包括了前两类。

3. 每次划分只能用一个划分标准

划分标准可以根据实践需要的不同而有所不同，但每次划分只能按一个标准进行，否则会混杂不清，达不到明确概念外延的目的。如：把战争分为世界大战、局部战争、正义战争、非正义战争。这种划分采用了两个根据：一是按战争的规模，一是按战争的性质，这就犯了"混淆根据"的错误。

4. 划分不能越级

连续划分要按照概念间的属种关系逐级进行，使子项是母项最邻近的种概念，子项之间是并列的同一层次，不是属种关系。如：把科学划分为自然科学、社会科学、数学、高等数学、初等数学等。自然科学与社会科学是同一层次的，它们是科学这个属概念最邻近的种概念，数学是自然科学的邻近种概念，依此类推。这不是按层次进行的逐级划分，这种逻辑错误叫"越级划分"。

四、划分与分解

划分与分解有质的区别。划分的"母项"与"子项"之间具有属种关系。分解则是把整体分为部分，每一个部分不必具有这个具体事物的属性。因此，被分解项与分解项二者之间是整体与部分的关系。如把"计算机"分为"台式计算机"和"笔记本计算机"是划分；若把"计算机"分为"运算器"、"存储器"、"输出装置"、"输入装置"等是分解，因为它们与"计算机"是整体分为部分，不是划分。我们应当明确划分与分解的关系。

第六节 概念的限制与概括

一、概念限制与概念概括的依据

概念的限制与概括依据的是具有属种关系的两个概念，它们是内涵与外延的反变关系，即一个概念的外延愈大则它的内涵愈少，一个概念的外延愈小则它的内涵愈多；反之，一个概念的内涵愈少则它的外延愈大，一个概念的内涵愈多则它的外延愈小。例如，马克思在《1857年经济学手稿》中，对"生产"曾有如下论述：

"如果没有生产一般，也就没有一般的生产。生产总是一个个特殊的生产部门——如农业、畜牧业、制造业等，或者生产是总体。……生产也不只是特殊的生产，而始终是一定的社会体即社会的主体在或广或窄的由各生产部门组成的总体中活动着。"[①]

在这段论述中，我们可以看出，从"生产"到"特殊的生产"，再到"始终是一定的社会体

[①] 《马克思恩格斯全集》第46卷，人民出版社，1979年，第23页。

即社会的主体在或广或窄的由各生产部门组成的总体中的活动",外延愈来愈小,而内涵却愈来愈多。这说明在概念的外延和内涵之间,具有反变关系。实际上,由最后一个概念"……的活动",隐含了"生产"这一属概念的上属概念——"社会活动"。显然,"社会活动"的外延大于"生产"的外延。

又如:"人"、"学生"、"大学生"这三个概念内涵与外延的关系如下图所示。

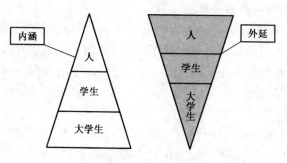

概念内涵与外延关系示意图 1

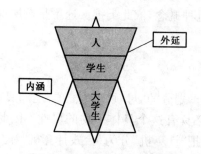

概念内涵与外延关系示意图 2

根据概念内涵和外延的这种反变关系,我们就能掌握如何缩小概念的外延和如何扩大概念的外延,以便使概念明确。前者叫做"概念的限制",后者叫做"概念的概括"。

二、概念的限制

概念的限制是一种概念的推演,它通过增加概念的内涵以缩小概念的外延,由一个外延较大的概念过渡到一个外延较小的概念。

例如,我们对"建筑"增加"民用的"这一属性,就把"建筑"限制为"民用建筑";接着又对"民用建筑"增加"城市的"这一属性,就把"民用建筑"限制为"城市民用建筑"。这样,从"建筑"到"民用建筑",又从"民用建筑"到"城市民用建筑"概念的内涵逐渐增加,而概念的外延则逐渐缩小,这就是对概念进行限制。

对一个外延较大的概念,可以进行连续限制。而限制到什么程度,要看实际的需要。但是从逻辑视角看,单独概念是限制的极限。例如对"年"加以限制,可以为"闰年"(也可以是"平年"),再进一步限制,可以为"21世纪的闰年"(也可以是其他世纪),对其再限制可以为"2004年"(也可以是其他年份),而"2004年"则是单独概念。这便是对"年"这一概念限制的极限。

因为概念的限制是在属概念与种概念之间进行的,单独概念的外延只反映某一个特定的对象,它是外延最小的种概念,因而就不能再进行限制了。

对概念进行限制有助于人们对事物的认识从一般过渡到特殊,使认识具体化。例如,我们说:"我们现在正从事精神文明建设,我们的精神文明建设是社会主义的精神文明建设,而且是中国特色的社会主义精神文明建设。"这样我们对"精神文明建设"进行了两次限制,由"精神文明建设"推演到"社会主义精神文明建设",再由"社会主义精神文明建设"推演到"中国特色的社会主义精神文明建设",这样就使我们对"精神文明"的认识具体化了。

人们在表述思想时,必须准确地使用概念。要准确地使用概念,就必须根据实际需要,在属种关系下,对有关概念加以限制,即增加被限制概念的内涵,来缩小它的外延。例如从"玄武湖"到"美丽的玄武湖",就不是概念的限制。因为,这两个概念之间没有属种关系。

三、概念的概括

概念的概括也是一种概念的推演,它通过减少概念的内涵以扩大概念的外延,由一个外延较小的概念过渡到一个外延较大的概念。

例如,亚里士多德阐述德性时指出:"德性有两种:理智的和道德的。理智的德性,是由于训练而产生和增长的(所以必需时间和经验);道德的德性则是习惯的结果。"①由此如果我们对"道德的德性"(或"理智的德性")减去"道德的"(或理智的)这一特殊属性,就可以把"道德的德性"(或"理智的德性")这一概念概括为它的属概念"德性"。这样,从"道德的德性"(或"理智的德性")到"德性"概念的内涵逐渐减少,而概念的外延则逐渐扩大。这就是对概念进行概括。

对概念进行概括有助于人们对事物的认识从特殊过渡到一般,掌握事物的共同本质。例如:

> 教育制度有两方面的含义:(1)泛指国内有组织、有统一管理形式的教育和教学机构体系。如各级各类学校教育、成人教育、学前儿童教育、少年校外教育以及各级教育行政组织机构。(2)专指各级各类学校教育的制度,即学校教育制度,简称学制。规定各级各类学校的性质、任务、入学条件、修业年限及其相互的关系。
> 总之,教育制度是一个国家的各种教育机构系统。

在人们表述思想的过程中,对某些概念进行必要的概括,才能使表述更加准确。对一个外延小的概念可以进行连续概括,但是概括到什么程度,则应根据实际的需要。一般说来,概括到范畴,就达到了概括的极限,因为范畴是一定领域内的最高的属概念,它的外延最广,不可能对其再进行概括了。例如,哲学上的"物质"、"存在"等概念就具有这样的特性。

关键术语提要

概念是反映思维对象本质属性的思维形式。概念反映的思维对象包括:自然现象;社会现象;思维现象。

概念的内涵:反映了思维对象本质属性,因而是概念的质的方面。

---

① 周辅成:《西方伦理学名著选辑》,商务印书馆,1987年,第291页。

概念的外延:反映了具有某种(些)本质属性的思维对象。是概念的量的方面,是概念所指的对象范围。

概念的种类包括:单独概念与普遍概念、集合概念与非集合概念、正概念与负概念。

概念之间的关系:逻辑学探讨概念之间的关系主要是从概念的外延方面入手的。就概念的外延方面的关系而言,可以分为两大类:一类为相容关系;一类为不相容关系。

定义是揭示概念内涵的逻辑方法。最常见的一种下定义方法,就是通过揭示被定义项的邻近的属和种差下定义。

划分是揭示概念外延的逻辑方法,是按照一定标准,把一个概念的外延即一个类分为若干子类。

概念限制:通过增加概念的内涵,以缩小概念的外延,达到明确概念的目的。

概念概括:通过减少概念的内涵,以扩大概念的外延,达到明确概念的目的。

进一步阅读指南

1. 恩格斯. 自然辩证法. 北京:人民出版社,1971
2. 斯大林. 马克思主义与语言学问题. 斯大林选集. 下卷. 北京:人民出版社,1979
3. 黑格尔. 精神现象学. 上卷. 北京:商务印书馆,1979
4. 郁慕镛,张义生. 逻辑·科学·创新. 长春:吉林人民出版社,2002
5. 普通逻辑编写组. 普通逻辑. 上海:上海人民出版社,2011
6. 苏越. 思路·逻辑·创造方法. 北京:中央广播电视大学出版社,1992
7. 郁慕镛. 形式逻辑纲要. 南京:江苏科学技术出版社,1992
8. 王球,崔文琴. 逻辑学导论. 北京:中国广播电视出版社,1991
9. (美)R. J. 克雷切. 大学生逻辑. 宋文淦译. 北京:北京大学出版社,1989
10. 郑毓信. 现代逻辑的发展. 沈阳:辽宁教育出版社,1989
11. 朱志凯. 形式逻辑基础. 上海:复旦大学出版社,1983
12. 马玉珂. 西方逻辑史. 北京:中国人民大学出版社,1985
13. 江天骥. 西方逻辑史研究. 北京:人民出版社,1984
14. 杜国平. 普通逻辑. 北京:高等教育出版社,2010
15. 全国工商管理硕士入学考试研究中心编. MBA 联考综合能力测试辅导材料·逻辑. 北京:机械工业出版社,2012
16. 陈爱华. 2002MBA 逻辑. 北京:清华大学出版社,2001

问 题 与 思 考

1. 什么是概念?概念有哪些种类?概念之间有何关系?
2. 什么是概念的内涵?什么是概念的外延?它们之间有何区别和联系?
3. 真实定义与语词定义有何区别和联系?
4. 划分与分解有何区别和联系?
5. 限制与概括的思维进程有何差别?如何正确地运用限制与概括?

6. 学习概念的理论与明确概念的方法有何意义？

练 习 题

一、下列语句是从内涵方面还是从外延方面来表述有横线的概念？

1. <u>小说</u>是以塑造人物形象为中心的叙事性的文学体裁，从篇幅上说有短篇小说、中篇小说和长篇小说；从题材上说有历史小说和现代小说。

2. <u>合伙企业</u>指由两个或更多的人合伙经营的企业，按每个合伙人所负担的责任的差别，合伙企业有一般合伙和有限合伙两种。

3. <u>公司</u>是由股东们集资建立经政府批准的合法经济实体。根据《公司法》的界定，中国境内设立的有有限责任公司和股份有限公司两种。

4. <u>人力资源</u>是指能够推动整个经济和社会发展，具有智力劳动和体力劳动能力的人口总和，它有数量与质量两个方面。

5. <u>政体</u>是国家政权的组织形式，是指掌握国家权力的阶级实现国家权力的政权体制，是形成和表现国家意识的方式，即表现国家权力的政治体制。古今中外政体有君主政体和共和政体两种形式。

6. <u>民法</u>是调整平等的民事主体活动中发现的财产关系和人身关系的法律规范的总和。民法有形式和实质意义之分，形式上是指经系统编纂的民法典；实质意义上，则包括民法典和一切民事法律规范。

7. <u>法人</u>是指具有民事权利能力和民事行为能力，依法独立享有民事权利和承担民事义务的组织。

8. <u>作品</u>是指文学、艺术和科学领域内具有独创性并能以某种形式复制的智力创作成果。

9. <u>犯罪</u>是指违反我国刑法应受刑罚惩罚的严重危害社会的行为。严重的社会危害性、刑事违法性和应受刑罚惩罚性是犯罪的3个基本特征。

10. <u>刑罚体系</u>是指由刑法所规定的并按照一定次序排列的各种刑罚方法的总和，有主刑和附加刑两大类。

二、指出下列各句话中括号里是由内涵方面还是由外延方面来说明标有横线的概念。

1. <u>民歌</u>是（民间文学的一种，劳动人民的诗歌创作，有中国民歌和外国民歌）。

2. <u>语词</u>是（最小的能自由运用的语言单位，有单音节语词和多音节语词；也指动词、名词、形容词等）。

3. （无比众多的运动着的物质，存在于无限空间和时间之中，这就是<u>宇宙</u>。所有的天体（可分为6类，即恒星、行星、卫星、彗星、流星和星云）。

4. <u>地震</u>是（由于地球内部的某种动力活动而产生的一种地壳震动。如火山地震、构造地震、陷落地震等）。

5. （军队、警察、监狱等）<u>国家机器</u>是（阶级压迫阶级的工具）。

三、从外延指出下列概念的种类。

1. 科学家
2. 联合国

3. 华东省市
4. 北京
5. 超人

四、从内涵方面指出下列概念的种类。

1. 中国共产党
2. 世界贸易组织
3. 合法收入
4. 繁荣
5. 黄山

五、指出下列各句中标有横线的概念外延间的关系。

1. 我国社会主义经济制度的基础是生产资料的公有制，即全民所有制和集体所有制。
2. 个体的自我意识有三个互相关联的方面：(1)物质的自我意识；(2)社会的自我意识；(3)精神的自我意识。
3. 一个人的知识不外直接经验的知识和间接经验的知识。
4. 普通逻辑、数理逻辑与辩证逻辑是不同的但又有联系的三门科学。
5. 概念、判断、推理是三种不同的思维形式。
6. 词是能独立运用的最小的语言单位。

六、用欧拉图解释下列概念的关系。

1. 戏剧与文学
2. 红色、蓝色与白色
3. 水分子是由2个氢原子和1个氧原子组成的分子
4. 政治家、革命家和思想家
5. 学校、学生和共青团员

七、下列定义是否正确？如不正确，请指出它违反了下定义的哪一条规则。

1. 机会主义者就是看机会而采取行动的人。
2. 眼睛是心灵的窗户。
3. 语言不是上层建筑。
4. 资本家是剥削别人劳动果实的人。
5. 政治经济学是研究资本主义生产关系发展规律的科学。
6. 记忆是意识深处的复写蜡板。
7. 麻醉就是麻醉剂所引起的现象。
8. 人是有理性的动物，理性是人区别于其他动物的高级神经活动，高级神经活动是人的活动。

八、下列划分是否正确？如果不正确，请指出其逻辑错误。

1. 高等院校分为文科类、理科类。
2. 期刊分为月刊和季刊。
3. 中国的少数民族分为蒙、藏、回、满和汉族等五十多个民族。
4. 逻辑学分为形式逻辑、辩证逻辑、现代逻辑、古典逻辑。
5. 出席会议的代表有党员、团员、中青年等。

6. 文学作品包括诗歌、小说、戏剧、散文、散文诗、抒情诗、长篇小说等。

7. 科学分为哲学、逻辑学、政治学和自然科学。

8. 燃料工业可分为煤炭工业、石油工业、太阳能利用工业、原子能工业以及天然气的加工工业等。

九、请对以下概念作一次概括和一次限制。

1. 代表大会

2. 自然美

3. 检察院

4. 人文科学

5. 旅游景点

6. 生物工程

十、概念知识在批判性思维中的运用。

1. "人多力量大"、"众人拾柴火焰高",这些名言证明了人口的增加是有利于社会发展的。

试用有关知识分析上述推断的主要缺陷在于:

A. "人多力量大"肯定了人力资源的作用,是重视人才的表现。

B. 不同的人对社会的贡献是不一样的,应当指明主要应增加哪一类人口。

C. 名言并非真理,不能由名言简单地证明上述结论。

D. 人口越少,消耗掉的社会资源就越少。

E. 人口越多,带来的社会问题就越多。

2. 商家为了推销商品,经常以"买一赠一"的广告招徕顾客。

试用有关知识说明以下哪项最能说明这种推销方式的实质。

A. 商家最喜欢这种推销方式。

B. 顾客最喜欢这种推销方式。

C. 这是一种亏本的推销方式。

D. 这是一种耐用商品的推销方式。

E. 这是一种以偷换概念的方法推销商品的手段。

> 没有判断能力的人，往往对一件需要做的事无法开始，即使开始，也无力进行①。
>
> ——牛顿

第三章 性质判断及其推理

本章概述

本章主要内容包括判断及其逻辑特征、判断的类型与作用；性质判断及其逻辑特征、性质判断的类型、性质判断的对当关系、性质判断项的周延性；推理及其逻辑特征、推理的类型与作用；性质判断的直接推理及其逻辑特征、性质判断的直接推理的类型（对当关系推理和判断变形推理）。通过本章的学习，不仅能领略传统逻辑最核心的部分之一，而且能感悟性质判断形式的多样美；其对当关系的关联美和对称美；主谓项的周延美；性质判断换质推理的否定美、换位推理的主谓项之间的易位美；换质位推理的集成美。

第一节 判断概述

一、什么是判断

所谓判断（亦称为命题）就是对思维对象有所断定的思维形式。

例如："一切事物都是发展变化的"，"有的鸟不是会飞的"都是判断。

判断有两大特征：一是有所断定；二是有真假。由于判断是人们通过对思维对象的性质、关系等的肯定或否定来反映思维对象情况，因而就有与客观事实符合与否即有真、假。上述的前一个判断肯定了"一切事物"都具有"发展变化"的性质，而后一个判断则否定了"有的鸟"具有"会飞"的性质。对思维对象有所断定，即有所肯定或否定，是判断的最基本的特征；由于判断有所断定，就有与客观事实符合与否的问题，所以，判断总是有真、假，这是判断的另一个特征。当判断所肯定或否定的内容与其所断定对象的实际情况相符合时，它就是真的，否则便是假的。因此，在形式逻辑中，主要是从真假的角度研究判断的形式和结构。

---

① 《名人名言词典》，四川文艺出版社，1985年，第277页。

二、判断与语句

判断与语句既相互联系又相互区别。

判断与语句的相互联系,主要表现为:一是语句是判断的物质外壳;二是判断是语句的思想内容。任何判断都必须用一定的语句来表达,但并非任何语句都表达判断。

判断与语句的相互区别,主要表现为:

1. 分属不同的学科领域

判断属于思维学科研究的对象;语句是语言学科研究的对象。

2. 内在结构不同

例如:

　　南京是江苏省的省会。

语句分析	判断分析
该语句为主谓结构,其中"南京"是主语,"是"为系词,"江苏省的省会"为表语,后两者构成谓语	该判断由四个部分组成,其中"南京"是主项,"江苏省的省会"为谓项,"是"为判断联项,主项"南京"是单独概念,其量项为一,故省略

3. 不一一对应

所有的判断都是语句,但不是所有的语句都表达判断。一般说来,只有那些直接包含真假的语句即陈述句才表达判断,那些并不直接包含真假的语句,如疑问句、祈使句、感叹句就不表达判断。而表达判断的有真假的语句,通常被称为命题。

4. 表达判断的语句也不一一对应

(1) 同一判断可用不同的语句表达。

例如:

　　生态平衡有利于可持续发展。

也可以将其表达为:

　　难道生态平衡不有利于可持续发展吗?

(2) 同一语句可表达不同的判断。

例如,"他在文化宫画画",既可以理解为"他的工作是'在文化宫画画'",又可以理解为"他是画师,目前正在为文化宫画画",还可以理解为"他是画画的爱好者,今天是画画爱好者活动日,所以他'在文化宫画画'"等。

三、判断的分类与作用

1. 判断分类

判断按不同的划分根据,可以分为不同类型的判断。判断按其是否有模态词,可以分为模态判断、非模态判断。非模态判断按其是否包含了其他判断,可以分为简单判断、复合判断。其中简单判断按其是断定了性质还是关系,可以分为性质判断、关系判断;复合判断按其不同的联结词,可以分为联言判断、选言判断、假言判断、负判断。模态判断按其是否包含了"必然"或"可能",可以分为必然模态判断、或然模态判断。以下为不同判断的分类情况:

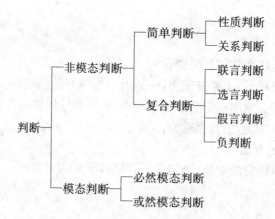

不同种类的判断,其逻辑结构、其所反映的对象情况的方面是有所不同的,正确理解和把握形式逻辑所提供的有关判断逻辑结构和判断分类的知识,对于人们正确思维,特别是对于正确地进行逻辑推理来说是完全必要的。

2. 判断的作用

首先,判断作为思维形式在人们的认识和思维活动中有着重要作用。毛泽东同志曾指出:"正确的部署来源于正确的决心,正确的决心来源于正确的判断。"[①]判断既是人们对事物认识发展到一定阶段的结果,如,"物质是有内在结构的",这一判断的形成经历了漫长的历史,而这一判断形成后又对人们探索物质的内在结构起着指导作用。人们认识任何事物都要通过判断。只有当人们能够对一定的事物作出较为全面而正确的判断时,才意味着人们对该事物的认识已经达到了较为成熟的阶段。因此,一定的判断是一定社会的人们对一定事物所达到的认识水平;而一定社会的人们正是根据自己对一定事物作出的正确判断来指导自己的实践活动,即以一定的正确判断作为实践的指导。如马克思在《关于费尔巴哈的提纲》中指出,人的本质"在其现实性上,它是一切社会关系的总和"[②],对我们正确地、全面地认识和分析人的本质,提供了方法论的指导。这正说明了判断的这种认识作用。这就要求我们的判断必须正确而恰当,即判断不仅要正确,在逻辑上则称为真实——与客观事实符合,而且必须恰当,即判断的断定必须恰如其分——对事物的质和量都能准确地把握。然而,对形式逻辑学来说,不可能完全达到这样的要求,它只是通过对各种判断形式的研究,为作出正确而恰当的判断提供一些逻辑上的必要条件。

其次,判断不仅是组成推理的要素,而且决定了一定的推理之逻辑特性。因为所有的推理都是由判断组成的,因而运用一定类型的判断组成的推理就有这种类型的判断所赋予的逻辑特性,并且还按照这种逻辑特性制定相应的推理规则。例如,运用性质判断(亦称为直言判断)所组成的推理称为性质判断的推理(亦称为直言推理),运用联言判断所组成的推理或根据联言判断的逻辑特性进行的推理称为联言判断的推理等,这里就不一一列举了。

正是判断与推理有着这么密切的关系,本书在章节内容的组织上,将原来逻辑学教科书按照判断、推理分离研究的体例,变成按照一定的判断类型,阐述与之相关的推理,实现了判断与推理的整合研究的体例。

[①] 《毛泽东选集》1~4卷合订本,人民出版社,1964年,第163页。
[②] 《马克思恩格斯选集》第1卷,人民出版社,1972年,第18页。

第二节 性质判断及其对当关系

一、什么是性质判断

所谓性质判断(亦称为直言判断)是指断定事物对象是否具有某种性质的判断。例如：

① 所有商品都是有价值的。
② 所有新生事物的成长都不是一帆风顺的。
③ 有些梅花是红色的。
④ 有些企业家不是大学毕业的。
⑤ 某人是医生。
⑥ 黑格尔不是英国人。

由以上性质判断可知,性质判断在结构上是由主项、谓项、联项、量项组成的。

所谓"主项"是表示性质判断中事物对象的概念即其属性需要被断定的项,如上例①中的"商品"、例②中的"新生事物的成长"等。通常用大写字母"S"表示主项。

所谓"谓项"是表示性质判断中事物性质的概念即说明"主项"的属性的项,如上例①中的"有价值的"、例②中的"一帆风顺的"等。通常用大写字母"P"表示谓项。

所谓"联项"是表示性质判断中联结主项和谓项的概念,包括肯定联项和否定联项。肯定联项为"是",否定联项为"不是"。联项是性质判断的质的规定性。

所谓"量项"是表示性质判断中主项的数量范围的概念,量项是性质判断的量的规定性,它包括全称量项、特称量项和单称量项。

全称量项通常用"所有"、"一切"、"凡"等来表示。特称量项通常用"有些"、"某些"、"有的"等来表示。全称量项有时也可省略,例如"科学技术是第一生产力"。

单称量项通常用"某个"、"这个"、"那个"等来表示。全称量项对主项所表示的全部事物范围做了断定,特称量项对主项所表示的部分事物范围做了断定,单称量项对主项所表示的某一个别事物做了断定。当主项是一个单独概念(只反映世界上独一无二的事物对象的概念)时,单称量项总是省略的。例⑥"黑格尔不是英国人"这一命题中,单称量项就已经被省略了。

特称量项通常用"有些"等来表示,与日常用语中所说的"有些",在含义上有所不同。日常用语中的"有些",大多指"很少的"、"一些",因而当指称"有些是什么"的时候,往往意味着"有些不是什么"。特称量项"有些",则是不确定。因此,特称量项为不确定量项,其上限为"几乎所有",下限为"至少有一个"。日常语言中所说的"大多数"、"绝大多数"、"少数"等都属于特称量项的"有些"范围。

二、性质判断的种类

性质判断的种类是由联项和量项即由性质判断的质的规定性和量的规定性的统一决定的。

首先,根据性质判断的质,即联项的不同,可以把性质判断分为肯定判断和否定判断。

其次,根据性质判断的量,即量项的不同,可以把性质判断分为全称判断、特称判断和单称判断。

根据性质判断的质和量的结合,可以把性质判断分为以下六种形式:
(1) 全称肯定判断,是断定一类事物的全部都具有某种性质的判断。
例如:
　　所有的金子都是闪光的。
全称肯定判断的逻辑表达式为:
　　所有的 S 都是 P;亦可用符号式表示:SAP;也可以简称为"A"判断。
(2) 全称否定判断,是断定一类事物的全部都不具有某种性质的判断。
例如:
　　所有的法律都不是没有阶级性的。
全称否定判断的逻辑表达式为:
　　所有的 S 都不是 P;亦可用符号式表示:SEP;也可以简称为"E"判断。
(3) 特称肯定判断,是断定一类事物的部分具有某种性质的判断。
例如:
　　有的商品是家用电器。
特称肯定判断的逻辑表达式为:
　　有的 S 是 P;亦可用符号式表示:SIP;也可以简称为"I"判断。
(4) 特称否定判断,是断定一类事物的部分不具有某种性质的判断。
例如:
　　有的运动员不是围棋爱好者。
特称否定判断的逻辑表达式为:
　　有的 S 不是 P;亦可用符号式表示:SOP;也可以简称为"O"判断。
(5) 单称肯定判断,是断定某一单个事物具有某种性质的判断。
例如:
　　南京是一个美丽的城市。
单称肯定判断的逻辑表达式为:
　　这个 S 是 P;亦可用符号式表示:SAP。
(6) 单称否定判断,是断定某一单个事物不具有某种性质的判断。
例如:
　　莫愁湖不是南京最大的公园。
单称否定判断的逻辑表达式为:
　　这个 S 不是 P;亦可用符号式表示:SEP。

三、A、E、I、O 四种判断的真假关系

A、E、I、O 四种判断的真假关系如下表所示。

由下表可知,A、E、I、O 这四种判断是断定主项所反映的事物或现象(全部或部分在性质判断中则以全称或特称表示)具有或不具有谓项所指称的某种性质的判断。由于客观现实中事物或现象与其性质是不可分离的,事物或现象都具有一定性质,而性质都属于一定事物,因此,性质判断谓项所指称的性质实际上就反映了客观存在的一类事物或现象及其属性。这样,在一个性质判断中主项(S)与谓项(P)之间的关系就反映了现实中两类事物或现象之间的关系。两者之间的关系归结起来,不外五种:全同关系、真包含于关系、真包含

关系、交叉关系、全异关系。我们可以按照这些关系确定 A、E、I、O 四种判断的真假。

性质判断主、谓项关系真值表

	S P	S P	P S	S P	S P
SAP	真	假	真	假	假
SEP	假	假	假	假	真
SIP	真	真	真	真	假
SOP	假	真	假	真	真

由上表可以看出：

1. 全称肯定判断（SAP）

当且仅当 S 与 P 反映的事物或现象处于全同关系、真包含于关系之一时，它是真的；处于真包含、交叉、全异 3 种关系之一时，它便是假的。

例如：

一切商品都是用来交换的劳动产品。

凡具有中华人民共和国国籍的人都是中华人民共和国公民。

这两个全称肯定判断中 S 与 P 处于全同关系，它们都是真判断。

所有的大米都是粮食。

所有的恒星都是发光的星。

这 2 个全称肯定判断中，S 与 P 具有真包含于关系，它们也是真判断。

凡科学家都是大学毕业的。

凡书都是教科书。

所有的自然科学都是社会科学。

这 3 个全称肯定判断中，S 与 P 分别具有交叉关系、真包含关系、全异关系，它们是假判断。

2. 全称否定判断（SEP）

当且仅当 S 与 P 反映了事物或现象的全异关系时，它才是真的；处于全同、真包含于、真包含或交叉关系之一时，它都是假的。

例如：

所有的法律都不是没有阶级性的。

一切事物都不是固定不变的。

在这两个全称否定判断中 S 与 P 都具有全异关系，这 2 个判断都是真的。

所有的商品都不是用来交换的劳动产品。

判断不是思维形式。

所有的哺乳动物都不是海豚。

所有的金属都不是固体。

这4个E判断，S与P分别处于全同关系、真包含于关系、真包含关系、交叉关系，它们都是假判断。

3. 特称肯定判断(SIP)

当且仅当S与P反映的事物或现象处于全异关系时，它才是假的；当S与P反映事物或现象的全同关系、真包含于关系、真包含关系或交叉关系之一时，特称肯定判断是真的。

例如：

有的发展中国家是发达国家。

这个特称肯定判断的S与P在实际上处于全异关系，它是假判断。

又如：

有的概念是反映思维对象本质属性的思维形式。

有的广播是传媒。

有的工业产品是纺织品。

有的大学生是学法律专业的。

上述4个I判断都是真判断，它们的S与P分别具有全同关系、真包含于关系、真包含关系、交叉关系。

4. 特称否定判断(SOP)

当且仅当S与P反映事物或现象的真包含关系、交叉关系或全异关系时，特称否定判断才是真的。

例如：

有的学者不是研究法学的。

有的金属不是液体。

有的新事物的成长不是一帆风顺的。

上面3个特称否定判断，都是真判断，因为在实际上，它们的S与P或是具有真包含关系，或是具有交叉关系，或是具有全异关系。

有的真实定义不是明确概念内涵的逻辑方法。

有的高级工程师不是知识分子。

这两个特称否定判断，它们的S与P在实际上处于全同关系、真包含于关系，显然是假判断。

因此，依据性质判断主、谓项关系真值表，我们可以了解和判别4种性质判断的真假情况，并且从中还可以看出：

第一，如果一个肯定判断是真的，那么它的S与P外延之间至少有一部分重合（即是全同关系、真包含于关系、真包含关系、交叉关系的其中之一），如果二者的外延间是全异关系，则不能构成其肯定判断。

第二，如果一个否定判断是真的，那么它的S与P外延至少有部分是不相重合的（即是真包含关系、交叉关系、全异关系的其中之一），如果S与P的外延间具有全同关系或真包含于关系，则不能构成其否定判断。

四、A、E、I、O 判断之间的对当关系

所谓对当关系是指具有同一素材的性质判断(即它们的主、谓项都相同,只是其联项与量项不同)之间的真假关系。通常称具有相同主、谓项(联项与量项不同)的性质判断为同素材的性质判断。

例如:

一切宣传都是有倾向性的。

一切宣传都不是有倾向性的。

有些宣传是有倾向性的。

有些宣传不是有倾向性的。

上述四个判断就是同素材的性质判断,即它们都是以"宣传"与"有倾向性的"为其主、谓项,而联项与量项有所不同。这四种判断之间在真假关系方面,存在着一种特定的关系,通常称对当关系。性质判断之间的对当关系有四种:反对关系、矛盾关系、下反对关系和差等关系。根据这种对当关系,我们可以从其中一个判断的真假推出其他同素材判断的真假。下面参照上述"性质判断主、谓项关系真值表"和 A、E、I、O 逻辑方阵图(下图)分别加以讨论。

A、E、I、O 逻辑方阵图

1. 反对关系

这是 A 判断和 E 判断之间存在的真假关系,是一种不能同真,但可同假的关系。根据这一关系,当我们知道 A 判断是真的,就可以推断 E 判断为假;反之亦然。

例如:

已知 A:所有的商品都是有价值的。(真)

则 E:所有的商品都不是有价值的。(假)

已知 E:所有的客观规律都不是以人的意志为转移的。(真)

则 A:所有的客观规律都是以人的意志为转移的。(假)

当我们知道 A 判断是假的,则 E 判断真假不定;反之亦然。

例如:

已知 A:所有的企业家都是大学毕业的。(假)

则 E:所有的企业家不是大学毕业的。(真假不定)

2. 矛盾关系

这是 A 判断和 O 判断、E 判断和 I 判断之间存在的真假关系,是一种既不能同真,也不能同假的关系。根据这一关系,当我们知道 A 判断是真的,就可以推断 O 判断为假;反之亦

然。当我们知道 E 判断是真的,就可以推断 I 判断为假;反之亦然。

例如:

已知 A:所有的商品都是有价值的。(真)

则 O:有的商品不是有价值的。(假)

已知 O:有些企业家不是大学毕业的。(真)

则 A:所有的企业家都是大学毕业的。(假)

已知 E:所有的客观规律都不是以人的意志为转移的。(真)

则 I:有的客观规律是以人的意志为转移的。(假)

已知 I:有些留学生来自美国。(真)

则 E:所有的留学生都来自美国。(假)

3. 下反对关系

这是 I 判断和 O 判断之间存在的真假关系,是一种可以同真,但不可同假的关系。根据这一关系,当我们知道 I 判断是假的,就可以推断 O 判断为真;反之亦然。

例如:

已知 I:在库存的产品中,有的产品是劣质产品。(假)

则 O:在库存的产品中,有的产品不是劣质产品。(真)

已知 O:我们班上,有的同学不是运动员。(假)

则 I:我们班上,有的同学是运动员。(真)

当我们知道 I 判断是真的,则 O 判断真假不定;反之亦然。

例如:

已知 I:有的企业家是大学毕业的。(真)

则 O:有的企业家不是大学毕业的。(真假不定)

4. 差等关系

这是 A 判断和 I 判断、E 判断和 O 判断之间存在的真假关系,是存在于两个相同属性判断(即都是肯定判断或都是否定判断)中全称判断与特称判断之间的关系。对这种关系我们可以作如下概括:它们既能同真,也能同假。根据这一关系,当我们知道全称判断是真的,就可以推断特称判断为真;当我们知道特称判断是假的,就可以推断全称判断为假;当我们知道全称判断是假的,则特称判断真假不定;当我们知道特称判断是真的,则全称判断真假不定。

例如:

已知 A:所有的商品都是有价值的。(真)

则 I:有的商品是有价值的。(真)

已知 I:有些汽车参加了年检。(假)

则 A:所有的汽车都参加了年检。(假)

已知 A:所有的企业家都是大学毕业的。(假)

则 I:有的企业家是大学毕业的。(真假不定)

已知 I:有些留学生来自美国。(真)

则 A:所有的留学生都来自美国。(真假不定)

类似的也可以举例说明 E 判断和 O 判断之间的差等关系。

五、A、E、I、O 判断主谓项的周延性

为了准确地把握直言判断的逻辑特性,我们还必须进一步分析直言判断的主谓项的周延性。项的周延性,就是指在直言判断中对主项、谓项外延数量的断定情况。如果在一个判断中,对它的主项(或谓项)的全部外延作了断定,那么这个判断的主项(或谓项)就是周延的;如果未对主项(或谓项)的全部外延作断定,那么这个判断的主项(或谓项)就是不周延的。由此,我们可以把 A、E、I、O 四种判断的周延情况,列表展示如下:

A、E、I、O 判断主谓项的周延情况表

	主 项	谓 项
SAP	周 延	不周延
SEP	周 延	周 延
SIP	不周延	不周延
SOP	不周延	周 延

例如:

所有的汽车都进行了年检。

有些个体户不是纳了税的。

在这两个判断中,就主项来说,由于前一个判断对"汽车"这个概念的外延都作了断定,所以这个判断的主项"汽车"就是周延的;而后一个判断由于未对"个体户"的全部外延作出断定,因而这个判断的主项"个体户"就是不周延的。再就谓项来说,由于前一个判断只是断定了"汽车"的全部外延都包含在"进行了年检"的外延中,并没有断定"进行了年检"的全部外延都包含在"汽车"的全部外延中,因而这个判断中的谓项"进行了年检"是不周延的;相反,由于后一个判断断定了"纳了税的"这个概念的全部外延与纳了税的"个体户"的部分外延是相互排斥的,因而这个判断中的谓项"纳了税的"是周延的。

第三节 推理与性质判断的直接推理

一、推理概述

所谓推理是根据一个或一些判断得出一个新判断的思维形式。

例如:

① 所有的商品都是有价值的,

所以,有些有价值的是商品。

例如:

② 所有的金属都是导电的,

铜是金属,

所以,铜是导电的。

例如：

③ 木耳没有叶绿素，
   香草没有叶绿素，
   蘑菇没有叶绿素，
   木耳、香草、蘑菇都是菌类植物，
   ─────────────────────
   所以，菌类植物都没有叶绿素。

这些都是推理，其中例①是由一个判断推出一个新判断；例②、例③是由两个或两个以上的判断推出了一个新判断。从这些例子我们可以看出，任何推理都由这样两个部分组成，即推理所依据的判断，以及推出的新判断。前者叫做前提，后者叫做结论。推理不是判断的任意组合，而是由一定推论关系的判断构成的。以上所举的例子中，作为前提的判断与作为结论的判断之间都有这种逻辑关系。逻辑推理不是人们主观臆造的，而是人们在长期的社会实践中，对客观事物之间联系与关系的反映。人们在社会实践中形成并运用逻辑推理，可以从已有的知识(前提判断)推出新知识(结论判断)，因此，逻辑推理是获得新知识的方法。

1. 推理形式及其有效性

(1) 推理的形式

我们如果将上述例子的内容抽出，可以分别得到以下3种推理形式：

推理形式Ⅰ：

　　所有的 S 是 P
　　─────────
　　所以，有的 P 是 S

推理形式Ⅱ：

　　所有的 M 是 P
　　所有的 S 是 M
　　─────────
　　所以，所有的 S 是 P

推理形式Ⅲ：

　　S_1 是 P
　　S_2 是 P
　　S_3 是 P
　　……
　　S_n 是 P
　　S_1,S_2,S_3,…,S_n 是 S 类的全部或部分对象
　　──────────────────────
　　所以，所有的 S 都是 P

在这些推理形式中，我们分别用"S"(或 S_1,S_2,S_3,…,S_n)、"P"表示判断中的变项，构成推理的一组判断形式。

(2) 推理的有效性

一般我们从两个方面来考察推理的有效性：

① 推理的前提是否真实，也就是作为前提的判断内容是否符合事实，一般这是由各门具体科学解决的问题。

② 推理的形式是否正确,也就是推理的逻辑形式即推理的形式结构是否符合逻辑思维规律和推理规则。这是逻辑学着重研究的问题。为了保证推理形式正确,逻辑学确立了一系列的规则,这样,我们就可以从既定的前提出发,合乎逻辑地推出相应的结论。因此,推理的有效性就是要符合逻辑思维规律和推理规则,这也是推理的逻辑性。

2. 推理的种类

推理按照不同的标准,可以划分为不同的类型:

(1) 根据推理所表现的思维进程的方向性,即根据思维进程中从一般到特殊、从特殊到一般、从特殊到特殊的区别,把推理分为演绎推理、归纳推理和类比推理。演绎推理是从一般到特殊的推理,如上述例子的例①、例②是归纳推理,即从特殊到一般的推理,例③则是类比推理,是从特殊到特殊的推理。

例如:

④ 地球上有空气、有水、有生命,
　　火星上也有空气、有水,
　　―――――――――――
　　所以,火星上也可能有生命。

(2) 根据推理的前提与结论之间是否有蕴涵关系,可以把推理划分为必然性推理和或然性推理。前提与结论之间有蕴涵关系的推理叫做必然性推理;前提与结论之间没有蕴涵关系的推理,叫做或然性推理。如上述例子的例①与例②为必然性推理,而例③与例④类比推理的例子为或然性推理。

(3) 根据推理中前提的数目是 1 个还是 2 个或 2 个以上,把推理分为直接推理和间接推理。以一个判断为前提的推理就是直接推理,如上述例子的例①。以 2 个或 2 个以上判断为前提的推理就是间接推理,如上述例子的例②、例③。

(4) 根据推理的繁简形式的不同,可以将推理分为简单推理和复合推理。简单推理是其形式不能再分为其他更简单的形式的推理,如上述例子的例①、例②、例③与例④都是简单推理。复合推理是由两个或两个以上简单推理组成的推理。

例如:

⑤ 所有的科学都是科教兴国所必需的,
　　物理学是科学,
　　―――――――――――
　　所以,物理学是科教兴国所必需的;
　　激光学是物理学,
　　―――――――――――
　　所以,激光学是科教兴国所必需的。

以上各种推理的类型,是按照推理的各种逻辑性质划分的,而这些逻辑性质是任何一个推理都具有的。如上例②,它是一个演绎推理,又是一个必然性推理,同时也是一个间接推理,还是一个简单推理。

二、性质判断的对当关系推理

1. 由真推真

A→I;E→O,即由差等关系推出。

例如：
　　① 由"所有的木耳没有叶绿素"（真），可以推知，"有的木耳没有叶绿素"也真。
　　② 由"所有的客观规律都不是以人的意志为转移的"（真），可以推知，"有的客观规律不是以人的意志为转移的"。（真）

2. 由真推假

A→O；E→I；A→E，即由矛盾关系、反对关系推出（例略）。

3. 由假推真

A→O；E→I；I→O，即由矛盾关系、下反对关系推出（例略）。

4. 由假推假

I→A；O→E，即由差等关系推出（例略）。

三、性质判断变形直接推理

判断变形直接推理是通过改变作为前提的直言判断即性质判断的逻辑形式从而推出结论的推理。所谓改变一个直言判断的逻辑形式，不外乎三种情况，或者改变前提判断的联项（即判断的质），或者改变前提判断的主项和谓项的位置，或者同时改变着两者，因此，判断变形直接推理就有换质法、换位法和换质位法三种。

1. 换质法

换质法就是改变前提判断的联项，从而推出结论的直接推理。这种推理从肯定判断的前提推出否定判断的结论；或者从否定判断的前提推出肯定判断的结论。

例如：
　　① 所有想获得 MBA 学位的人都是想从事商业工作的，
　　　　所以，所有想获得 MBA 学位的人都不是不想从事商业工作的。

换质法的规则有两条：

(1) 改变前提判断的联项，将肯定改为否定，将否定改为肯定。

(2) 改变结论的谓项，使之成为前提判断谓项的矛盾概念。

A、E、I、O 四种判断换质公式可以表示如下：

　　SAP→SE¬P

　　SEP→SA¬P

　　SIP→SO¬P

　　SOP→SI¬P

（其中"¬P"表示"非P"，"→"表示推出）

换质法所推出的结论同前提是一对等值判断。

2. 换位法

换位法就是调换前提判断的主项和谓项的位置，从而推出结论的直接推理。调换主项和谓项的位置，即把前提判断的主项置换为谓项，谓项置换为主项。

例如：
　　② 任何方法都是有缺陷的，
　　　　所以，有些有缺陷的是方法。

换位法的规则有两条：

(1) 只改变前提判断的主项与谓项的位置，不改变其联项。

(2) 前提中不周延的项，在结论中不得周延。A、E、I、O 四种判断中只有 A、E、I 三种判断可以换位，O 判断不能换位。

O 判断之所以不能换位，是因为根据规则(1)，否定判断换位后仍然是否定判断，根据规则(2)，前提中不周延的项，在结论中不得周延，O 判断换位后主项却由不周延变成周延的了。由于结论超出前提对主项的断定范围，其结论失去了逻辑必然性。因此，O 判断不能换位。A 判断由于其谓项是不周延的，根据规则(1)，换位后为特称肯定判断（如例题所示）。E、I 判断换位后符合规则，没有量的限制。

A、E、I 三种判断的换位公式可以表示如下：

  SAP→PIS

  SEP→PES

  SIP→PIS

3. 换质位法

换质位法就是先应用换质法，再应用换位法，从而推出结论的直接推理。由于换质位法是换质法和换位法的结合，所以，在推理过程中，必须遵守换质法和换位法的规则。

A、E、I、O 四种判断中只有 A、E、O 三种判断可以换质位，其公式可以表示如下：

  SAP→SE¬P→¬PES

  SEP→SA¬P→¬PIS

  SOP→SI¬P→¬PIS

I 判断因换质以后为 O 判断，而 O 判断不能换位，因此，I 判断没有换质位公式。

例如：

  ③ 所有的客观规律都是不以人的意志为转移的；
  ———————————————————————
  所以，所有的以人的意志为转移的不是客观规律。

关键术语提要

判断是对对象有所断定的思维形式。判断有两个基本的逻辑特征：一是任何判断都有所断定，即有所肯定或有所否定；二是任何判断都有真假，即或是真的或是假的。

性质判断是断定对象具有或不具有某种性质的简单判断，其一般公式是：

  所有（有些）S 是（不是）P。

性质判断的对当关系是指 A、E、I、O 四种判断在主、谓项素材相同时，其真假取值方面有相互制约关系。

性质判断项的周延性是指在直言判断中对主项、谓项外延数量的断定情况。

推理是根据一个或一些判断得出一个新判断的思维形式。从运思的方向上推理可以分为演绎推理、归纳推理和类比推理三类。

性质判断的直接推理是指前提是一个性质判断，结论也是性质判断。直接推理的有效式分为两类：对当关系推理和判断变形推理（换质法、换位法与换质位法）。

进一步阅读指南

1. 马克思恩格斯选集. 第 1 卷. 北京：人民出版社，1972
2. 恩格斯. 自然辩证法. 北京：人民出版社，1971
3. 毛泽东选集. 1～4 卷（合订本）. 北京：人民出版社，1964
4. 邓小平文选. 第 2 卷. 北京：人民出版社，1994
5. 普通逻辑编写组. 普通逻辑. 上海：上海人民出版社，2002
6. 苏越等. 思路·逻辑·创造方法. 北京：中央广播电视大学出版社，1992
7. 郁慕镛等. 形式逻辑纲要. 南京：江苏科学技术出版社，1992
8. 王球，崔文琴等. 逻辑学导论. 北京：中国广播电视出版社，1991
9. （美）R. J. 克雷切. 大学生逻辑. 宋文淦译. 北京：北京大学出版社，1989
10. 郑毓信. 现代逻辑的发展. 沈阳：辽宁教育出版社，1989
11. 马玉珂. 西方逻辑史. 北京：中国人民大学出版社，1985
12. 江天骥. 西方逻辑史研究. 北京：人民出版社，1984
13. 朱志凯. 形式逻辑基础. 上海：复旦大学出版社，1983
14. 杜国平. 普通逻辑. 北京：高等教育出版社，2010
15. 全国工商管理硕士入学考试研究中心. MBA 联考综合能力测试辅导材料·逻辑. 北京：机械工业出版社，2012
16. 陈爱华. 2002MBA 逻辑. 北京：清华大学出版社，2001

问题与思考

1. 什么是判断？判断有何逻辑特征？
2. 什么是性质判断？性质判断有哪些类型？
3. 如何正确理解性质判断的特称量项"有的"？
4. 性质判断的对当关系有哪些？其逻辑特征是什么？
5. 如何理解性质判断项的周延性？
6. 什么是推理？推理有何逻辑特征？
7. 如何进行对当关系推理？
8. 性质判断的变形推理有哪些类型？为什么 O 判断不能换位？

一、下列语句是否表达判断？为什么？
1. 科学技术是第一生产力。
2. 我是一个中国人。
3. 公民必须遵纪守法。
4. 祝新年愉快！

5. 高技术的发展为什么如此迅猛?

6. 没有耕耘,哪有收获?

7. 谁是捐款人?

8. 啊!祖国!

9. 大学生的课外科技作品真精彩!

二、下列判断分别属于何种判断?并指出其主、谓项的周延情况。

1. 没有困难是不可克服的。

2. 法律面前人人平等。

3. 发展是硬道理。

4. 有少数干部不廉洁奉公。

5. 我们班上有几个同学是书法爱好者。

6. 有些很受群众欢迎的影片不是获奖影片。

7. 大多数人具有法律意识。

8. 贝多芬是著名的音乐家。

9. 南京不是经济特区。

10. 宪法是一个国家的根本大法。

三、已知下列判断的真假,请根据性质判断的对当关系,指出同素材的其他3个判断的真假。

1. 所有的律师都毕业于法律专业。(假)

2. 所有的基本粒子都不是不可再分的。(真)

3. 某厂有的产品不是合乎质量检验标准的。(假)

4. 有的合同是不具有法律效力的。(真)

5. 大多数电视剧是插播广告的。(真)

四、对下列判断进行换质,并写出其公式。

1. 有些行为是非道德行为。

2. 有些花不是春季开花的。

3. 所有习惯都是逐渐养成的。

五、下列各组判断的换位是否正确?为什么?

1. 有些学生不是网球爱好者,所以,所有网球爱好者都不是学生。

2. 有的水电站是全优工程,所以,凡全优工程都是水电站。

3. 所有思想家的思想都不是与其所处的时代无关的,所以,凡与思想家所处的时代无关的都不是思想家的思想。

4. 逻辑知识是对人类实践经验的概括,所以,对人类实践经验的概括是逻辑知识。

六、下列判断如何换质位,并举例说明。

1. SAP→

2. SEP→

3. SIP→

4. SOP→

七、性质判断及其推理知识在批判性思维中的运用。

1. 甲、乙、丙和丁是同班同学。

甲说:"我班同学都是围棋爱好者。"

乙说:"丁不是围棋爱好者。"

丙说:"我班有人不是围棋爱好者。"

丁说:"乙也不是围棋爱好者。"

已知只有一人说假话,试根据性质判断的对当关系,推出以下哪项断定是真的?

A. 说假话的是甲,乙不是围棋爱好者。

B. 说假话的是乙,丙不是围棋爱好者。

C. 说假话的是丙,丁不是围棋爱好者。

D. 说假话的是丁,乙是围棋爱好者。

E. 说假话的是甲,丙不是围棋爱好者。

2. 桌子上有4个杯子,每个杯子上写着一句话。第一个杯子上写:"所有的杯子中都有茶叶";第二个杯子上写:"本杯中有咖啡";第三个杯子上写:"本杯中没有猕猴桃汁";第四个杯子上写:"有些杯子中没有茶叶"。

如果其中只有一句真话,那么根据性质判断的对当关系以下哪项为真?

A. 所有的杯子中都有茶叶。

B. 所有的杯子中都没有茶叶。

C. 所有的杯子中都没有咖啡。

D. 第三个杯子中有猕猴桃汁。

E. 第二个杯子中有咖啡。

3. 某广告公司共有 12 名工作人员。

(1) 有人会使用 Visio 绘画。

(2) 有人不会使用 Visio 绘画。

(3) 经理不会使用 Visio 绘画。

上述三个判断中只有一个是真的。

根据性质判断的对当关系,以下哪项正确地表示了该律师事务所会使用计算机的人数?

A. 12 个人都会使用 Visio 绘画。

B. 12 个人没人会使用 Visio 绘画。

C. 仅有 1 人不会使用 Visio 绘画。

D. 仅有 1 人会使用 Visio 绘画。

E. 不能确定。

4. 某研究所有 8 位工程师,他们中有几位具有大学本科文化程度,甲、乙、丙、丁四人各有各的说法:

甲:8 位工程师都具有大学本科文化程度。

乙:至少有一半具有大学本科文化程度。

丙:至少有一人还没有达到大学本科文化程度。

丁:该研究所的小王只具有大专文化程度。

试根据性质判断的对当关系分析如果上述只有一个人的说法不对,那么,以下哪项必定是正确的?

A. 8位工程师都具有大学本科文化程度。
B. 只有1位不具有大学本科文化程度。
C. 有4位工程师具有大学本科文化程度。
D. 有6位工程师具有大学本科文化程度。
E. 具有大学本科文化程度的工程师可能有5位。

> 我称之为完全的三段论的,是那些除了已经陈述的东西之外不需要其他什么来使得必然性成为显然的三段论;……①
>
> ——亚里士多德

第四章 三 段 论

本章概述

本章主要内容包括三段论及其结构、三段论的公理与规则;三段论的格与式及其关系,省略三段论和复合三段论等。在"拓展研究"中,探讨了三段论的逻辑美,即三段论逻辑结构的严谨美、逻辑形式的简洁美和逻辑体系的和谐美。此外三段论在批判性思维中的运用。

第一节 三段论概述

一、什么是三段论

三段论是由两个包含着一个共同项的性质判断为前提,推出一个新的性质判断为结论而构成的推理。

例如:

一切事物都是发展变化的,
基本粒子是事物,
_____
所以,基本粒子也是发展变化的。

任何一个三段论都包含着 3 个不同的项:小项、大项和中项。结论中的主项叫做小项,以"S"表示,如上例中的"基本粒子";结论中的谓项叫做大项,以"P"表示,如上例中的"发展变化的";两个前提中所共有的项叫做中项,以"M"表示,如上例中的"事物"。在两个前提中,包含大项的前提叫做大前提,如上例中的"一切事物都是发展变化的",包含小项的前提叫做小前提,如上例中的"基本粒子是事物"。任何三段论都是通过中项在大、小前提中的中介作用而把大项与小项联系起来从而推出结论的。

二、三段论的逻辑美

三段论即直言三段论是演绎推理中的一种典型的推理形式,三段论作为传统逻辑的精

---

① 转引自[波兰]卢卡西维茨:《亚里士多德的三段论》,商务印书馆,1981 年,第 58 页。

华,不仅向人们昭示了逻辑的真理体系(即逻辑真),反映了人类从逻辑思维的角度对客观世界把握的程度,展示了人类认识的发展进程,因而具有独特的认识论的价值,而且也向人们昭示了三段论作为人类对思维探索的结晶,蕴含了深刻而丰富的理性美,因而三段论的逻辑结构、逻辑形式和逻辑体系亦可作为审美对象,具有审美价值(即逻辑美)。它不仅集上述的逻辑美于一身,而且在三段论的逻辑体系建构和逻辑结构运演中还显现出其独特的逻辑美。这种逻辑美包括逻辑结构的严谨美、逻辑形式的简洁美、逻辑术语的练达美、逻辑层次的清晰美、逻辑规则的关联美与逻辑体系的和谐美。(详见本章"拓展研究")

三、三段论在现实中的运用

三段论不仅向人们昭示了逻辑的真理体系(即逻辑真),具有审美价值(即逻辑美),而且还广泛运用于人们的科学研究、思维论辩和日常生活之中,发挥着十分重要的作用(即逻辑善)。一方面,三段论作为演绎推理中的一种典型的推理形式,具有演绎推理的渗透性,即由一般知识或原理向特殊(个别)认识渗透,从而使我们把握特殊(个别)事物或现象的本质(如上例所示)。与此同时,三段论逻辑结构所具有的严谨美、逻辑形式的简洁美、逻辑术语的练达美、逻辑层次的清晰美、逻辑规则的关联美与逻辑体系的和谐美对人们的思维品性具有重要的启迪、陶冶功能。

第二节 三段论公理与规则

一、公理三段论

三段论的公理可表述为:凡是断定一类对象的全部是什么或不是什么,那么也就断定了这类对象中的任何部分是什么(如图1)或不是什么(如图2)。简单地说,凡肯定或否定了全部,也就肯定或否定了其任何部分。

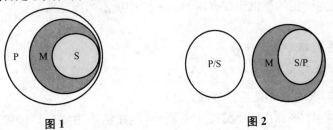

图1 　　　　　　　　图2

二、三段论规则

三段论规则一共有7条。其中前3条为三段论的项(词项或名词)规则,后4条为三段论的前提规则。具体如下:

(1) 在一个三段论中,有而且只有3个不同的项。
(2) 中项至少在前提中周延一次。
(3) 前提中不周延的项,在结论中不得周延。
(4) 从两个否定的前提不能推出结论。
(5) 两个前提中如果有一个是否定判断,那么结论是否定的;如果结论是否定的,那么前提中必有一个是否定的。

（6）两个前提如果都是特称判断，就不能推出结论。

（7）两个前提中如果有一个是特称判断，那么结论也必须是特称判断。

三、关于三段论规则的解析

规则1：在一个三段论中，有而且只有3个不同的项。

违反这条规则常见的错误是"四概念错误"，或叫做"四名词错误"。这种错误多数是由于前提中的中项在大小前提中表达着两个不同的概念而产生了四个不同的项。

例如：

① 辩证法是马克思主义的精髓，

　　黑格尔的方法是辩证法，
　　─────────────
　　所以，黑格尔的方法是马克思主义的精髓。

该三段论的错误是由于前提中的中项"辩证法"在大小前提中表达着两个不同的概念"唯物辩证法"与"唯心辩证法"，因而产生了四个不同的项。

规则2：中项至少在前提中周延一次。

违反这条规则所犯的逻辑错误称为"中项不周延的错误"。

例如：

② 演绎法是逻辑方法，

　　归纳法是逻辑方法，
　　─────────────
　　所以，归纳法是演绎法。

该三段论的中项"逻辑方法"在两个前提中均不周延，违反上述规则，犯了"中项不周延的错误"。

规则3：前提中不周延的项，在结论中不得周延。

违反这条规则所犯的逻辑错误有两种：一是"小项不当周延"；二是"大项不当周延"。

例如：

③ 凡薯类都是高产作物，

　　凡薯类都是杂粮，
　　─────────────
　　所以，凡杂粮都是高产作物。

该三段论的小项"杂粮"在小前提中不周延，但在结论中周延（"杂粮"为全称判断的主项），违反上述规则，犯了"小项不当周延"的错误。

注意：规则3只是强调前提中不周延的项，在结论中不得周延，但并没有说，在前提中周延的项，在结论中一定周延。这就是说，在前提中周延的项，在结论中可以周延，也可以不周延。

以上是三段论的项规则，也称名词规则。

规则4：从两个否定的前提不能推出结论。

由于在大、小前提中，中项既与小项相排斥，又与大项相排斥，完全没有介入大小项的关系中，没有发挥媒介作用，不能由前提推出必然的结论。

两个否定前提的组合有四种：EE、EO、OE、OO。

例如:
  ④ 物理不是天文学,
   化学不是物理,
   ?

  该三段论的中项"物理"既与小项"化学"相排斥,又与大项"天文学"相排斥,完全没有介入大小项的关系中,没有发挥媒介作用,不能由前提推出必然的结论。

  规则5:两个前提中如果有一个是否定判断,那么结论是否定的;如果结论是否定的,那么前提中必有一个是否定的。

例如:
  ⑤ 所有的真理都是经过实践检验的,
   有些理论不是经过实践检验的,
   所以,有些理论不是真理。

  规则6:两个前提如果都是特称判断,就不能推出结论。
  两个特称前提可能有以下四种组合:
  II;IO;OI;OO。
  II与OO根据规则2、4不能推出结论;IO与OI组合能否推出结论呢?

例如:
  ⑥ 有些人爱好文学,
   有些人爱好体育不爱好文学,
   ?

  该三段论的中项"爱好文学"尽管在前提中周延,但由于前提中有一个否定判断,则结论否定。由于结论否定,则结论的谓项即大项"人"就是周延的。然而,大项"人"在大前提中不周延。因此,该三段论一定会违反规则3,犯"大项不当周延"的错误,不能推出必然结论。

  规则7:两个前提中如果有一个是特称判断,那么结论也必须是特称判断。

例如:
  ⑦ 有些新生没办理校园卡,
   所有的新生都办理了医疗保险,
   所以,有些办理了医疗保险的没办理校园卡。

第三节 三段论的格与式

一、三段论的格

  三段论的格是指由于中项在前提中位置的不同而形成的各种不同三段论的形式。了解三段论的格,有助于人们对一个三段论结构作出迅速而准确的判断,进而快速地辨别三段论的类型。

三段论有四个格,其结构如下:

第一格	第二格	第三格	第四格
M—P	P—M	M—P	P—M
S—M	S—M	M—S	M—S
S—P	S—P	S—P	S—P

三段论各格的规则如下:

第一格的规则:

(1) 大前提必须是全称判断。

(2) 小前提必须是肯定判断。

例如:

① 凡是金属都是导电的,

铁是金属,

所以,铁是导电的。

第二格的规则:

(1) 前提中必须有一个是否定判断。

(2) 大前提必须是全称判断。

例如:

② 凡恒星是自身发光的,

金星自身不发光(这是"金星不是自身发光的"换质判断),

所以,金星不是恒星。

第三格的规则:

(1) 小前提必须是肯定判断。

(2) 结论必须是特称判断。

例如:

③ 有些中老年教员没办理财产保险,

所有的中老年教员办理了人寿保险,

所以,有些办理了人寿保险的没办理财产保险。

第四格的规则:

(1) 如果前提中有一个是否定判断,那么大前提必须是全称判断。

(2) 如果大前提是肯定判断,那么小前提必须是全称判断。

(3) 如果小前提是肯定判断,那么结论必须是特称判断。

(4) 任何一个前提都不能是特称否定判断。

(5) 结论不能是全称肯定判断。

例如:

④ 所有的中老年教员办理了人寿保险,

所有办理了人寿保险的没办理财产保险,

所以,办理了财产保险的不是中老年教员。

各格的特殊意义:
第一格自然格:体现了一般与个别的关系。
第二格区别格:明确一事物与他事物的区别。
第三格反驳格:用于对全称判断的反驳。
第四格论证格:强化前提与结论的联系。

二、三段论的式

三段论的式是由于前提和结论的质与量的不同而形成的三段论推理形式。三段论有24个正确的式,见下表。

三段论的有效式一览表

第一格	第二格	第三格	第四格
AAA	AEE	AAI	AAI
AII	AOO	AII	AEE
EAE	EAE	EAO	EAO
EIO	EIO	EIO	EIO
[AAI]	[AEO]	IAI	IAI
[EAO]	[EAO]	OAO	[AEO]

表中第一格至第四格有"AAA"、"EAE"、"AEE"等5个式为强式,同时有"[AAI]"、"[EAO]"、"[AEO]"等5个式为弱式,它们分别是由5个强式推出的。

如上面的例②

　　凡恒星是自身发光的,
　　凡行星自身不发光(这是"凡行星不是自身发光的"换质判断),
　　―――――――――――――――――――
　　所以,凡行星不是恒星。

该三段论为第二格的强式:"AEE"式。由该式可以推出这一格的弱式:"[AEO]"式:

　　凡恒星是自身发光的,
　　凡行星自身不发光,
　　―――――――――――
　　所以,有的行星不是恒星。

又如上面的例③

　　有些中老年教员没办理财产保险,
　　所有的中老年教员办理了人寿保险,
　　―――――――――――――――――
　　所以,有些办理了人寿保险的没办理财产保险。

该三段论为第三格一般式:"OAO"式。

第四节　三段论的省略形式

所谓省略三段论是省去了一个前提或结论的三段论。

一、类型

(1)省略大前提,因为大前提众所周知。

(2) 省略小前提,因为小前提不言而喻。
(3) 省略结论,因为结论显而易见。
例如:

　　① 铁是金属,所以,铁是导电的。

该三段论省略了大前提。

二、省略三段论的恢复

(1) 根据因果关系词"因为"、"所以"、"因而"等判定被省略的部分。
(2) 依据三段论的格与式,将省略三段论复原为完整的三段论。
(3) 依据规则,检查该三段论的正确与否。
例如:

　　② 我们是公民,所以,我们必须遵守法律。

该三段论省略了大前提"凡公民必须遵守法律"。

第五节　复合三段论

所谓复合三段论是由两个或两个以上的三段论构成的特殊的三段论推理形式。

一、复合三段论类型

1. 前进式

前进式是以前一个三段论的结论作为后一个三段论的大前提的复合三段论。公式如下:

$$
\begin{array}{c}
M_1 — P \\
M_2 — M_1 \\
\hline
M_2 — P \\
S — M_2 \\
\hline
S — P
\end{array}
$$

例如:

① 所有的科学都是科教兴国所必需的,
　　物理学是科学,
　　─────────────────
　　所以,物理学是科教兴国所必需的;
　　激光学是物理学,
　　─────────────────
　　所以,激光学是科教兴国所必需的。

这是前进式复合三段论推理,其强调的重点是大项"科教兴国所必需的"。

2. 后退式

后退式是以前一个三段论的结论作为后一个三段论的小前提的复合三段论。公式如下:

$$\begin{array}{c} S\!\!-\!\!M_2 \\ M_2\!\!-\!\!M_1 \\ \hline S\!\!-\!\!M_1 \\ M_1\!\!-\!\!P \\ \hline S\!\!-\!\!P \end{array}$$

例如：

② 激光学是物理学，
物理学是科学，
_____
所以,激光学是科学；
所有的科学都是科教兴国所必需的，
_____
所以,激光学是科教兴国所必需的。

这是后退式复合三段论推理，其强调的重点是小项"激光学"。

二、连锁三段论

所谓连锁三段论是指省略了作为后一个三段论的大前提的前一个三段论的结论而构成的复合三段论推理形式。其类型有两种：

1. 前进式

$$\begin{array}{c} M_1\!\!-\!\!P \\ M_2\!\!-\!\!M_1 \\ S\!\!-\!\!M_2 \\ \hline S\!\!-\!\!P \end{array}$$

例如：

③ 所有的科学都是科教兴国所必需的，
物理学是科学，
激光学是物理学，
_____
所以,激光学是科教兴国所必需的。

2. 后退式

$$\begin{array}{c} S\!\!-\!\!M_2 \\ M_2\!\!-\!\!M_1 \\ M_1\!\!-\!\!P \\ \hline S\!\!-\!\!P \end{array}$$

例如：

④ 激光学是物理学，
物理学是科学，

　　　　　所有的科学都是科教兴国所必需的,
　　　　所以,激光学是科教兴国所必需的。

三、带证式三段论

所谓带证式三段论是一个前提或两个前提带证明的复合三段论推理。

1. 单带证式三段论

例如:

⑤ 真理是驳不倒的,因为真理是人们对客观规律的正确认识,
　哥白尼的"日心说"是真理,
　　所以,哥白尼的"日心说"是驳不倒的。

2. 复带证式三段论

例如:

⑥ 真理是驳不倒的,因为真理是人们对客观规律的正确认识;
　哥白尼的"日心说"是真理,因为它是人对太阳系星球运动规律的正确认识;
　　所以,哥白尼的"日心说"是驳不倒的。

拓展研究:三段论的逻辑美

逻辑美是一种理性美,是主体在逻辑思维的理性活动中对逻辑思维自身、逻辑思维结构及其形式、逻辑规律和逻辑规则进行反思的审美感受,又是一种理性美的存在方式。逻辑美包括逻辑结构的严谨美、逻辑形式的简洁美、逻辑术语的练达美、逻辑层次的清晰美、逻辑规则的关联美与逻辑体系的和谐美。三段论即直言三段论是演绎推理中的一种典型的推理形式,不仅集上述的逻辑美于一身,而且在三段论的逻辑体系建构和逻辑结构运演中还显现出其独特的逻辑美。因而,两千多年来,三段论以其特有的魅力吸引了无数逻辑学家对其进行分析、研究,同时,三段论也被人们广泛地运用于各门科学和日常生活之中。本书仅就三段论的逻辑美作一粗浅的探析。

一、三段论逻辑结构的严谨美

三段论从其逻辑结构而言,是由三个项、三个判断组成的。其中三个项是组成三段论三个判断的不可或缺的要素。三段论逻辑结构的严谨美首先表现为三段论三个项之间关系结构的严谨美。三段论的三个项不是随意抽取的、彼此无关的三个项,而是彼此有着密切关系和内在结构的三个项。在这三个项中,有一个项极为重要,它起着联结其他两个项的作用。其他两个项或者由于与这个项相关联,因而彼此相互关联;或者这个项与其中的一个项相联系,而与另一个项相排斥,因而,这两个项便有了部分或全部相互排斥的关系。正是由于如此,三段论的三个项之间便有了相互联结的密切联系,以至于三段论多了一个项便会犯"四概念"的错误,少了一个项便会使三段论的推理无法进行。因此,一个三段论有而且只能有三个项,不能多,也不能少,其结构之严谨不容置疑。其次,三段论逻辑结构

的严谨美表现为项与前提(结论)之间关系结构的严谨美。一是三段论三个项的命名与结论密切相关。一般来说,在结论中作为主项的项,称为小项,以"S"表示;在结论中作为谓项的项,称为大项,以"P"表示;在结论中不出现,但在前提中出现两次的项称为中项,以"M"表示。因而,三段论的三个项是通过三段论的前提和结论分别被命名为小项、大项和中项。二是三段论前提的命名与大项、小项密切相关。通常,大项所在的前提称为大前提,小项所在的前提称为小前提。进而形成了三段论的严谨的判断结构:大前提、小前提、结论。其中大前提是对大项与中项的关系作出断定,小前提是对小项与中项的关系作出断定,结论则是对大项与小项的关系作出断定,即通过大前提中已知的大项与中项的关系和小前提中小项与中项的关系,推断出小项与大项的关系。因而,在三段论的三个项和三个性质判断的相互作用下决定了一个三段论有而且只能有三个性质判断①。

二、三段论逻辑形式的简洁美

三段论不仅在逻辑结构上具有严谨美,而且在逻辑形式上具有简洁美。这种逻辑的简洁形式是人们在长期的实践中,对客观事物最普遍、最常见的关系进行理性抽象并经过亿万次重复才固定下来的。正如列宁所指出的那样:"逻辑形式和逻辑规律不是空洞的外壳,而是客观世界的反映。"②首先,三段论逻辑形式的简洁美表现在三段论逻辑的格与式简洁性上。关于三段论的格与式可以分别表示如下:

```
  第一格        第二格        第三格        第四格
  M—P          P—M          M—P          P—M
  S—M          S—M          M—S          M—S
  S—P          S—P          S—P          S—P
```

第一格的式	第二格的式	第三格的式	第四格的式
AAA	AEE	AAI	AAI
AII	EAE	AII	AEE
EAE	AOO	EAO	EAO
EIO	EIO	EIO	EIO
(AAI)	(AEO)	IAI	IAI
(EAO)	(EAO)	OAO	(AEO)

一是就三段论的格而言,它们是由中项在前提中位置的不同而形成的各种三段论形式。二是就三段论的式而言,是由于三段论的大前提、小前提与结论质量的不同而形成的各种不同的三段论形式。无论三段论的格还是式都具有一定的抽象美和普适美。所谓三段论格与式的抽象美是指三段论格与式摆脱了自然语言的束缚,并且在纷繁复杂的事物及

---

① 参见金岳霖主编:《形式逻辑》,人民出版社,1979年,第153页。
② 《列宁全集》第38卷,第192页。

其现象中把握住其中蕴含的普遍形式,通过简洁明快的逻辑语言和逻辑形式进行概括与表达。因而,这种美是三段论逻辑形式简洁美的外在表征。所谓三段论格与式的普适美是指三段论的格与式可以运用到各门学科的各个领域和日常生活的各个方面,因而具有一定的认识功能和普遍的适用性。因此,普适美是三段论逻辑形式简洁美的内在品格。从认识论的角度看,三段论格与式的抽象美反映的是实践上升为认识的过程,而三段论格与式的普适美则反映了认识转化为实践的过程。如果说三段论格与式的抽象美是一种同一美、形式美,那么三段论格与式的普适美则是一种多样美、特色美。因为三段论的四个格各有自己的特征,在认识方面的作用也不尽相同。比如,第一格能推出 A、E、I、O 四种结论,并且只有第一格能推出 A 这种结论,其他三个格都不能;第一格由前提推出的结论又具有必然性的特点,因而比其他三格更显得自明,加之第一格在思维中运用得最多,因此,亚里士多德称其为"完善的格",而将其他三格称为"不完善的格"①。通常,第一格在认识论上具有把普遍性的原理运用到特殊场合的特征。例如:

一切客观规律(M)都是不以人的意志为转移的(P),
经济规律(S)是客观规律(M),
─────────────────────────
所以,经济规律(S)是不以人的意志为转移的(P)。

又如,第二格只能推出否定的结论,因而第二格在认识论上具有将事物之间的性质加以区别的特征。例如:

所有的金属(P)都是导电体(M),
这种物体(S)不是导电体(M),
─────────────────────────
所以,这种物体(S)不是金属(P)。

再如,第三格只能推出特称结论,因而第三格具有用一些事物的例外情形来否定某一普遍性的论断的特征。例如:

语言(M)是没有阶级性的(P),
语言(M)是社会现象(S),
─────────────────────────
所以,有些社会现象(S)是没有阶级性的(P)。

第四格由于前提中的两个中项处于反对角线的位置,因而称为"不自然格"。虽然第四格在认识论上没有什么特殊的意蕴,但在推理中却有其独特的韵律美。例如:

凡是关心群众的干部(P)是密切联系群众的干部(M),
凡是密切联系群众的干部(M)是受群众欢迎的干部(S),
─────────────────────────
所以,有的受群众欢迎的干部(S)是关心群众的干部(P)。

由此可见,整个推理过程上下贯通、一气呵成,从起点(P)至终点(P),实现了终点向起点的复归,完成了推理的圆圈运动,因而其内在的逻辑韵律美令人回味无穷。

其次,三段论逻辑形式的简洁美表现为三段论推理形式之间的相摄美。这种相摄美,一是指三段论格与式之间的化归美。如前所述,亚里士多德把三段论分为完善的和不完善的。亚里士多德认为,第一格的 4 个式是完善的三段论。特别重要的是第一格的前两个式,

───────────
① 参见金岳霖主编:《形式逻辑》,人民出版社,1979 年,第 161 页。

即 Barbara 和 Celarent(后两个式可以归结为前两个式)。一方面,所有二、三格的各个有效式,通过换位和调动前提都可化归为三段论第一格相应的各个式。另一方面,以第一格前两个式为基础,就可以推导出各格的其余有效式①。二是三段论复合形式之间的相摄美。所谓三段论的复合形式是指几个三段论联结在一起的形式,其形式有三种:复合三段论、连锁三段论和带证式三段论。复合三段论是几个三段论联结在一起构成的,其中前一个三段论的结论作为后一个三段论的前提。连锁三段论则是复合三段论的简略形式,即在复合三段论中,只提出最后一个总的结论,而省略其余各个三段论的结论。带证式三段论作为一种复合三段论,是指其中一个或两个前提是另一个简略三段论的结论。因而,复合三段论可以化简为连锁三段论或缩写为带证式三段论;连锁三段论亦可以扩展为复合三段论或缩写为带证式三段论;带证式三段论也可以补充其前提,扩展为复合三段论或连锁三段论。正是通过三段论复合形式之间的相互转化,进而形成了三段论一多相摄的形式美。同时,也揭示了三段论复合形式之间的相互联系性。此外,三段论还有诸多的推理形式,如复合三段论、连锁三段论和带证式三段论,这里所体现的和谐美则是推理的递进美、论证的关联美和自恰美。

三、三段论逻辑体系的和谐美

首先,三段论逻辑体系的和谐美,表现为三段论公理的统摄美。三段论的公理是指,一类事物的全部是什么,或不是什么,那么这类事物的部分也是什么,或不是什么。换言之,如果对一类事物的全部有所断定,那么对它的部分也就有所断定②。三段论公理的统摄美,一是对三段论内在结构的设定。在三段论的公理中,涉及 3 个相关的概念:"一类事物的全部"、"是什么(或不是什么)"、"这类事物的部分",这就决定了一个三段论有而且只有三个项;与此同时,也确定了一个三段论也只有三个相关的性质判断,它们分别是:"一类事物的全部是什么(或不是什么)"、"某事物是这类事物的部分"、"某事物也是什么(或不是什么)"。二是对三段论规则的统摄。三段论的规则包括三段论的名词规则、前提规则和三段论各个格的规则。三段论各个格的规则与三段论的名词规则和前提规则有着直接相关性,这将在下面讨论。这里着重探讨三段论公理对三段论的名词规则与前提规则的统摄性。如,三段论的第一条规则:在一个三段论中,只能有三个项。这条规则实质上是对三段论的公理的直接阐释,是公理在三段论结构上要求的体现。又如,三段论的中项规则与大、小项的规则中关于项的周延性的规定,体现了公理对三段论的三个项的制约性。就以"中项在前提中至少要周延一次"的规则来说,它是指只有当一个中项的全部同大项或小项发生了联系,中项的全部都介入了大、小项的关系之中,中项才能起到联结大、小项的作用,才能制约大、小项的关系,才能使三段论得出必然性的结论。而中项规则的这一内容与作用正是公理关于"一类事物的全部是什么,或不是什么,那么这类事物的部分也是什么,或不是什么"的内容的具体展开。

其次,三段论逻辑体系的和谐美,又表现为三段论规则的关联美。这种关联美是通过中项与大、小项之间的相互制约性来实现三段论公理对三段论的前提规则的统摄性。在三

---

① 参见马玉珂主编:《西方逻辑史》,中国人民大学出版社,1985 年,第 66 页。
② 参见吴家国等:《普通逻辑》,上海人民出版社,1982 年,第 134 页。

段论的前提规则中有这样一条规则："从两个否定前提不能得出结论"，而这条规则是与中项规则密切相关的。因为中项规则要求"中项在前提中至少要周延一次"，以保证中项的全部同大项或小项发生联系。但是，若两个前提都否定，其所确定的是大、小项都与中项排斥。这样，中项就起不到联结大、小项的作用，从而就不能确定大、小项之间的关系。因此，从两个否定前提不能得出必然的结论。"若两个前提中有一个否定，则结论否定"，这条规则与"从两个否定前提不能得出结论"的规则紧密相连。由此可知，前提中有一个否定，则另一个必是肯定的。由于否定前提所断定的是中项与一个项排斥，肯定前提所断定的是中项和另一个项结合，这样，大项、小项相互之间也就是排斥的。因而结论必然否定。关于三段论特称前提的规则，不仅与中项规则相关，而且与上述否定前提的规则相关。如，"从两个特称前提不能推出结论"，从两个特称前提的组合来看，不外乎3种情况，即II、OO、IO，其中OO（即两个特称否定判断）的组合可以由"从两个否定前提不能得出结论"而被排除；IO（即特称肯定判断与特称否定判断）的组合则需要运用中项规则、大小项规则和否定前提规则加以论证：由于在IO组合中只有一个项周延，根据中项规则，这个周延的项必须是中项；由否定前提规则可知"前提中有一个否定，则结论否定"，因而，原来在前提中不周延的大项，在结论中周延了，犯了"大项扩大"的错误，因此，IO组合不能推出结论；II（即两个特称肯定判断）的组合，由于两个前提中没有一个项是周延的，根据中项规则不能得出必然的结论。所以，"从两个特称前提不能推出结论"。关于"前提中有一个是特称，那么，结论必特称"规则的证明亦可以上述已被确认的规则来证明。

再者，三段论逻辑体系的和谐美，又表现为三段论各个格的规则与三段论的名词规则、前提规则之间的紧密联系性。如，三段论的第一格有一条规则："小前提必须是肯定判断"。因为如果小前提是否定判断，那么，根据否定前提的规则，结论必为否定判断。因而，大项在结论中周延。又根据大、小项规则，大项在结论中周延，大项必须在大前提中周延。由此可以断定，大前提必须是否定判断（因为大项是大前提的谓项）。这样，如果小前提是否定判断，那么，大前提就必须也是否定判断。然而，根据否定前提规则"从两个否定前提不能推出结论"，所以，小前提不能是否定判断。其他三段论各个格的规则无不与三段论的名词规则和前提规则息息相关。在此不一一列举。由以上分析可知，三段论逻辑体系的和谐美是以三段论公理为统摄，以三段论的中项为核心，从而构筑起环环相扣、息息相关的三段论演绎逻辑的体系。

以上我们分别探讨了三段论逻辑结构的严谨美、三段论逻辑形式的简洁美和三段论逻辑体系的和谐美。通过三段论逻辑美的探索可知，三段论作为传统逻辑的精华，不仅向人们昭示了逻辑的真理体系（即逻辑真），反映了人类从逻辑思维的角度对客观世界把握的程度，展示了人类认识的发展进程，因而具有认识论的价值，而且也向人们昭示了三段论作为人类对思维探索的结晶，蕴含了深刻而丰富的理性美，因而三段论的逻辑结构、逻辑形式和逻辑体系亦可作为审美对象，具有审美价值（即逻辑美）。同时，三段论的广泛运用，并在人们的科学研究、思维论辩和日常生活方面发挥着十分重要的作用（即逻辑善）。通过三段论逻辑美的探索，有助于我们更深刻地认识三段论的逻辑真和三段论的逻辑善，进而从真善美的统一中，把握三段论的真谛和逻辑的真谛。

关键术语提要

三段论:由两个包含着一个共同项的性质判断为前提,推出一个新的性质判断为结论的演绎推理。

三段论的公理:凡是断定一类对象的全部是什么或不是什么,那么也就断定了这类对象中的任何部分是什么或不是什么。简单地说,凡肯定或否定了全部,也就肯定或否定了其任何部分。

三段论的格:指由于中项在前提中位置的不同而形成的各种不同三段论的形式。

三段论的式:由于前提和结论的质与量的不同而形成的三段论推理形式。

三段论的省略形式:省去了一个前提或结论的三段论。

进一步阅读指南

1. 恩格斯.自然辩证法.北京:人民出版社,1971
2. 斯大林.马克思主义与语言学问题.斯大林选集.下卷.北京:人民出版社,1979
3. 黑格尔.精神现象学.上卷.北京:商务印书馆,1979
4. [波兰]卢卡西维茨.亚里士多德的三段论.北京:商务印书馆,1981
5. 郁慕镛,张义生.逻辑·科学·创新.长春:吉林人民出版社,2002
6. 普通逻辑编写组.普通逻辑.上海:上海人民出版社,2011
7. 苏越.思路·逻辑·创造方法.北京:中央广播电视大学出版社,1992
8. 郁慕镛.形式逻辑纲要.南京:江苏科学技术出版社,1992
9. 王球,崔文琴.逻辑学导论.北京:中国广播电视出版社,1991
10. [美]R.J.克雷切.大学生逻辑.宋文淦译.北京:北京大学出版社,1989
11. 郑毓信.现代逻辑的发展.沈阳:辽宁教育出版社,1989
12. 马玉珂.西方逻辑史.北京:中国人民大学出版社,1985
13. 江天骥.西方逻辑史研究.北京:人民出版社,1984
14. 杜国平.普通逻辑.北京:高等教育出版社,2010
15. 全国工商管理硕士入学考试研究中心.MBA联考综合能力测试辅导材料·逻辑.北京:机械工业出版社,2012
16. 陈爱华.2002 MBA逻辑.北京:清华大学出版社,2001

问题与思考

1. 什么是三段论?
2. 三段论的大、小、中项是如何被确定的?
3. 三段论公理与规则有何联系?
4. 什么是三段论的格与式?
5. 三段论的省略形式有哪些?如何恢复?

6. 什么是三段论的逻辑美？如何体悟三段论的逻辑美？

练 习 题

一、以下列判断为三段论的前提，能否推出结论？如能，指出结论是什么；如不能，说明原因。

1. 有的动物是哺乳动物，鸭嘴兽是哺乳动物。
2. 微波是不能直接感知的，微波是物理现象。
3. 有些高技术产品知识附加值很高，有些电子产品都是高技术产品。
4. 主观唯心主义不是科学的思想方法，机械唯物论不是主观唯心主义。

二、以下列判断为结论，写出一个符合规则的三段论。

1. 保持生态平衡是非常重要的。
2. 有些运动员是学生。
3. 有的书不是教科书。

三、用三段论的知识回答下列问题：

1. 一个正确的三段论其3个项能否各自周延2次？为什么？
2. 以 A 判断为大前提，以 O 判断为小前提，能否推出结论？为什么？
3. 以 I 判断为大前提，以 A 判断为小前提，能否推出结论？为什么？
4. 在结论中不周延项，在前提中周延是否符合三段论推理规则？为什么？

四、下列省略三段论省略了哪一部分？是否正确？

1. 我们是应该有所作为的，因为凡为青年都是应该有所作为的。
2. 没有文化的军队是愚蠢的军队，而愚蠢的军队是不能战胜敌人的。
3. 所有想从事会计工作的人都想要获得注册会计师证书，小朱也想获得注册会计师证书。
4. 一切为我国社会主义现代化建设作出贡献的劳动都是光荣的，所以，从事教育工作是光荣的。
5. 有的地质学家精通力学理论，所有的核物理学家都精通力学理论。

五、指出下列推理属哪一种推理形式，写出其结构公式并分析是否正确。

1. 高等教育是培养社会主义建设者和接班人的事业，培养社会主义建设者和接班人的事业是促进社会主义现代化建设的事业，所以，高等教育是促进社会主义现代化建设的事业。促进社会主义现代化建设的事业是符合人民根本利益并充满生命活力的事业，所以，高等教育是符合人民根本利益并充满生命活力的事业。符合人民根本利益并充满生命活力的事业是永恒的事业，所以，高等教育是永恒的事业。
2. 一切科学的发展都有助于民族素质的提高，思维科学的发展是科学的发展，所以，思维科学的发展有助于民族素质的提高。逻辑科学的发展是思维科学的发展，所以，逻辑科学的发展有助于民族素质的提高。语言逻辑的发展是逻辑科学的发展，所以，语言逻辑的发展有助于民族素质的提高。

六、三段论推理在批判性思维中的运用。

1. 所有的聪明人都喜欢读书，我非常喜欢读书，所以，我很聪明。

试分析这些三段论的结构,指出以下哪项与上述推理的逻辑结构一致。

A. 我是个笨人,因为所有的聪明人都喜欢智力游戏,而我对此毫无兴趣。

B. 所有的鱼都是非哺乳动物,但海豚是哺乳动物,所以海豚不是鱼。

C. 小陈十分开朗,所以小陈一定长得很胖,因为开朗的人都能长胖。

D. 所有的天才都有创造力,我一定有创造力,因为我是天才。

E. 所有的运动员都经常锻炼身体,我总是看到李思在锻炼身体,因此,他一定是运动员。

2. 有些数学理论没有应用价值,所以,有些理论虽然在逻辑上很严谨但是并没有应用价值。

从三段论的格与式及其有关规则分析以下哪些能保证上述推理成立。

A. 所有逻辑严谨的理论都是数学理论。

B. 所有的数学理论在逻辑上都是很严谨的。

C. 有些数学理论在逻辑上是很严谨的。

D. 有些逻辑上很严谨的理论还是有应用价值的。

E. 有些应用价值的理论不是数学理论。

3. 小张一定想报考某中学。因为所有想报考某中学的小学生都参加了该中学举办的冬令营,而小张参加了该中学举办的冬令营。

从三段论的格与式及其有关规则分析以下哪项判断能够最好地加强上述论证?

A. 所有想参加该中学举办的冬令营的学生都想报考该中学。

B. 有的不想报考该中学的小学生也参加了该中学举办的冬令营。

C. 小张在小学 6 年学习中成绩一直非常优秀。

D. 小张参加该中学举办的冬令营是因为他的父母强烈建议他参加。

E. 有些想报考某中学的小学生都参加了该中学举办的冬令营。

> 天下皆知美之为美,斯恶矣;皆知善之为善,斯不善矣。故,有无相生,难易相成,长短相形,高下相倾,音声相和,前后相随。①
>
> ——老子

第五章 关系判断及其推理

本章概述

正如老子所说"有无相生,难易相成……"一切皆处在一定的相互联系之中,关系判断正是对思维对象相互联系性的反映,它是断定对象之间关系的简单判断。本章一是探讨对称性关系及其判断,其中对称性关系包括对称关系、反对称关系、非对称关系;传递性关系及其判断,其中传递性关系包括传递关系、反传递关系、非传递关系。二是探讨关系推理,即是以关系判断为前提或结论的推理。关系推理分为纯关系推理和混合关系推理两种。关系判断不仅有探求真理、把握事物内在的错综复杂的联系性的作用,也有其特有的审美价值,即关系判断及其推理的关联美、对称美和传递美。

第一节 关系判断及其推理概述

一、关系判断概述

简单判断除上一章介绍的性质判断外,还有关系判断。性质判断是断定某事物具不具有某种性质的判断。然而客观事物不是孤立的,它们除了具有某种性质外,事物与事物之间还有某种关系。关系判断就是客观事物间关系在思维中的反映。

1. 关系判断的定义

什么是关系判断呢?关系判断就是断定事物与事物间关系的判断。

例如:

① 李民与陈溪是好朋友。
② 5比2大3。
③ 常州位于镇江与无锡之间。
④ 他帮助他的朋友。

以上4例所判定的都是对象间的关系,因而都是关系判断。例①断定了"李民"与"陈

---

① 《道德经·二章》。

溪"是"朋友"的关系;例②断定了"5"与"2"、"3"之间有"……比……大……"的关系;例③断定了"常州"与"镇江"、"无锡"是"……在……之间"的关系;例④断定了"他"与"他的朋友"是帮助的关系。

2. 关系判断的结构

关系判断与性质判断都是简单判断,但两种判断的断定情况不同。性质判断是对一个或一类事物的某种性质的断定,而关系判断是对两个或两个以上事物之间的某种关系的断定。

一般来说,关系判断由三部分组成:关系者项、关系项和关系量项。

关系者项:即关系判断中表示发生关系的对象的概念,是某种关系的承担者,是关系判断的变项,其数量既可是两个又可是两个以上的多个。如例①中断定的是"李民"与"陈溪"的"好朋友"的关系,"李民"与"陈溪"就是关系者项;而在例③中断定的是"常州"与"镇江"、"无锡"的地理位置的"……在……之间"的关系,这里的关系者项就有三个:"常州"、"镇江"和"无锡"。如果关系者只有两个,则通常我们把前者称为"关系前项",后者就称为"关系后项"。如例①中"李民"就是关系前项,"陈溪"就是关系后项;如果关系者不止两个,而是三个或者三个以上,那么就依次称之为"关系一项"、"关系二项"、"关系三项"、"关系四项"等。

关系项:即关系判断中表示存在于对象与对象之间的关系性质的词,它是关系判断的常项。有的关系项表示两个对象之间的关系,如例④中的"帮助"断定了"他"与"他的朋友"这两个对象之间的关系,这种关系就是二项关系;有的关系项表示三个或三个以上的对象之间的关系,如例③中的"……在……之间"断定了"常州"与"镇江"、"无锡"这三个对象在地理位置上的相邻关系,这种关系称为多项关系。

关系量项:即表示关系者项数量的词。每一个关系对象都可以有自己的关系量项,有多少个关系者项就可以有多少个关系量项,而且关系量项还可以前后不一样,不过也可以不要关系量项。关系判断的量项就像性质判断的量项一样,可以分为三种:全称量项、特称量项和单称量项。表示全称量项的词有"所有的"、"一切"、"凡是"、"全体"等;表示特称量项的词有"有些"、"有的"、"一些"、"部分"、"个别"等;表示单称量项的词有"这个"、"那个"、"某个"等。

① 我公司所有的经理负责某一项业务。
② 这些事实教育了在场所有的人。
③ 这人是李老师的叔叔。
④ 甲队战胜了乙队。

以上四例都是关系判断,例①中的"所有"就是全称量项;例②中关系前项前的"有的"是特称量项,而关系后项前的"所有"却是全称量项;例③中的"这"是单称量项;例④就没有关系量项。

3. 关系判断的表示

在逻辑表达中,为了表示方便,我们约定俗成的用一定的字母和符号来表示某个判断。在关系判断中,通常用小写字母来表示关系者项,如关系一项、关系二项、关系三项可用 a、b、c 来分别表示,而关系则用大写字母 R 来表示,这样一个关系判断就可简略表示为 R(a,b)或 aRb。关系量项也可用符号来表示,全称量项用"所有的"表示,特称量项用"有的"表示。由此,我们以有两个关系量项的关系判断为例,其排列组合就有以下八种不同的关系判断形式：

对所有的 a,所有的 b,a 和 b 有 R 关系；
对所有的 a,有的 b,a 和 b 有 R 关系；
有的 a,对所有的 b,a 和 b 有 R 关系；
对有的 a,有的 b,a 和 b 有 R 关系；
对所有的 b,所有的 a,a 和 b 有 R 关系；
对所有的 b,有的 a,a 和 b 有 R 关系；
有的 b,对所有的 a,a 和 b 有 R 关系；
对有的 b,有的 a,a 和 b 有 R 关系。

如果是三个或三个以上关系者项的关系判断，可以表示为：R(a、b、c…n)。

4. 关系判断与性质判断

简单判断包括关系判断与性质判断，所以我们要区分什么是关系判断，什么是性质判断。从断定的内容来看，尽管二者都断定对象的情况，但性质判断所断定的是对象的性质，而关系判断所断定的是对象与对象之间的关系；从判断的结构来看，性质判断只有一个主项，它只能断定某一对象或某一类对象，而关系判断必须有两个或两个以上的主项，它可以断定若干个或若干类对象。

在语言表达上，有些关系判断与性质判断非常相似，如：

小李与小林是学生。
小李与小林是同学。

前面一个判断是性质判断，后面一个判断是关系判断。二者的一个主要区别就在于：前一个判断可以分解为两个性质判断"小李是学生"和"小林是学生"，因此，它是一个复合判断；后面一个判断则不能分解为两个类似的简单判断，它是一个关系判断。

二、关系推理概述

1. 关系推理的定义

关系推理是根据对象间关系的逻辑特性而进行的推理，它的前提至少有一个是关系判断，结论肯定是关系判断。例如：

太阳比地球大，
地球比月球大，
所以，太阳比月球大。

上例中的前提都是由关系"……比……大"构成的关系判断，揭示了"太阳"、"地球"、"月球"之间有一个比一个大的关系。根据"……比……大"这种关系的传递性，必然地推出"太阳"与"月球"之间也有"……比……大"的关系，因而结论也是一个关系判断。

关系推理与三段论逻辑特性不同，因此推理的根据也不同，三段论是以概念间的浩瀚关系为推理根据，而关系推理则是以前提中关系的逻辑性质为推理依据。这种关系的逻辑性质通过各种关系词表示出来，如"等于"具有对称性和传递性；"大于"、"……比……大"具有反对称性和传递性；"朋友"具有对称性和非传递性；"战胜"具有反对称性和非传递性，等等。

2. 关系推理的种类

有的关系推理前提和结论全是关系判断，另有一些关系推理其前提不完全是关系判断，这样关系推理也就分为纯粹关系推理和混合关系推理两种。

（1）纯粹关系推理

纯粹关系推理是前提和结论都是关系判断的关系推理。它是根据前提中关系的性质进行推论的。主要有四种形式：对称性关系推理、反对称性关系推理、传递性关系推理和反传递性关系推理。

对称性关系推理和反对称性关系推理是根据对称关系和反对称关系进行的推理。详情将在第二节中讲述。由于非对称关系不是揭示对象间的必然关系，所以根据非对称关系不能构成必然性关系推理。如根据"我了解他"不能必然推出"他了解我"，还是"他不了解我"，因为"……了解……"关系具有非对称性质。

传递性关系推理和反传递性关系推理是根据传递关系和反传递关系进行的推理。详情将在第三节中讲述。由于非传递关系不是揭示对象间的必然关系，所以根据非对称关系不能构成必然性关系推理。如根据"甲战胜了乙，乙战胜了丙"不能必然推出"甲战胜了丙"，还是"甲没战胜丙"，因为"……战胜……"关系具有非传递性质。

（2）混合关系推理

混合关系推理是其中一个前提和结论都是关系判断，另一个前提是性质判断的推理。由于这种推理也是由三个判断和三个不同的项组成，所以又叫混合关系三段论。

例如：

① 所有甲校初一年级学生都比所有乙校初一年级学生入学水平高，
　　所有 A 班学生都是甲校初一年级学生，
　　―――――――――――――――――――――――――――
　　所以，所有 A 班学生都比所有乙校初一年级学生入学水平高。

公式如下：

　　aRb，
　　c 是 a，
　　―――――――
　　所以，cRb

② 所有甲校初一年级学生都比所有乙校初一年级学生入学水平高，
　　所有 B 班学生都是乙校初一年级学生，
　　―――――――――――――――――――――――――――
　　所以，所有甲校初一年级学生都比 B 班学生入学水平高。

公式如下：

　　aRb，
　　c 是 b，
　　―――――――
　　所以，aRc

由例①、例②可见，此种混合关系推理之所以能推出结论，关键是在两个前提中有一个共同的关系作为中介，即相当于三段论中的"中项"，又叫做媒概念（①中为"a"，②中为"b"）。

混合关系推理有 5 条规则：

① 中项在前提中至少必须周延一次。

② 在前提中不周延的项在结论中也不得周延。
③ 前提中的性质判断必须是肯定判断。
④ 前提和结论的关系判断的质必须相同，即前提的关系判断如是肯定的，则结论的关系判断也是肯定；前提的关系判断如是否定的，则结论的关系判断也当否定。
⑤ 如果不是对称性关系，则关系项的位置不得变动，即前提中的关系前项在结论中仍是关系前项；前提中的关系后项在结论中仍应是关系后项。

符合这些规则的混合关系推理是正确的，否则就是不正确的。

例如：

① 有些甲校初一年级学生比所有乙校初一年级学生入学水平高，
所有 A 班学生都是甲校初一年级学生，
———————————————————————
所以，所有 A 班学生都比所有乙校初一年级学生入学水平高。

这个推理违反了规则①，中项"甲校初一年级学生"在两个前提中都不周延，所以不能推出必然结论。

② 所有甲校初一年级学生都比所有乙校初一年级学生入学水平高，
所有 A 班学生都不是甲校初一年级学生，
———————————————————————
所以，所有 A 班学生都不比所有乙校初一年级学生入学水平高。

这个推理违反了规则③和规则④，所以不能推出必然结论。

3. 关系推理的作用

推理是比概念、判断更为复杂的一种思维形式，它是人们由已知推未知的重要思维工具。演绎推理是反映事物之间必然性联系的推理，它是人们获得真知、进行论证的基本推理形式。关系推理就是其中一种重要的推理形式。如可根据"……在……之前（或之后）"关系的传递性通过三个关系项之间的先后关系，对某人或某物或某事做出时间上的考证。

运用关系推理还可以利用某中间事物推断两事物的关系。如要考证甲事件是否发生在乙事件之前，但又没有直接证据，则可找到一个中间的关系事件丙；由已知丙事件发生在乙事件之前，并知甲事件发生在丙事件之前，即可推知甲事件发生在乙事件之前。

另外，在对国际关系的分析中，需要区别各种不同的关系性质以便研究出相应的外交对策。如"同盟"关系具有对称性和非传递性：甲国与乙国有同盟关系，乙国和甲国必有同盟关系；而甲国与乙国有同盟关系，乙国与丙国有同盟关系，甲国与丙国未必有同盟关系。

第二节 对称性关系判断及其推理

客观对象之间的关系是多种多样的，逻辑不研究这些关系的具体内容，而是考察各种各样具体关系所共同具有的逻辑性质。关系的逻辑性质常见的有对称性与传递性两种。本节先对对称关系判断及其推理进行阐述，下一节再来谈传递关系判断及其推理。

一、对称性关系判断

关系的对称性是指当一个对象与另一个对象具有某种关系时，另一个对象与这个对象是否也具有这种关系。这里主要包括对称关系、反对称关系和非对称关系三种。

1. 对称关系

对于一个关系 R 来说,如果对象 a 与对象 b 具有 R 关系,并且对象 b 和对象 a 也一定具有 R 关系,那么这个关系 R 就是对称关系。如果用公式可表示为:

如果 aRb 成立,bRa 也成立,则关系 R 就是一种对称关系。

如关系判断"老李与老张是同事"中,关系"同事"就是一个对称关系,因为老李与老张是同事关系,那么老张必定与老李也是同事关系。因此,在对称关系判断中关系前项和关系后项是可以互换的。

常见的表示对称关系的词有"同学"、"老乡"、"同事"、"邻居"、"兄弟"、"姐妹"、"相等"、"相同"、"对立"、"矛盾"、"交叉"、"比赛"、"遇见"等。

2. 反对称关系

对于一个关系 R 来说,如果对象 a 与对象 b 具有 R 关系,并且对象 b 和对象 a 一定不具有 R 关系,那么这个关系 R 就是反对称关系。如果用公式可表示为:

如果 aRb 成立,bRa 一定不成立,则关系 R 就是一种反对称关系。

如关系判断"足球赛中甲方战胜了乙方"中,"战胜"就是一个反对称关系,因为在两个对象中,既然甲方战胜了乙方,那么乙方肯定就输给了甲方。因此,反对称关系判断的关系前项与关系后项也不可以互换位置。

常见的表示反对称关系的词有"战胜"、"击败"、"侵略"、"压迫"、"大于"、"少于"、"统治"、"晚于"、"先于"、"高于"等。

3. 非对称关系

对于一个关系 R 来说,如果对象 a 与对象 b 具有 R 关系,并且对象 b 和对象 a 不一定具有 R 关系,那么这个关系 R 就是非对称关系。如果用公式可表示为:

如果 aRb 成立,bRa 不一定成立,则关系 R 就是一种非对称关系。

如关系判断"他佩服老张"中,"佩服"就是一个非对称关系,因为他佩服老张并不表明老张佩服他,老张可能佩服他也可能不佩服他。因此,非对称关系判断的关系前项与关系后项不可以互换位置。

常见的表示非对称关系的词有"批评"、"尊敬"、"赞美"、"信任"、"支援"、"佩服"、"认识"、"爱"、"关怀"、"害怕"等。

二、对称性关系推理

在第一节中我们提到纯粹关系推理包括四种关系推理,其中对称关系推理中又包括对称性关系推理和反对称性关系推理。

1. 对称性关系推理

对称性关系推理根据关系的对称性进行推演,因而其前提和结论都是对称性关系判断。

例如:

思维不同于语言,
_____

所以,语言不同于思维。

对称性关系推理的结构公式是:

$$\frac{aRb}{bRa}$$

或：

aRb→bRa

公式中的 a、b 表示对象，R 表示关系，即 a 和 b 有 R 关系，则 b 和 a 有 R 关系。

2. 反对称性关系推理

反对称性关系推理根据关系的反对称性进行推演，因而其前提和结论都是反对称性关系判断。例如：

① 小李比小王年长，
所以，小王不比小李年长。

② 老张输给了老王，
所以，老王没有输给老张。

③ 春秋在战国之前，
所以，战国不在春秋之前。

例①中是根据"……年长……"关系的反对称性质，由一个已知关系判断"小李比小王年长"推出一个新判断"小王不比小李年长"的反对称关系推理。例②是根据"……输给……"关系的反对称性，由一个关系判断"老张输给了老王"推出一个新判断"老王没有输给老张"的反对称关系推理。例③是根据"……在……之前"关系的反对称性质，由一个关系判断"春秋在战国之前"推出一个新判断"战国不在春秋之前"的反对称关系推理。

按照反对称关系的公式，可以把反对称关系推理的结构表示为：

$$\frac{aRb,}{所以，\overline{bRa}}$$

或：

aRb→$\overline{bRa}$

公式中"$\overline{bRa}$"表示"并非 bRa"。

第三节 传递性关系判断及其推理

如果说对称关系判断和推理主要关涉两个或两类对象，那么传递性关系判断及其推理则关涉三个或三类及以上的对象。

一、传递性关系判断

关系的传递性是指当一个对象与另一个对象具有某种关系，另一个对象与第三个对象也具有这种关系时，第一个对象与第三个对象之间是否也具有这种关系。这里主要包括传递关系、反传递关系和非传递关系三种。

1. 传递关系

有三类对象 a、b、c，如果对象 a 和对象 b 具有 R 关系，并且对象 b 和对象 c 也具有 R 关系,而对象 a 和对象 c 也一定具有 R 关系,那么就称关系 R 是传递关系。

例如:

① 五大于三,三大于二,五必大于二

在例①中,"大于"就是一个表示传递关系的词,因为如果一个数大于另一个数,另一个数又大于第三个数,那么这个数一定大于第三个数。

常见的表示传递关系的词语有"大于"、"先于"、"相等"、"包含"、"在……东边"、"平行"等。

2. 反传递关系

有 3 类对象 a、b、c,如果对象 a 和对象 b 具有关系 R,并且对象 b 和对象 c 也具有关系 R,而对象 a 和对象 c 一定不具有关系 R,那么关系 R 就是反传递关系。

例如:

② 老李和大李是父子,大李和小李是父子,老李和小李必然不是父子。

在例②中,老李和大李是父子关系,大李和小李是父子关系,那么老李和小李只能是爷孙关系,而不可能是父子关系。因此,"父子"具有反传递性。

常见的表示反传递关系的词语有"父子"、"2 倍于"、"大 3 岁"、"小 2 岁"等。

3. 非传递关系

有 3 类对象 a、b、c,如果对象 a 和对象 b 具有关系 R,并且对象 b 和对象 c 也具有关系 R,而对象 a 和对象 c 不一定具有关系 R,那么关系 R 就是非传递关系。

例如:

③ 小王认识小薛,小薛认识小陈,小王可能认识也可能不认识小陈。

在例③中,"小王"对"小薛"有"认识"关系,"小薛"对"小陈"有"认识"关系,"小王"对"小陈"有可能有也有可能没有"认识"关系。因此,"小王"、"小薛"、"小陈"之间的"认识"关系是非传递关系。

常见的表示非传递关系的词语有"信任"、"尊重"、"了解"、"朋友"、"相邻"、"同情"、"关心"等。

对于有些关系,既可从对称性来分析,也可从传递性来分析,如关系"等于",从对称性来看就是一个对称关系,从传递性来看就是传递关系。只有区分了关系的各种性质,我们才能更好地理解和运用各种关系。

需要说明的是,关系判断中的"反"与"非"的关系不同于日常语言中"反"与"非"的关系。在日常语言中,"反"是包含于"非"之中的,如"反马克思主义"与"非马克思主义"之间就是真包含于关系;在关系判断中,"反"与"非"是相排斥的,"反对称关系"与"非对称关系"相排斥,"反传递关系"与"非传递关系"也是如此。

二、传递性关系推理

1. 传递关系推理

传递关系推理是根据传递关系进行的关系推理。例如:

① A 大于 B,

B 大于 C,

所以,A 大于 C。

② 王民是王成的哥哥，
　　王成是王雨的哥哥，
　　―――――――――――
　　所以，王民是王雨的哥哥。
③ 这件事发生在张海走了之后，
　　张海走在王如之后，
　　―――――――――――
　　所以，这件事发生在王如走了之后。

例①是根据"……大于……"关系的传递性质，由2个关系判断的3个关系项"A"、"B"、"C"之间的关系，推出一个新判断"A大于C"的传递性质推理。例②是根据"……是……"关系的传递性质，由2个关系判断的3个关系项"王民"、"王成"、"王雨"之间的关系，推出一个新判断"王民是王雨的哥哥"的传递关系推理。例③是根据"……在……之后"关系的传递性质，由2个关系判断的3个关系项"这件事发生"、"张海走"、"王如走"之间的关系，推出一个新判断"这件事发生在王如走了之后"的传递关系推理。

按照传递关系的公式，可以把传递关系推理的结构表示为：
　　　aRb，
　　　bRc，
　　　―――――
　　　所以，aRc

或：
　　　$aRb \land bRc \rightarrow aRc$

2. 反传递关系推理

反传递关系推理是根据反传递关系进行的关系推理。

例如：
① 五比四多一，
　　四比三多一，
　　―――――――
　　因此，五不比三多一。
② 王洪是王民的父亲，
　　王民是王浩的父亲，
　　―――――――――
　　所以，王洪不是王浩的父亲。

例①是根据"……比……多一"关系的反传递性质，由2个关系判断的3个关系项"五"、"四"、"三"之间的关系，推出一个新判断"五不比三多一"的反传递关系推理。例②是根据"……是……父亲"关系的反传递性质，由2个关系判断的3个关系项"王洪"、"王民"、"王浩"之间的关系，推出一个新判断"王洪不是王浩的父亲"的反传递关系推理。

按照反传递关系的公式，可以把反传递关系推理的结构表示为：
　　　aRb，
　　　bRc，
　　　―――――
　　　所以，$a\overline{R}c$。

或：

$$aRb \land bRc \rightarrow \overline{aRc}$$

式中"$\overline{aRc}$"表示并非 aRc。

关键术语提要

关系判断是断定对象之间关系的简单判断。

对称性关系是指其中主要有：在一定论域范围内，若 aRb 为真，bRa 的真假取值有 3 种可能：真、假、真假不定。相应地，R 关系也区分为对称关系、反对称关系、非对称关系。

传递性关系是指在一定的论域范围内，若 aRb 和 bRc 均真，aRc 的真假取值也有 3 种可能：真、假、真假不定。相应地，R 关系也区分为传递关系、反传递关系、非传递关系。

关系推理是以关系判断为前提或结论的推理。关系推理分为纯关系推理和混合关系推理两种。

进一步阅读指南

1. 郁慕镛,张义生.逻辑·科学·创新.长春:吉林人民出版社,2002
2. 普通逻辑编写组.普通逻辑.上海:上海人民出版社,2011
3. 苏越.思路·逻辑·创造方法.北京:中央广播电视大学出版社,1992
4. 郁慕镛.形式逻辑纲要.南京:江苏科学技术出版社,1992
5. 王球,崔文琴.逻辑学导论.北京:中国广播电视出版社,1991
6. [美]R.J.克雷切.大学生逻辑.宋文淦译.北京:北京大学出版社,1989
7. 马玉珂.西方逻辑史.北京:中国人民大学出版社,1985
8. 江天骥.西方逻辑史研究.北京:人民出版社,1984
9. 杜国平.普通逻辑.北京:高等教育出版社,2010
10. 全国工商管理硕士入学考试研究中心.MBA 联考综合能力测试辅导材料·逻辑.北京:机械工业出版社,2012
11. 陈爱华.2002MBA 逻辑.北京:清华大学出版社,2001

问题与思考

1. 什么是关系判断？它有哪些类型？
2. 非对称关系能推出必然结论吗？为什么？
3. 非传递关系能推出必然结论吗？为什么？试举一些实例说明。

练习题

一、下列判断是性质判断还是关系判断？
1. 有的同志被假象所迷惑。
2. 淮河在长江与黄河之间。

3. 物质是不依赖于意识的客观存在。

4. 子女赡养父母。

5. 李白与杜甫都是诗人。

6. 科学革命经常是技术革命的先导。

7. 银河系的直径大约是 10 万光年。

二、从对称性、传递性两个角度分析下列关系的性质。

1. 朋友　2. 监护　3. 承包　4. 委托　5. 继承　6. 称赞

三、下列关系推理属于何种关系推理,并分析其推理结构。

1. 奴隶制法典早于封建制法典,所以,封建制法典不早于奴隶制法典。

2. 脊索动物高于棘皮动物,棘皮动物高于节肢动物,可见脊索动物高于节肢动物。

3. 在英语四级考试中,陈文的分数比朱利低,但是比李强的分数高,所以,3人中李强的分数最低。

4. 张师傅比李师傅长 1 岁,李师傅又比赵师傅长 1 岁,所以,张师傅不比赵师傅长 1 岁。

5. 角 A 等于角 B,故角 B 等于角 A。

四、下列混合关系推理的结构是否正确?为什么?

1. 一切负整数不比正整数大,零不是负整数,所以,零不比一切正整数大。

2. 有的森林地带没有人考察过,有的森林地带是高寒区,所以,高寒区都没有人考察过。

3. 有些唯物主义者反对形而上学,有些哲学家不是唯物主义者,所以,有些哲学家不反对形而上学。

4. 任何生物的生存依赖于一定的环境,人也不例外。

五、关系判断及其推理知识在批判性思维中的运用。

1. 甲校学生的英语考试成绩总比乙校学生的英语考试成绩好,因此,甲校的英语教学方法比乙校好。

根据关系推理,分析除了以下哪项外,其余各项若真都会削弱上述结论。

A. 甲校英语考试题总比乙校的容易。

B. 甲校学生的英语基础比乙校学生好。

C. 乙校选用的英语教材比甲校选用的英语教材难。

D. 乙校的英语教师比甲校的英语教师工作更勤奋。

E. 乙校学生英语课的学时比甲校少。

2. 北齐中学在进行高考免试学生的推荐时,共有甲、乙、丙、丁、戊、己、庚等 7 位同学入围。在 7 人中,有 3 位同学是女生,有 4 位同学年龄是 18 岁,而另 3 位同学年龄则为 17 岁。已知,甲、丙和戊年龄相同,而乙、庚的年龄则不相同;乙、丁与己的性别相同,而甲与庚的性别则不相同。最后,只有一位 17 岁的女生得到推荐资格。

根据关系推理,分析以下可以推出获得推荐资格的是:

A. 庚　　B. 戊　　C. 乙　　D. 甲　　E. 丙

3. 现有 M、N、O、P、Q、R 6 个人排队买票。已知条件如下:

(1) 队列中第 4 个人戴帽子。

(2) P要买4张票，直接排在戴帽子的男子之后。

(3) 队列中有4个人不戴帽子。

(4) 排在队首的M戴帽子，并且要买2张票。

(5) 队列中只有2位女士N和R，其中要买3张票的女士戴帽子。

(6) N要买2张票并且排在R之前。

(7) 队列中要买1张票的人排在要买5张票的人之后。

根据关系推理，分析如果Q要买的票数是2位女士之和，那么O在队中的位置应该是第几位？

  A. 3 B. 4 C. 5 D. 6 E. 2

4. 甲、乙和丙，一位是山东人，一位是河南人，一位是湖北人。现在只知道丙比湖北人年龄大，甲和河南人不同岁，河南人比乙年龄小。

根据关系推理可以推知：

A. 甲不是湖北人。

B. 河南人比甲年龄小。

C. 河南人比山东人年龄大。

D. 湖北人年龄最小。

E. 山东人比河南人年龄大。

> 欲解决问题必须思考；即使决定应收集那些事实也必须思考。①
>
> ——罗伯·梅纳·霍金斯
>
> 人的智慧就是积聚了所有人的经验，不断聚合、选择，及整理它本身的一种材料。②
>
> ——卢梭

第六章 复合判断及其推理（上）

本章概述

复合判断及其推理是传统形式逻辑最核心的内容之一，同时在人们日常思考和科学研究中得到较为广泛应用。学习本章，关键要掌握好以下两个方面的基本知识：首先，复合判断及其类型：一是由复合判断对事物情况的反映情况而形成的复合判断类型——联言判断、选言判断、假言判断、负判断等。二是反映复合判断肢判断真值情况及其方法——真值表法。其次，复合判断的各种有效推理式及推理规则。在学习复合判断及其推理的过程中，我们不仅会被复合判断及其推理的严谨性所慑服，而且也会深深地感受其逻辑美的魅力，如复合判断真值表的明晰美、逻辑表达式的形式美与简洁美、逻辑推理的多样美等。

第一节 复合判断及其推理概述

在前面的内容中我们主要学习了简单判断及其推理，这一章我们将开始学习复合判断及其推理。复合判断及其推理是传统形式逻辑的重要组成部分。传统形式逻辑首先以非形式化的方法，研究了复合判断的种类、性质，在此基础上研究复合判断推理的形式、规则等，以使人们能正确辨析各种复合判断及其推理的逻辑结构，从而在日常思维中自觉运用有效的复合判断推理形式，得出合乎逻辑的结论。

一、什么是复合判断

所谓复合判断，就是指自身包含有其他判断的判断。例如：

① 亚里士多德是逻辑学家，并且也是哲学家。
② 小李或者是江苏人，或者是江西人，或者是安徽人。
③ 如果程某是凶手，那么案发时程某在现场。

---

①② 《名人名言词典》，四川文艺出版社，1985年，第451、452页。

④ x=y 当且仅当 y=x。
⑤ 并非所有的天鹅都是白色的。

上述几个判断都是复合判断。

二、复合判断的组成

构成复合判断的简单判断称为复合判断的肢判断。任何一个复合判断都是由一定的联结项结合若干肢判断构成的。因而,复合判断的逻辑性质是由联结项所决定的。联结项的不同,是区分各种类型复合判断的根据。复合判断通常由两个或两个以上简单判断联结而成;有的复合判断则可以仅包含有一个简单判断,如"负判断"就可以由一个简单判断和一个判断联结词组成。

例①中包含着两个简单判断,即
　　亚里士多德是逻辑学家。
　　亚里士多德是哲学家。
例②中则包含着三个简单判断。即
　　小李是江苏人。
　　小李是江西人。
　　小李是安徽人。
例⑤依然是一个复合判断,其中仅包含有一个简单判断:"所有的天鹅都是白色的。"

还有一些复合判断却较为复杂,其中的肢判断还可以包含有复合判断,我们把这类复合判断称为多重复合判断。

例如:
　　如果明天不下雨并且气温在15℃以上,那么我们可以一起郊游。

这个复合判断的两个肢判断又分别由两个简单判断组成的复合判断组成。

从上述几例可以看出,复合判断一般有两个或两个以上肢判断;有的仅有一个肢判断;有的肢判断本身还可以包含两个或两个以上的肢判断。

若一个复合判断的肢判皆是简单判断,即其中不包含其他判断,如例①中"亚里士多德是逻辑学家"等,作为复合判断的基本单元,我们通常称其为复合判断的变项,分别用小写字母 p、q、γ……来表示;如果复合判断的肢判断包含其他判断,即亦是复合判断,一般要对其再进行分析,直至简单判断为止。

三、复合判断类型及其逻辑联结词

复合判断可分为联言判断、选言判断、假言判断和负判断4种。4种复合判断逻辑联结词,简称联结词,它是复合判断形式结构中的逻辑常项。如上面例①中的"……并且……"、例②中的"……或者……"、例③中的"如果……那么……"、例④中的"……当且仅当……"、例⑤中的"并非……"。在现代逻辑中,引进了5个基本的真值联结词来表达上述最基本的5种复合判断的逻辑关系。这5个基本的真值联结词是:"∧"(合取)、"∨"(析取)、"→"(蕴涵)、"↔"(等值)、"¬"(否定)。这些联结词是自然语言中语句连接词的逻辑抽象,只反映复合判断与其肢判断之间的真假关系,而舍弃了肢判断之间的内容联系,故在现代逻辑中被称为真值联结词。

复合判断联结词的作用：一是将肢判断联结起来构成复合判断；二是反映肢判断之间的逻辑关系即真值关系。判断联结词不同,复合判断所反映的判断之间的逻辑关系即真值关系也不同。

复合判断的真值亦称复合判断逻辑上的真假值,它是由肢判断的真假和判断联结词的逻辑性质所决定的。各种复合判断与其肢判断之间的真假制约关系可通过真值表来反映。

四、复合判断与复合判断推理

复合判断是复合判断推理的基础。复合判断的推理就是前提或结论中包含复合判断,并且根据复合判断的逻辑性质所进行的推理,其中包括联言推理、选言推理、假言推理等。各种不同形式的复合判断是各种不同形式的复合判断推理的基础。下面各节,将分别介绍各种不同形式的复合判断及其推理。

第二节　联言判断及其推理

一、联言判断

1. 什么是联言判断

联言判断又称合取判断,就是陈述几种事物情况同时存在的判断。

例如：

① 我们在学习中不仅要勤奋,更要善于思维。

② 我们既要有冲天的干劲,也要有科学的分析。

③ 海豚不但有惊人的听觉,还有高超的游泳和异乎寻常的潜水本领。

上述几个判断都是陈述若干事物情况同时存在的判断,它们都是联言判断。联言判断的肢判断称为联言肢。一个联言判断至少包括两个联言肢,也可以包括好几个联言肢。就例②来说,它就包含了"我们要有冲天的干劲"、"我们要有科学的分析"两个联言肢；而例③却包含有3个联言肢,它陈述了海豚有"惊人的听觉",海豚有"高超的游泳本领"、海豚有"异乎寻常的潜水本领"这几种情况同时存在,也就是说它们是同真的,没有哪一种情况是假的和不存在的。

联言判断的联结词称为联言联结词,可用"并且"来表示。

包含两个联言肢的联言判断,其逻辑形式可以表示为：

p 并且 q

联言联结词"并且",也可用符号"∧"(合取)来表示,这样,联言判断又可以表示为下面的合取式：

$p \wedge q$

在自然语言中,联言判断可用多种多样的语言形式来表达,常见的有以下几种语言形式：

(1) 并列关系复句

在自然语言中,使用"并且"、"并"、"且"、"和"、"与"、"也"、"又"、"既……又……"、"是……也是……"、"不是……而是……"、"一方面……另一方面……"等作为联结词表达的联言判断,其肢判断之间是纯粹的并列关系,因而形成并列关系的联言判断。表达并列关系的语句,有时为了语言上的优美和简洁,又可以以省略的形式出现,即在表层结构中省略掉联结词,但整个语句仍明显地表达了联言判断。

例如:
　　① 张明既有工作热情,又有工作方法。
　　② 不是人们的社会意识决定人们的社会存在,而是人们的社会存在决定人们的社会意识。
　　③ 富贵不能淫,贫贱不能移,威武不能屈。

（2）递进关系复句

在自然语言中,表达递进关系的联言联结词主要有"不但……而且……"、"不仅……而且……"、"不但……也……"、"不仅是……尤其是……"等。这些联结词所联结的肢判断之间就不再是纯粹的并列关系,而是一种递进关系。由此,形成了递进关系的联言判断。

例如:
　　① 我们科学工作的目的不但在于认识世界,而且在于改造世界。
　　② 这座石拱桥不仅造型优美,而且结构坚固。

（3）转折关系复句

表达转折关系的联言联结词主要有"虽然……但是……"、"尽管……但是……"、"但是"等。

例如:
　　① 虽然困难很大,但他们依然有信心保质保量地按时完成这项工作。
　　② 生产力决定生产关系,但生产关系也反作用于生产力。

（4）单句形式

有些联言判断的肢判断由于具有相同的主项即共主项或谓项即共谓项,这时,我们可以省掉一个主项或谓项,采用单句形式来表达联言判断。

例如:
　　① 母亲睡着了并且她的孩子也睡着了。

其中两个联言肢的谓项相同,为表示简便,可以将其中的一个谓项省掉,把它表达为:
　　母亲和她的孩子都睡着了。

又如:
　　② 我们是改革者,并且我们也是建设者。

其中两个联言肢的主项相同,为表示简便,可以将其中的一个主项省掉,把它表达为:
　　我们是改革者,也是建设者。

2. 联言判断的真假

任何判断都有真假,这是判断的特点。判断这种或真或假的性质就叫做判断的真假值（也称真值）或叫判断的逻辑值。所以,联言判断的真值就是指联言判断的真假情况。

联言判断既然是陈述了几种事物情况同时存在,那么,联言判断的真假就取决于构成联言判断的各肢判断是否同时为真。联言判断与其肢判断之间的真值关系是:联言判断为真,当且仅当联言肢都是真的;只要有一个联言肢所陈述的事物情况不存在,或者只要有一个联言肢是假的,则整个联言判断就是假的。反之亦然。

联言判断的真假值,从联言判断的真值表中可以看出。我们用"T"代表真,用"F"代表假。联言判断与其肢判断之间的真假关系，可以用下表表示：

p	q	p∧q
T	T	T
T	F	F
F	T	F
F	F	F

真值表表明：p∧q真，当且仅当p和q同真。

例如，在判断"张明既有工作热情，又有工作方法"中，如果事实上张明确实既有工作热情，又有工作方法，则"张明既有工作热情，又有工作方法"这个联言判断是真的；如果事实上张明虽有工作热情但无工作方法，或者虽有工作方法但无工作热情，或者既无工作热情又无工作方法，则"张明既有工作热情，又有工作方法"这个联言判断是假的。反之亦然。

必须指出：真值表所反映的联言判断及其肢判断之间的真假关系，是撇开思维内容，仅从判断的形式结构考察的结果。从真值表中可以看出，联言判断的逻辑值，与联言肢的前后排列顺序无关，与联言肢之间在内容上是否存在着某种联系也无关。即是说，当且仅当p真，q真，p∧q才是真的，并且q∧p也是真的；p∧q与q∧p在逻辑上是等值的。但在实际思维中，我们不仅要关心联言判断的逻辑值，而且要关心联言肢的前后排列顺序，联言肢之间在内容上是否存在着某种联系。在有些场合，不能任意颠倒、改变联言肢的顺序，否则将影响整个判断的恰当性和正确性。

例如：

老李患了非典型肺炎并且被送进了医院。

前后两个联言肢之间存在着时间上的先后关系，次序不能颠倒。

又如，相传清朝曾国藩带领他的湘军镇压太平天国运动，与太平军交战不久，便屡吃败仗，只好上疏皇上请求援兵。他的幕僚起草奏折时，不得不述说真实情况，承认"屡战屡败"。曾国藩看到这一句时，将其改为"屡败屡战"。这样就给人这样一个印象：他们湘军战斗顽强，虽败不馁。可见，两个联言肢只是交换了先后次序，表达效果就大不一样了。

另外，如果联言肢之间在内容上根本不存在任何联系，那么这样的联言判断将被认为是无意义的或不恰当的。例如："奥运会开幕了，并且2+2=4"，这个联言判断的联言肢虽然都真，但在日常生活中说出这样的判断却被认为是不恰当的。

二、联言推理

联言推理是以联言判断为前提或结论，并根据联言判断的逻辑性质，进行推导的推理。其基本类型有分解式联言推理和组合式联言推理。

1. 分解式联言推理

联言推理的分解式是以联言判断为前提，根据联言判断的逻辑性质推出一个联言肢作结论的联言推理。

从联言判断的真值表可以看出：当p∧q为真时（第一行），p一定是真的，q一定是真的。因此，可以从p并且q推出p(或q)。

例如：

  大学不仅要出人才，而且要出科研成果；
  所以，大学要出科研成果。

分解式联言推理的逻辑形式是：

$$\frac{p \text{ 并且 } q}{\text{所以}, p}$$

或

$$\frac{p \text{ 并且 } q}{\text{所以}, q}$$

如果完全形式化，则可引进推出符号"⊢"，用公式表示如下：

  $(p \land q) \vdash p$

或

  $(p \land q) \vdash q$

当联言判断的联言肢为多个时，则有如下一些公式。如：

  $(p \land q \land r) \vdash p$
  $(p \land q \land r) \vdash q \land r$
  ……

上式表明：以联言判断为前提可以得出该联言判断的一个或一部分联言肢为结论。

  联言推理分解式的前提提供了一个综合性的知识，其结论则断定其中一部分情况。当我们在某个具体场合，需要在同时存在的几种情况中着重强调某一部分情况时，就要运用这种推理式。例如，当某人说张单这个人一无是处时，我们就可以运用联言推理的分解式加以反驳："张单既有优点也有缺点，所以，张单也有优点"。这就是通过联言推理的分解式来强调某个人的优点，从而增强了论证性。

2. 组合式的联言推理

  联言推理的组合式是分别以若干真判断为前提，根据联言判断的逻辑性质，推出一个联言判断作结论的联言推理。从联言判断的真值表可以看出：当 p 真 q 也真时（第一行），$p \land q$ 一定是真的。

例如：

  实现社会主义现代化要抓物质文明建设；
  实现社会主义现代化要抓精神文明建设；
  实现社会主义现代化要抓政治文明建设；
  实现社会主义现代化要抓生态文明建设；
  所以，实现社会主义现代化建设既要抓物质文明建设、精神文明建设，又要抓政治文明和生态文明建设。

联言推理的组合式，可用逻辑结构表示为：

$$\frac{p}{\text{所以}, p \text{ 并且 } q}$$

用符号可表示为:p,q ⊢ p∧q

上式表明:以几个判断为前提可以得出以这几个判断为联言肢(尽管该例中有四个联言肢,而我们表达联言判断的公式则以两个联言肢作为联言复合判断的基始点)的联言判断的结论。

联言推理的组合式,其前提分别提供了几种相关的事物情况的知识,结论是把这几种事物情况综合成一个比较全面的知识。借助这种推理形式,能使我们的认识由部分过渡到整体,由分别的认识推出一个综合性的认识。但应注意,联言推理的组合式是一种必然性推理,它不同于对个别事物进行归纳,然后作出一般性概括。这一点与归纳推理的逻辑性质是不同的。这种推理形式在我们的思维实际中是常见的,一段论述、一篇文章,其结尾往往采用这种推理形式。

第三节 选言判断及其推理

一、选言判断

1. 选言判断概述

选言判断,也称析取判断,就是陈述在若干种事物情况中至少有一种或仅有一种情况存在的判断。例如:

① 李磊或者爱好书法,或者爱好围棋。

② 一个物体要么是固体,要么是液体,要么是气体。

上述两个判断都是选言判断,它们都陈述了事物情况存在的若干可能性。选言判断的肢判断称为选言肢。一个选言判断至少包括两个选言肢,也可以包括好几个选言肢。就例①而言,它包含了"李磊爱好书法"、"李磊爱好围棋"两个选言肢;而例②却包含有三个选言肢,它陈述了物体的存在形式有"固体"、"液体"、"气体"这几种可能性。

选言判断在日常语言中多用选择复句表达。与联言判断的情形相似,在选言判断中如果有两个或更多的选言肢的主项或谓项是相同的,在表达时也可以采取省略形式。

例如:

张明夺冠军或者李勇夺冠军。

其中两个选言肢的谓项相同,为表示简便,可以将其中的一个谓项省掉,把它表达为:

张明或者李勇夺冠军。

又如:

他是班长或者他是学习委员。

其中两个选言肢的主项相同,为表示简便,可以将其中的一个主项省掉,把它表达为:

他是班长或者学习委员。

2. 选言判断的种类

选言判断根据其选言联结词的不同可分为相容选言判断和不相容选言判断两种。

(1) 相容选言判断

相容选言判断即陈述几种事物情况中至少有一种情况存在的判断。

例如:

一个人犯了错误或是由主观原因造成的,或是由客观原因造成的。

这是一个相容选言判断,它反映了"一个人犯了错误"的两种可能性:一是"由主观原因造成的";二是"由客观原因造成的"。即这两种原因中至少有一个原因是存在的,也可能两种原因同时并存,所以它是一个相容的选言判断。

以 p、q 表示选言肢,以"或者"表示联结项,相容选言判断的逻辑形式可表示为:

$$p 或者 q$$

在现代逻辑中,联结词"或者"也可用可兼析取符号"∨"来表示,这样,相容选言判断又可以表示为下面的可兼析取式:

$$p \vee q$$

在日常语言中,相容选言判断的判断联结词的语言形式是多种多样的,除"……或者……"外,还有"可能……可能……"、"也许……也许……"、"……至少有一个成立"、"……不可都假"等,在日常语言中,这些词作为同义词或近义词来使用,它们的含义与"或者"相当。

(2) 不相容选言判断

不相容选言判断即陈述几种事物情况中有且仅有一种情况存在的判断。

例如:

一个选民在选举时,要么投赞成票,要么投反对票,要么弃权。

这是一个不相容选言判断,它反映了"一个选民在选举投票时"的三种可能选择:一是"投赞成票";二是"投反对票";三是"弃权"。即这 3 种方案中你至少要选择一种,并且至多也只能选择一种,不可能选择两种或两种以上,所以它是一个不相容的选言判断。

对于只有两个选言肢的不相容选言判断,我们以 p、q 表示选言肢,以"要么……要么……"表示联结项,不相容选言判断的逻辑形式可表示为:

$$要么 p,要么 q$$

联结词"要么……要么……"也可用不可兼析取符号"$\dot{\vee}$"来表示,这样,不相容选言判断又可以表示为下面的不可兼析取式:

$$p \dot{\vee} q$$

通过相容选言判断与不相容选言判断的定义,我们可以发现,不相容选言判断比相容选言判断的断定要多。相容选言判断仅断定在几种事物情况中至少有一种情况存在;而不相容选言判断不仅断定了在几种事物情况中至少有一种情况存在,而且断定了在几种事物情况中至多有一种情况存在。在日常语言中,不相容选言判断的判断联结词除"要么……要么……"外,还可以表示为"或者……或者……二者必居其一"、"或者……或者……二者不可得兼"等。"二者必居其一"、"二者不可得兼"之类的词语对"或者"的含义起补充作用,用来说明两个选言肢之间的不相容析取关系。由此可见,不相容选言判断比相容选言判断的断定要强。

3. 选言判断的真假

相容选言判断与不相容选言判断,各自对事物存在情况的陈述不完全相同,因此,二者同它们的肢判断之间的真假关系也不相同。

由于相容选言判断是陈述在若干种事物情况中至少有一种情况存在的判断,因此,一个相容选言判断是真的,当且仅当至少有一个选言肢是真的。即是说,一个相容选言判断,如果包含有一个或不止一个真的选言肢,它就是真的;只有当它的所有选言肢都是假的,这个相容选言判断才是假的。

例如,如果"他爱好读书"和"他爱好游泳"这两个判断中有一个为真或者两个都真,则"他爱好读书或游泳"这个选言判断为真;如果事实上这两个判断都是假的,则"他爱好读书或游泳"这个选言判断就是假的。反之亦然。

选言判断与其肢判断之间的真假关系,可用真值表表示如下:

p	q	p∨q
T	T	T
T	F	T
F	T	T
F	F	F

真值表表明:p∨q假,当且仅当p和q同假。

对于不相容选言判断来说,由于不相容选言判断是陈述几种事物情况中有且仅有一种情况存在的判断,因此,一个不相容选言判断是真的,当且仅当有且仅有一个选言肢是真的。即是说,一个不相容选言判断,如果它的所有选言肢都是假的,或者不止一个选言肢为真,则它就是假的;只有当所有选言肢恰好一真时,不相容选言判断才是真的。

例如,"他要么犯了贪污罪,要么犯了渎职罪"这一不相容选言判断中当且仅当只有一个选言肢为真,则该不相容选言判断是真的;如果"他既犯了贪污罪,同时又犯了渎职罪"或者"他既没有犯贪污罪,同时也没有犯渎职罪",则"他要么犯了贪污罪,要么犯了渎职罪"这个不相容选言判断就是假的。

不相容选言判断与其肢判断之间的真假关系,可用真值表表示如下:

p	q	p∨̇q
T	T	F
T	F	T
F	T	T
F	F	F

真值表表明:p∨̇q假,当且仅当p和q同真或同假。

在实际思维中,一个选言判断的真假除了同选言肢的真假有关外,还同选言肢是否穷尽有关。如果一个选言判断的所有选言肢,分别陈述了事物的所有可能情况,那么,这个选言判断的选言肢就是穷尽的;如果一个选言判断的所有选言肢,没有陈述事物的所有可能情况,那么,这个选言判断的选言肢就是不穷尽的。

前面已经做过分析,一个真的选言判断必须至少有一个或仅有一个选言肢是真的。如果所有选言肢中,没有一个是真的,则选言判断必是假的。如果一个选言判断中的选言肢把所有可能情况都列举出来,选言肢穷尽了一切可能情况,那么,其中必定包含有真的情况,因而就可以保证该选言判断是真的。反之,如果一个选言判断中的选言肢没有把所有可能情况列举出来,也就是选言肢没有穷尽一切可能情况,那么,就有可能把真的可能情况遗漏,因而不能保证该选言判断是真的。

例如:
① 一个平面三角形或是直角三角形,或是锐角三角形,或是钝角三角形。
② 一个有理数要么大于零,要么小于零。
③ 康德哲学或者是主观唯心主义,或者是客观唯心主义。
④ 这个人或者是自杀身亡,或者是他杀致死。

例①中选言肢穷尽了"平面三角形"的所有可能情况,其中必定包含了真的可能情况,所以,这个选言判断是真的。例②中选言肢没有穷尽"有理数"的所有可能情况,因为一个有理数除了大于零、小于零外,还可能正好等于零。作为一个述说有理数普遍属性的判断,这个选言判断对有理数该方面属性的陈述并不完整,因此,它是假的。例③这个选言判断的选言肢,也是不穷尽的。因为,这里的两个选言肢并未穷尽哲学体系的各种可能。但是,这个选言判断却是真的。因为,从逻辑形式上说,只要选言肢包含了真的可能情况(至少有一选言肢为真),就可以构成一个真的选言判断。例④则既可能为真,也可能为假。因为一个人的死亡除了自杀身亡、他杀致死外,还有可能是自然死亡、意外事故死亡。对于特定的某一个人来说,这个选言判断的两个选言肢也可能当中有一个为真,也可能两个都假。因此,该选言判断可真可假。如果我们把这个判断修改为"这个人或者是自杀,或者是他杀,或者是自然死亡,或者是意外事故死亡",当我们把所有可能的情况都考虑进去,把每一种可能都作为一个选言肢予以陈述时,这个选言判断就必然为真了。

由此可见,一个选言判断当它的选言肢穷尽时,这个选言判断就必然是真的。但是,一个真的选言判断,其选言肢却不一定就是穷尽的。因为只要一个选言判断满足了"至少有一个选言肢是真的"这个条件,它就可以是真的。概括而言,选言肢穷尽的选言判断必真,选言肢不穷尽的选言判断可真。在实际运用中,往往不可能也没有必要把数量众多的可能情况都一一列举出来进行选择。至于怎样才能使一个没穷尽所有选言肢的选言判断是真的,这涉及判断的内容,逻辑本身是解决不了的,但由于这个问题关系到选言判断的真假,人们在实际思维中,尤其是在以选言判断为前提进行推理时,必须予以重视。

二、选言推理

选言推理是前提中有一个选言判断,并且根据选言判断的逻辑关系而进行推演的推理。根据选言推理的前提中所包含的选言判断的不同,选言推理可分为两类:相容的选言推理和不相容的选言推理。

1. 相容选言推理

相容选言推理就是前提中有一个相容的选言判断,并根据相容选言判断各选言肢之间的逻辑关系进行推演的推理。

我们知道,相容选言判断的逻辑含义是陈述几种事物情况中至少有一种情况存在的判断。这就是说,相容选言判断的若干选言肢中至少有一个选言肢是真的,也可能不止一个选言肢为真,它们之间是相容的,不相互排斥,可以同真。由此,相容的选言推理就有两条规则：
第一，否定除了一个以外的其他选言肢，就必然要肯定剩余的两个选言肢。
第二，肯定除了一个选言肢，不能必然否定或肯定其他选言肢。
根据规则，相容的选言推理只有一种正确的形式，即否定肯定式：

  p 或者 q，   p 或者 q，
  非 p，   非 q，
  ―――――   ―――――
  所以，q。   所以，p。

用符号可表示为：
  $(p \lor q) \land \neg p \vdash q$
  $(p \lor q) \land \neg q \vdash p$

例如：
  一个推理有错误或是由于前提不真实，或是由于推理形式不正确；
  这个推理有错误不是由于前提不真实；
  ――――――――――――――――――――――――――――――
  所以，这个推理有错误是由于推理形式不正确。

从相容选言判断的真值表可以看出相容选言推理否定肯定式的有效性。当 $p \lor q$ 为真并且 p 为假时（第三行），q 一定是真的；当 $p \lor q$ 为真并且 q 为假时（第二行），p 一定是真的。

上述推理式表明：肯定某选言判断并且否定该选言判断的一些选言肢，可以得出肯定剩下的选言肢的结论。

如果相容选言判断包含有两个以上的选言肢，那么相容选言推理可以有如下有效推理式：

  $(p \lor q \lor r) \land \neg p \vdash q \lor r$
  $(p \lor q \lor r \lor s) \land \neg(p \lor q) \vdash r \lor s$
  $(p \lor q \lor r \lor s) \land (\neg p \land \neg q) \vdash r \lor s$
  ……

例如：
  某学员学习成绩不好，或者因学习不努力，或者因学习方法不当，或者因基础太差，或者因身体健康状况欠佳；
  经了解，不是因学习不努力，也不是因学习方法不当；
  ――――――――――――――――――――――――――――――
  所以，其学习成绩不好，或者因基础太差，或者因身体健康状况欠佳。

根据相容选言推理的规则二，我们可知，对于相容选言推理来说，肯定否定式是无效式。

例如：
  某杀人案或为仇杀或为情杀或为财杀；
  某杀人案为情杀；
  ――――――――――――――――――――――
  所以，某杀人案不为仇杀，也不为财杀。（?）

这个推理之所以错误，是因为相容选言判断的选言肢可以同真，我们不能由肯定其中的一部分，来否定其中的另一部分。对于该例来说，我们不能因为认定该杀人案为情杀，而

否定它有仇杀或财杀的动机,它们之间实际上是可以并存的。

上述逻辑错误从相容选言判断的真值表中可以看出。当 p∨q 为真并且 p 为真时(第一、二行),q 可真可假。因此,从 p∨q 和 p 不能必然地推出 ¬q。同理,从 p∨q 和 q 不能必然地推出 ¬p。从相容选言判断的真值表中也可以看出,相容选言推理的肯定肯定式显然也是无效的。

比如:(¬p∨q)∧¬p⊢q。该推理式实际上是相容选言推理的肯定肯定式,而不是否定肯定式,因此,它是一个无效式。

在日常生活中经常会进行选言推理。由于一个为真的相容选言判断至少有一个选言肢为真,因而在排除一些选言肢以后,剩下的选言肢就是推出的结论。比如,在法院判决和法庭论辩等诉讼证明中,有时就会应用相容选言推理的否定肯定式。例如:

某被告人或是犯故意杀人罪或者犯过失致人死亡罪,经查明该被告人不是犯故意杀人罪,所以,某被告人是犯过失致人死亡罪。

在刑事侦查工作中也经常应用选言推理。侦查员可以根据事实排除一部分选言肢而得出肯定的结论。

例如,在侦查一起谋杀案时,在作案现场共发现5对足印,经现场勘查可确定其中至少有一对足印为作案人所留,这样,公安人员就可以通过调查首先排除一些明显不符合作案条件的人所留下的足印,从而缩小侦查范围,有利于迅速破案。一般来说,在侦查工作初期,用足够的证据来肯定某一选言肢为真是比较困难的,但根据现场勘查和侦查获得的材料排除一部分选言肢可能比较容易。如果能够排除一些选言肢,那就排除了一些可能性,缩小了侦查范围,突出了重点嫌疑对象和侦破方向,从而缩短侦破期限,提高破案率。

2. 不相容选言推理

不相容选言推理就是前提中有一个不相容的选言判断,并根据不相容选言判断各选言肢之间逻辑关系进行推演的推理。

不相容选言判断的逻辑含义是陈述几种事物情况中有且仅有一种情况存在的判断,这就是说,不相容选言判断的若干选言肢中至少有一个选言肢是真的,并且至多有一个选言肢是真的,它们之间是不相容的,相互排斥的,不可以同真的。根据不相容选言判断的选言肢有且仅有一真的特点,不相容选言推理有两条规则:

第一,否定除了一个以外的其他选言肢,就必然要肯定剩余的那个选言肢。

第二,肯定一个选言肢,就必然要否定其他选言肢。

根据规则,不相容的选言推理有两个有效的推理形式:否定肯定式和肯定否定式。

(1) 否定肯定式

要么 p 要么 q,　　　　　　要么 p 要么 q,
非 p,　　　　　　　　　　　非 q,
─────────　　　　　─────────
所以,q。　　　　　　　　　所以,p。

用符号可表示为:

$(p \dot{\vee} q) \wedge \neg p \vdash q$

$(p \dot{\vee} q) \wedge \neg q \vdash p$

例如:

张三想提高学历层次,要么选择在职学习,要么辞职深造;
张三没有辞职深造;
—————————————————————
所以,张三选择了在职学习。

(2) 肯定否定式

要么 p 要么 q,　　　　要么 p　要么 q,
p,　　　　　　　　　　q,
—————　　　　　　　—————
所以,非 q。　　　　　所以,非 p。

用符号可表示为:

$(p \dot{\vee} q) \wedge p \vdash \neg q$

$(p \dot{\vee} q) \wedge q \vdash \neg p$

例如:

黑格尔要么是唯物主义哲学家,要么是唯心主义哲学家;
黑格尔是唯心主义哲学家;
———————————————————————————
所以,黑格尔不是唯物主义哲学家。

从不相容选言判断的真值表可以看出不相容选言推理否定肯定式和肯定否定式的有效性。当 $p \dot{\vee} q$ 为真时(第二、三行),p 与 q 一真一假;当 p 为假时则 q 为真,当 q 为假时则 p 为真,因此,否定肯定式是有效的;同样,当 p 为真时则 q 为假,当 q 为真时则 p 为假,因此,对于不相容选言推理来说,肯定否定式也是有效的。

如果不相容选言判断包含有两个以上的选言肢,那么不相容选言推理可以有如下一些有效推理式:

$(p \dot{\vee} q \dot{\vee} r) \wedge p \vdash \neg q \wedge \neg r$

$(p \dot{\vee} q \dot{\vee} r) \wedge (p \dot{\vee} q) \vdash \neg r$

$(p \dot{\vee} q \dot{\vee} r) \wedge \neg p \vdash q \dot{\vee} r$

$(p \dot{\vee} q \dot{\vee} r \dot{\vee} s) \wedge \neg p \wedge \neg q \vdash r \dot{\vee} s$

……

上述推理的有效性,根据不相容选言判断的逻辑性质可以很容易地理解。因为不相容选言判断有且仅有一个选言肢为真,所以,当前提肯定一个选言肢真时,则可推知余下的选言肢必假;当前提中除一个以外的其余各选言肢全假时,则可推知剩下的那个选言肢必真。这就是不相容选言推理的推理依据。当然,根据对不相容选言推理推理规则的字面理解,我们也可以得出如下一些有效式:

$(p \dot{\vee} q \dot{\vee} r) \wedge p \vdash \neg (q \dot{\vee} r)$

$(p \dot{\vee} q \dot{\vee} r \dot{\vee} s) \wedge \neg (p \dot{\vee} q) \vdash r \dot{\vee} s$

……

例如:

这幅绘画要么是唐代作品,要么是宋代作品,要么是元代作品;

这幅绘画是唐代作品；
　　　————————————————
　　　所以，并非这幅绘画要么是元代作品，要么是明代作品。
在日常生活中，选言推理在表达时也可以采取省略的形式，通常是省略选言前提。例如：
　　　在敌人的淫威下，宁可站着死，决不跪着生。
这个语句，包含了一个省略选言前提的不相容选言推理，可以补充整理如下：
　　　在敌人的淫威下，要么站着死，要么跪着生；
　　　在敌人的淫威下，决不跪着生；
　　　————————————————
　　　所以，在敌人的淫威下，宁可站着死。
这是不相容选言推理的否定肯定式。

第四节　假言判断及其推理

一、假言判断

1. 什么是假言判断

假言判断又称条件判断，它是陈述某一事物情况的存在是另一事物情况存在的条件的复合判断。例如：
　　　① 如果停电了，那么电灯就不会亮。
　　　② 一个人只有年满18岁，才会有选举权。
上述两个判断都是假言判断。例①中陈述了"停电"是"电灯不会亮"的条件；例②中陈述了"年满18岁"是"有选举权"的条件。

每一个假言判断都包含有两个肢判断，一个是表示条件的肢判断，称为"前件"；另一个是表示依赖条件而成立的肢判断，称为"后件"。例①中"停电"是前件，"电灯不会亮"是后件；例②中 "一个人年满18岁"是前件，"有选举权"是后件。

值得注意的是，假言判断的两个肢判断可称为"假言肢"，但有"前件"和"后件"之分。假言判断与联言判断、选言判断不同，联言判断有合取交换律，即 $p \land q$ 与 $q \land p$ 等值；选言判断有析取交换律，即 $p \lor q$ 与 $q \lor p$ 等值；我们完全不必考虑肢判断的前后顺序；但是，假言判断的肢判断不能前后随意调换。

例如，"如果某甲患非典型肺炎，那么，某甲发高烧"，这个假言判断是真的；如果把前件和后件调换，成了"如果某甲发高烧，那么，某甲患非典型肺炎"，这样，句子的意思变了，判断将可能由真变假。

假言判断的两个肢判断"前件"和"后件"，是通过"假言联结词"结合在一起的。"假言联结词"就是假言判断的逻辑联结词，例①中的"如果……那么……"，例②中的"只有……才……"，它们都是假言联结词。假言判断中"前件"和"后件"的区分，可以根据它们在假言判断中的位置来确定。位于假言联结词前面的肢判断是前件，位于假言联结词后面的肢判断是后件。假如把上面的例②换一种说法，变为：
　　　如果一个人有选举权，那么他一定年满18岁了。

在这个判断中,"一个人有选举权"变为了前件,而"一个人年满 18 岁"则变为了后件。

2. 假言判断的种类

假言判断是陈述事物间条件关系的判断,假言判断因其所包含的逻辑联结词的不同,而使假言判断的前后件之间具有不同的条件关系。根据假言判断所表达的条件性质的不同,假言判断可分为 3 种:充分条件假言判断、必要条件假言判断和充分必要条件假言判断。

(1) 充分条件假言判断

充分条件假言判断是陈述某一事物情况的存在是另一事物情况存在的充分条件的假言判断。

设 p 为前件,q 为后件,所谓 p 是 q 的充分条件,就是指:有 p 的事物情况,就必定有 q 的事物情况;或者说:前件 p 存在,后件 q 必存在。简言之,就是"有 p 必有 q"。例如:

① 一个物体如果受热,那么它就会膨胀。

这是一个充分条件假言判断,它反映了有了"物体受热"这个条件,就必然会产生"物体膨胀"这个结果。因此,"物体受热"是"物体膨胀"的充分条件。

充分条件假言判断的逻辑形式一般表示为:

如果 p,那么 q

其中,p、q 分别称作"前件"和"后件","如果……那么……"表示联结词。在现代逻辑中,"如果……那么……"用符号"→"(读作"蕴涵")表示。这样,上述形式也可写作为蕴涵式:

p→q

充分条件假言联结词在日常语言中有多种表达形式,如:"只要……就……"、"一旦……就……"、"倘若……则……"、"假使……那么……"等。

例如:

② 只要你们努力学习,你们就一定可以取得好成绩。

③ 倘若气温降到 0℃,则水就会结冰。

假言联结词有时也可以省略,如"人心齐,泰山移"、"水涨船高"等。

(2) 必要条件假言判断

必要条件假言判断是陈述某一事物情况的存在是另一事物情况存在的必要条件的假言判断。

设 p 为前件,q 为后件,所谓 p 是 q 的必要条件,就是指:如果没有 p 的事物情况,就必定没有 q 的事物情况;或者说:前件 p 不存在,后件 q 就一定不存在。简言之,就是"无 p 必无 q"。

例如:

① 只有具备作案时间,才能是作案人。

这是一个必要条件假言判断,它反映了如果"作案时间"这个条件不具备,就必然不具有"是作案人"这个结果。因此,"具备作案时间"是"作案人"的必要条件。

必要条件假言判断的逻辑形式一般表示为:

只有 p,才 q

其中,p、q 分别称为"前件"和"后件","只有……才……"表示联结词。必要条件假言联

结词"只有……才……"也可用符号"←"(读作"逆蕴涵")表示。这样,上述形式也可表示为下面的逆蕴涵式:

  p←q

在日常语言中,必要条件假言联结词还可以表示为:"除非……才……"、"必须……才……"、"不……不……"、"没有……就没有……"等。

例如:

  ② 一个数除非能被 2 整除,它才能被 4 整除。
  ③ 没有革命的理论,就没有革命的行动。

例②中一个数"能被 2 整除"是"能被 4 整除"的必要条件,例③中"革命的理论"是"革命的行动"的必要条件。

(3) 充分必要条件假言判断

充分必要条件假言判断是陈述某一事物情况的存在是另一事物情况存在的充分必要条件的假言判断。

设 p 为前件,q 为后件,所谓 p 是 q 的充分必要条件,就是指:如果有 p 的事物情况,就必定有 q 的事物情况;如果没有 p 的事物情况,就必定没有 q 的事物情况。或者说:前件 p 存在,后件 q 必存在;前件 p 不存在,后件 q 就一定不存在。简言之,就是"有 p 必有 q,无 p 必无 q"。

例如:

  ① 当且仅当一个三角形的三边相等,一个三角形的三角才相等。

这是一个充分必要条件假言判断,它反映了如果"一个三角形的三边相等",则"一个三角形的三角相等";并且如果"一个三角形的三边不相等",则"一个三角形的三角不相等"。因此,"一个三角形三边相等"是"一个三角形三角相等"的充分必要条件。

充分必要条件假言判断的逻辑形式一般表示为:

  p 当且仅当 q

充分必要条件假言联结词"当且仅当"也可用符号"↔"(读作"等值")表示。这样,上述形式也可表示为下面的等值式:

  p↔q

在日常语言中,充分必要条件假言联结词还可以表示为:"如果……那么……并且只有……才……"、"只要……就……并且只有……才……"、"如果而且只有……才……"等。

例如:

  ② 如果一个产品被用来交换,那么它是商品;并且,只有当一个产品被用来交换时,它才是商品。
  ③ 只要理论掌握了群众,理论就会变成物质力量;也只有理论掌握了群众,理论才会成为物质力量。
  ④ 在标准大气压下,如果而且只有水温达到 100℃,水才会沸腾。

上述几个判断都是充分必要条件假言判断。从中我们可以看出,充分必要条件假言判断比其余两种假言判断陈述得要多。由于充分必要条件假言判断既陈述了 p 是 q 的充分条件,又陈述了 p 是 q 的必要条件,因此,"p 当且仅当 q"的含义相当于"如果 p,那么 q;并且只有 p,才 q"。用公式可表示为：

$$(p\leftrightarrow q)\leftrightarrow(p\rightarrow q)\wedge(p\leftarrow q)$$

值得注意的是，在自然语言中表达充分必要条件假言判断时，很少用"当且仅当"这样的联结词，特别是在社会科学领域，反映某种情况是另一种情况的既充分又必要的条件时，通常是从两个方面同时加以陈述。

例如：

③ 人不犯我,我不犯人；人若犯我,我必犯人。

④ 凡事预则立,不预则废。

上述两式的逻辑形式可以表示为：

如果 p,那么 q；并且如果非 p,那么非 q。

用公式表示可为：

$$(p\rightarrow q)\wedge(\neg p\rightarrow\neg q)$$

由此可见，"$(p\rightarrow q)\wedge(p\leftarrow q)$"与"$(p\rightarrow q)\wedge(\neg p\rightarrow\neg q)$"都等值于"$p\leftrightarrow q$"。

3. 假言判断的真假

假言判断的真假，是由其前件和后件的真假来确定的。一个充分条件假言判断的真假，是由该充分条件假言判断的前件和后件所决定的。充分条件假言判断，陈述了"有 p 必有 q"这一事物情况，即其反映了前件真,后件必真；而对于前件假时,后件是真是假则没有反映。因此，一个真的充分条件假言判断，当其前件真时,后件必真；当其前件假时,后件却可真可假。当且仅当前件所陈述的事物情况存在，而后件所陈述的事物情况不存在时，即前件真而后件假时，充分条件假言判断才是假的。

充分条件假言判断与其肢判断之间的真值关系可用真值表表示如下：

p	q	p→q
T	T	T
T	F	F
F	T	T
F	F	T

真值表表明：p→q 假，当且仅当 p 真而 q 假，即有 p 而无 q。

例如：

如果刻苦学习,那么就会取得好成绩。

这个充分条件假言判断要为真，则前件"刻苦学习"真时，后件"取得好成绩"必须也真；前件"刻苦学习"假时，后件"取得好成绩"可以真，也可以假。如果"刻苦学习"真，而"取得好成绩"假，那么，"如果刻苦学习,那么就会取得好成绩"就是假的。

对于必要条件假言判断来说，一个必要条件假言判断的真假，是由该必要条件假言判断的前件和后件所决定的。必要条件假言判断，陈述了"无 p 必无 q"这一事物情况，即其反映了前件假，后件必假；而对于前件真时，后件是真是假则没有反映。因此，一个真的必要条件假言判断，当其前件假时，后件必假；当其前件真时，后件却可真可假。当且仅当前件所陈述的事物情况不存在，而后件所陈述的事物情况存在时，即前件假而后件真时，必要条件假言判断才是假的。

例如：

只有高考成绩合格，才能被录取进入我们学校。

这个必要条件假言判断要为真，则前件"高考成绩合格"假时，后件"被录取进入我们学校"必须也假。即"高考成绩合格"这个条件不出现时，"被录取进入我们学校"这个情况也不会出现。至于"高考成绩合格"这个条件出现了，是否就一定被录取进入我们学校呢，它并没有陈述。即前件"高考成绩合格"真时，后件"被录取进入我们学校"既可以真，也可以假。如果"高考成绩合格"假，而"被录取进入我们学校"真，那么，"只有高考成绩合格，才能被录取进入我们学校"就是假的。

必要条件假言判断与其肢判断之间的真值关系可用真值表表示如下：

p	q	p←q
T	T	T
T	F	T
F	T	F
F	F	T

真值表表明：p←q 假，当且仅当 p 假而 q 真，即无 p 而有 q。

对于充分必要条件假言判断来说，一个充分必要条件假言判断的真假，是由该充分必要条件假言判断的前件和后件所决定的。充分必要条件假言判断，陈述了"有 p 必有 q，无 p 必无 q"这一事物情况。即其反映了前件真，后件必真；前件假，后件必假。因此，一个真的充分必要条件假言判断，当其前件真时，后件必真；当其前件假时，后件必假。当且仅当前件真而后件假或前件假而后件真，充分必要条件假言判断才是假的。

例如：

一个整数是偶数，当且仅当它能被 2 整除。

这个充分必要条件假言判断要为真，则前件"一个整数是偶数"真时，后件"它能被 2 整除"必然也真；前件"一个整数是偶数"假时，后件"取得好成绩"必然也假。反之亦然。

充分必要条件假言判断与其肢判断之间的真值关系可用真值表表示如下：

p	q	p↔q
T	T	T
T	F	F
F	T	F
F	F	T

真值表表明：p↔q 真，当且仅当 p 与 q 同真或同假。

假言判断的真值表反映了假言判断与其肢判断之间的真值关系，刻画了假言判断的逻辑性质。应当指出，人们在实际思维当中，假言判断的前后件之间不仅有真值关系即逻辑关系，而且有内容或意义方面的联系。例如：

　　　　如果雪是白的，那么鲁迅是文学家。

　　这是一个充分条件假言判断。仅从前后件的真假关系看，这个判断显然是真的。但是，在实际思维中，人们却认为它是无意义的，甚至是假的。充分条件假言判断的真值表，只是对充分条件关系的逻辑抽象，只是对充分条件关系的前后件之间的真值关系的刻画。它只反映前后件之间的真值关系，刻画了蕴涵词的逻辑性质，而不涉及前后件之间在内容上或意义上的联系。现代逻辑把充分条件假言判断前后件之间的上述真值关系定义为蕴涵关系，这种蕴涵习惯上称为实质蕴涵。

二、假言推理

　　从广义上说，假言推理可定义为前提中至少有一个假言判断，并且根据假言判断前后件之间的逻辑关系而进行推演的推理。它可包括假言直言推理、假言连锁推理、假言易位推理、假言联言推理、假言选言推理等。从狭义上说，传统逻辑中的假言推理仅指假言直言推理，即前提中有一个假言判断，并通过另一个前提肯定或否定该假言判断的前件或后件，然后根据假言判断前后件之间的逻辑关系而进行推演的推理。这种假言推理，由于其中一个前提通常为直言判断，结论通常也是直言判断，故称为假言直言推理，传统逻辑中习惯上把它简称为假言推理。本节中的假言推理仅指狭义上的假言推理，即假言直言推理而言；而把广义上的其他类型的假言推理放在"复合判断的其他推理"一节中单独述说。

　　假言推理是以假言判断为基础的，假言判断分为 3 类，相应地假言推理也可分为 3 类：充分条件假言推理、必要条件假言推理、充分必要条件假言推理。

　　1. 充分条件假言推理

　　充分条件假言推理是前提中有一个充分条件假言判断，并且根据充分条件假言判断前后件之间的逻辑关系而进行推演的假言推理。

　　例如：

　　　① 如果某甲犯了间谍罪，那么他就应该受到法律制裁；
　　　　 某甲犯了间谍罪；
　　　　 ─────────────────
　　　　 所以，某甲应该受到法律制裁。
　　　② 如果某人是窒息死亡，那么他的脸上应发青；
　　　　 该案件死者脸上不发青；
　　　　 ─────────────────
　　　　 所以，该案件死者不是窒息死亡。

　　例①与例②是正确的充分条件假言推理。因为，充分条件假言判断前后件的关系是：有 p 必有 q，无 q 必无 p；无 p 可以有 q，也可以无 q；有 q 可以有 p，也可以无 p。因此，当一个充分条件假言判断是真的，并且它的前件也是真的，那么它的后件肯定是真的；当一个充分条件假言判断是真的，并且它的后件是假的，那么它的前件肯定是假的；当一个充分条件假言判断是真的，并且它的前件是假的，它的后件真假不定；当一个充分条件假言判断是真的，并且它的后件也是真的时，它的前件真假不定。据此，充分条件假言推理有两条规则：

　　第一，肯定前件就要肯定后件，否定后件就要否定前件。

　　第二，否定前件不能必然否定后件，肯定后件不能必然肯定前件。

　　根据规则一，充分条件假言推理有两个有效推理式：

(1) 肯定前件式

在前提中肯定充分条件假言判断的前件,结论肯定它的后件。

其公式是:

　　如果 p,那么 q,

　　p,
　　―――――――
　　所以,q。

即

　　p→q

　　p
　　―――――
　　∴q

用符号表示可为:

　　(p→q)∧p ⊢ q

上述例①的推理就是充分条件假言推理的肯定前件式,根据规则,肯定前件就要肯定后件,因此,这是一个正确的推理式。

(2) 否定后件式

在前提中否定充分条件假言判断的后件,结论否定它的前件。

其公式是:

　　如果 p,那么 q,

　　非 q,
　　―――――――
　　所以,非 p。

即

　　p→q

　　¬q
　　―――――
　　∴¬p

用符号表示可为:

　　(p→q)∧¬q ⊢ ¬p

上述例②的推理就是充分条件假言推理的否定后件式,根据规则,否定后件就要否定前件,因此,这是一个正确的推理式。

根据规则二,下面的两个推理形式是不合逻辑的,因而是无效式。

(1) 否定前件式(无效式)

在前提中否定充分条件假言判断的前件,结论中否定它的后件。

其公式是:

　　如果 p,那么 q,

　　非 p,
　　―――――――
　　所以,非 q。(?)

例如:

　　③ 如果某甲是贪污犯,则某甲应受法律制裁;

而某甲不是贪污犯；
所以，某甲不应受法律制裁。(?)

上述推理为充分条件假言推理否定前件式，这是一个无效的推理式。事实上，当某甲不是贪污犯时，有两种可能，或者某甲不是任何罪犯而不应受法律制裁，或者某甲犯有其他罪行而应受法律制裁。换句话说，当某甲不是贪污犯时，也可能因为他是其他罪犯而应受法律制裁。

(2) 肯定后件式(无效式)

在前提中肯定充分条件假言判断的后件，结论中肯定它的前件。

其公式是：

如果 p，那么 q，
q，
所以，p。(?)

例如：

④ 如果赵某是凶手，那么发案时赵某在现场；
发案时赵某在现场；
所以，赵某是凶手。(?)

上述推理为充分条件假言推理的肯定后件式，这个推理显然无效。

2. 必要条件假言推理

必要条件假言推理是前提中有一个必要条件假言判断，并且根据必要条件假言判断前后件之间的逻辑关系而进行推演的假言推理。

根据真值表，必要条件假言判断前后件的关系是：无 p 必无 q，有 q 必有 p；有 p 可以有 q，也可以无 q；无 q 可以有 p，也可以无 p。因此，当一个必要条件假言判断是真的，并且它的前件是假的，那么它的后件肯定是假的；当一个必要条件假言判断是真的，并且它的后件是真的，那么它的前件肯定也是真的；当一个必要条件假言判断是真的，并且它的前件是真的，它的后件真假不定；当一个必要条件假言判断是真的，并且它的后件是假的时，它的前件真假不定。据此，必要条件假言推理有两条规则：

第一，否定前件就要否定后件，肯定后件就要肯定前件。

第二，肯定前件不能必然肯定后件，否定后件不能必然否定前件。

根据规则一，必要条件假言推理有两个有效推理式：

(1) 否定前件式

在前提中否定必要条件假言判断的前件，结论中否定它的后件。

其公式是：

只有 p，才 q，
非 p，
所以，非 q。

即

$p \leftarrow q$

¬p
∴¬q

用符号表示可为：

(p←q)∧¬p ├ ¬q

例如：

① 你只有身体健康，才能成为一名合格的人民警察；

而你身体不健康；

所以，你不能成为一名合格的人民警察。

上述推理为必要条件假言推理否定前件式，根据规则，否定前件就要否定后件，因此，这是一个正确的推理式。

实际上，必要条件假言推理的否定前件式可以用充分条件假言推理的有效式表示出来。通过前面学习的假言判断之间的相互转换，我们知道，"只有 p 才 q"与"如果非 p 则非 q"和"如果 q 则 p"等值，它们可以相互替换，所以，上述推理形式可以表示为：

如果非 p 则非 q，

非 p，

所以，非 q。

或

如果 q 则 p，

非 p，

所以，非 q。

也可以表示为：

¬p → ¬q

¬p

¬q

上述推理形式用符号可表示为：

(¬p → ¬q)∧¬p ├ ¬q

上述有效式表明：对必要条件假言推理来说，否定前件就要否定后件。

(2) 肯定后件式

在前提中肯定必要条件假言判断的后件，结论中肯定它的前件。

其公式是：

只有 p，才 q，

q，

所以，p。

即

p←q

q

∴p

用符号表示可为：

$(p \leftarrow q) \wedge q \vdash p$

例如：

② 只有今年风调雨顺，粮食才能增产；
粮食增产了；
————————
所以，今年风调雨顺。

例①推理为必要条件假言推理肯定后件式，根据规则，肯定后件就要肯定前件，因此，这是一个正确的推理式。

实际上，必要条件假言推理的肯定后件式也可以用充分条件假言推理的有效式表示出来。通过把必要条件假言判断转换为充分条件假言判断，上述推理形式可以表示为：

如果非 p 则非 q，
q，
————
所以，p。

或

如果 q 则 p，
q，
————
所以，p。

也可以表示为：

¬p→¬q
q
———
p

或

q→p
q
———
p

上述推理形式用符号可表示为：

$(\neg p \rightarrow \neg q) \wedge q \vdash p$
$(q \rightarrow p) \wedge q \vdash p$

上述有效式表明：对必要条件假言推理来说，肯定后件就要肯定前件。

根据规则二，下面的两个推理形式是不合逻辑的，因而是无效式。

(1) 肯定前件式（无效式）

在前提中肯定必要条件假言判断的前件，结论肯定它的后件。

其公式是：

只有 p，才 q，
p，
————
所以，q。（？）

例如：

② 某人只有通过论文答辩，才能获得学位；
   某人通过论文答辩了；
   ─────────────────
   所以，某人能获得学位。（?）

例②推理为必要条件假言推理肯定前件式，这是一个无效的推理式。"某人通过论文答辩"只是"获得学位"的必要条件，而不是充分条件。也可能虽然某人通过论文答辩了，但由于其他方面的条件不具备，而依然不能获得学位。

(2) 否定后件式（无效式）

在前提中否定必要条件假言判断的后件，结论否定它的前件。

其公式是：

只有 p，才 q，
非 q，
─────────
所以，非 p。（?）

例如：

③ 只有水中含有足够的氧，这些鱼才能存活；
   这些鱼没能存活；
   ─────────────────
   所以，水中一定不含有足够的氧。（?）

例③推理为必要条件假言推理否定后件式，这是一个无效的推理式。"水中含有足够的氧"只是"这些鱼存活"的必要条件，而不是充分条件，也可能虽然水中含有足够的氧，但由于温度、食物等方面的原因，这些鱼依然不能存活。

3. 充分必要条件假言推理

充分必要条件假言推理是前提中有一个充分必要条件假言判断，并且根据充分必要条件假言判断前后件之间的逻辑关系而进行推演的假言推理。

根据真值表，充分必要条件假言判断前后件的关系是：有 p 必有 q；有 q 必有 p；无 p 必无 q；无 q 必无 p。因此，当一个充分必要条件假言判断是真的，并且它的前件是真的，那么它的后件肯定是真的；当一个充分必要条件假言判断是真的，并且它的后件是真的，那么它的前件肯定也是真的；当一个充分必要条件假言判断是真的，并且它的前件是假的，它的后件肯定也是假的；当一个充分必要条件假言判断是真的，并且它的后件是假的时，它的前件肯定也是假的。据此，充分必要条件假言推理有两条规则：

第一，肯定前件就要肯定后件，肯定后件就要肯定前件。

第二，否定前件就要否定后件，否定后件就要否定前件。

根据规则，充分必要条件假言推理共有 4 个有效推理式：

(1) 肯定前件式

在前提中肯定充分必要条件假言判断的前件，结论肯定它的后件。

其公式是：

p 当且仅当 q，
p，
─────────
所以，q。

即

$p \leftrightarrow q$

p

∴q

上述推理形式用符号可表示为：

$(p \leftrightarrow q) \land p \vdash q$

例如：

① 当且仅当这个理论经得起实践的检验，这个理论才是真理；

这个理论经得起实践的检验；

所以，这个理论是真理。

例①推理为充分必要条件假言推理肯定前件式，根据规则，肯定前件就要肯定后件，因此，这是一个正确的推理式。

（2）肯定后件式

在前提中肯定充分必要条件假言判断的后件，结论中肯定它的前件。

其公式是：

p 当且仅当 q，

q，

所以，p。

即

$p \leftrightarrow q$

q

∴p

上述推理形式用符号可表示为：

$(p \leftrightarrow q) \land q \vdash p$

例如：

② 当且仅当该三角形的三条边相等，这个三角形的三个角才等于60°；

该三角形的三个角都等于60°；

所以，该三角形的三条边相等。

例②推理为充分必要条件假言推理肯定后件式，根据规则，肯定后件就要肯定前件，因此，这是一个正确的推理式。

（3）否定前件式

在前提中否定充分必要条件假言判断的前件，结论否定它的后件。

其公式是：

p 当且仅当 q，

非 p，

所以，非 q。

即

$p \leftrightarrow q$
$\neg p$
─────
$\therefore \neg q$

上述推理形式用符号可表示为：

$(p \leftrightarrow q) \wedge \neg p \vdash \neg q$

例如：

③ 当且仅当某人犯了罪，某人才应受刑罚处罚；
　　某人没有犯罪；
　　─────
　　所以，某人不应受刑罚处罚。

例③推理为充分必要条件假言推理肯定前件式，根据规则，否定前件就要否定后件，因此，这是一个正确的推理式。

（4）否定后件式

在前提中否定充分必要条件假言判断的后件，结论否定它的前件。其公式是：

p 当且仅当 q，
非 q，
─────
所以，非 p。

即

$p \leftrightarrow q$
$\neg q$
─────
$\therefore \neg p$

上述推理形式用符号可表示为：

$(p \leftrightarrow q) \wedge \neg q \vdash \neg p$

例如：

④ 某人是罪犯，当且仅当他的指纹与犯罪现场采集的指纹一致；
　　某人的指纹与犯罪现场采集的指纹不一致；
　　─────
　　所以，某人不是罪犯。

例④推理为充分必要条件假言推理否定后件式，根据规则，否定后件就要否定前件，因此，这是一个正确的推理式。

关键术语提要

复合判断是在自身中包含了其他判断的一种判断。在一般情况下，它是由若干简单判断通过一定的逻辑联结项结合而成的。

联言判断及其推理：联言判断是断定几种事物情况同时存在的判断。联言推理是指在前提或结论中含有联言判断，并根据联言判断的逻辑特性进行推演的复合判断推理。

选言判断及其推理：选言判断断定若干种事物情况存在的判断。它包括相容选言判断和不相容选言判断。选言推理是指在前提中含有一个选言判断,并根据选言判断的逻辑特性进行推演的选言推理。它包括相容选言推理和不相容选言推理。

假言判断及其推理:假言判断陈述某一事物情况的存在是另一事物情况存在的条件的判断。它包括充分条件假言判断、必要条件假言判断和充分必要条件假言判断。假言推理是指在前提中含有一个假言判断,另一个前提为直言判断,并根据假言判断的逻辑特性进行推演的假言推理。它包括充分条件假言推理、必要条件假言推理和充分必要条件假言推理。

复合判断的真值表是能显示一个复合判断在它的肢判断的各种真假组合下所取真值的图表。真值表的作用:一是定义作用,定义各种复合判断中任一真值联结词的逻辑性质;二是判定作用,判定各种复合判断形式上的真假关系,判定任一复合判断推理形式结构是否有效。

进一步阅读指南

复合判断及其推理是传统形式逻辑的重要组成部分,这一部分内容包括了我们在日常生活中常用的一些推理方法。在本章中,我们也运用了不少符号表达式,但是,这些符号表达式并没有构成形式系统,许多地方尚使用自然语言。这种表达方式的优点是简单明了,直观性强;其缺点是不够充分、严格。为了更深刻地揭示复合判断的逻辑特性,人们开始采用数学研究中的形式化方法,将判断逻辑构成一个形式系统来加以研究,从而构成了数理逻辑中的判断逻辑部分。这样,无论在深度还是在广度方面,对复合判断的逻辑特征及其规律的揭示都大大地前进了一步。有兴趣的读者可以看看下面的书籍:

1. 宋文坚. 逻辑学. 北京:人民出版社,1999
2. 张清宇,郭世铭,李小五. 哲学逻辑研究. 北京:社会科学文献出版社,1997
3. 苏佩斯. 逻辑导论. 宋文淦译. 北京:中国社会科学出版社,1994
4. 苏越等. 思路·逻辑·创造方法. 北京:中央广播电视大学出版社,1992
5. 王宪钧. 数理逻辑引论. 北京:北京大学出版社,1992
6. 杜国平. 普通逻辑. 北京:高等教育出版社,2010

问题与思考

1. 什么是复合判断?复合判断由哪些部分组成?它有哪些基本的形式?
2. 什么是联言判断?联言推理有哪些有效式?
3. 什么是选言推理?为什么相容的选言推理只有一种形式?
4. 什么是假言判断?如何将假言判断及其推理应用于日常生活和科学研究中?
5. 如何区别充分条件假言判断、必要条件假言判断?
6. 在充分条件假言推理和必要条件假言推理过程中应该注意什么?

练 习 题

一、分析下列各复合判断,指出它们各属于哪一种复合判断?并指出其逻辑联结词。
1. "社会一旦有技术上的需要,则这种需要就会比十所大学更能把科学推向前进。"(恩

格斯语)

2. 有利益就有责任,有作为才有岗位。
3. 若要人不知,除非己莫为。
4. 液体沸腾的原因或者是温度增高,或者是压力下降。
5. 信息化是我国加快实现工业化和现代化的必然选择。
6. 没有耕耘,哪来收获?
7. 在竞选班长中要么小周当选,要么小李当选。
8. 只有不畏劳苦沿着陡峭山路攀登的人,才有希望到达光辉的顶点。
9. 只有允许被告人提出自己的申诉,才能保证法律程序的完善。
10. 我们必须既善于总结成功的经验,又善于记取失误的教训。

二、指出下列选言判断中的逻辑错误,并做简要说明。

1. 一个作家,要么是剧作家,要么是小说家,要么是散文家。
2. 一个三角形或者是等边三角形,或者是等腰三角形,或者是锐角。
3. 高等学校或者出人才或者出成果。
4. 这份统计资料有错误,或者是原始数据有错误,或者是计算错误,二者必居其一。
5. 发生火灾的原因,无非是有人纵火,或者是不慎失火。

三、指出下列假言判断犯了什么逻辑错误。

1. 只有成功者,才是付出了艰苦努力的。
2. 假如强调发挥法律的作用,就会削弱思想政治工作。
3. 只有取得了高学历,才能成为人才。
4. 只要掌握丰富经验的第一手材料,就能作出正确的判断。
5. 除非调动群众的积极性,才能提高群众的觉悟。
6. 如果生产发展了,人们的道德水平就能提高。
7. 只要是年满18周岁的人就有选举权。
8. 除非地方隐蔽,才有可能是作案现场。

四、填空题(填"真"或"假")。

1. SAP 真并且 SEP 真(　　)。
2. SOP 真并且 SEP 真(　　)。
3. 已知 q 为真,要使 p 且 q 真,p 应取(　　)值。
4. 要么 SAP 真,要么 SOP 真,这个选言判断为(　　)值。
5. p 假,要使 p∨q 假,q 应取(　　)值。
6. p 假,要使 p V̇ q 假,q 应取(　　)值。
7. 若 q 为任意值,要使 p→q 假,p 应取(　　)值。
8. 若 p 为任意值,要使 p←q 真,q 应取(　　)值。
9. 若 p 假,q 真,则(p∧q)←→p(　　)。
10. 若 SOP 假,则"如果 SOP,那么 SEP"(　　)。

五、以 p、q、r……表示肢判断,写出下列复合判断的逻辑形式(逻辑联结词用符号表示):

1. 犯罪行为出于故意并且造成被害人死亡的后果,或是故意杀人,或是故意伤害致死。

2. 国家工作人员违反国家保密法规,泄露国家重要机密,情节严重的,处7年以下有期徒刑、拘役或者剥夺政治权利。

3. 率领武装部队、人民警察、民兵投敌叛变的,处无期徒刑或10年以上有期徒刑。

4. 如A队战胜B队,那么,当A队再战胜C队时,A队就夺冠军。

5. 如果没有中国共产党的领导,没有这个党在长期斗争中同人民群众形成的血肉联系,没有这个党在人民中间所进行的艰苦细致的有成效的工作和由此享有的崇高威信,那么,我们国家就必然由于种种内外原因而四分五裂,我们民族和人民的前途就只能被断送。

六、请指出下列推理属何种推理,是什么式?请用符号写出它的逻辑形式。

1. 社会主义建设需要加强物质文明建设,社会主义建设需要加强精神文明建设,社会主义建设需要加强政治文明建设。因此,社会主义建设既需要加强物质文明建设、精神文明建设,又需要加强政治文明建设。

2. 这批产品质量不合要求,或者是由于原材料质量差;或者是产品设计有差错;或者是操作工技术水平低。现经检查,这批产品不符合要求,不是由于原材料质量差,也不是由于产品设计有差错。所以,这批产品质量不合要求是由于操作工技术水平低。

3. "一份打印稿有错误,或者是由于原稿有错误,或者是由于打字有错误,或者两者兼而有之。"请问,这是什么选言判断?如果以此为选言前提,再加上"这份打印稿是原稿有错误"这个前提,能否得出必然的结论?为什么?

4. 甲、乙和丙三个大学生分别来自北京、上海、天津。他们的第一外语分别是英语、俄语和日语。他们每个人选择的第二外语都是另一个人的第一外语。没有人选择相同的第二外语。甲来自北京;上海人的第一外语是俄语;丙的第二外语是日语。

如果以上陈述是真实的,能否得出什么结论?为什么?

七、请运用假言推理的有关知识回答以下问题。

1. 某市某银行发生了抢劫案。案发后警方逮捕了李某,断定他就是嫌疑犯。警方是这样推理的:

第一,据当时现场证人说,看到李某案发时在银行大厦三楼。这就是说,只有在银行大厦三楼逗留过的人才能作案;而李某恰好被人证明当时正在银行大厦的三楼,所以,他是嫌疑犯。

第二,据法医报告,在作案现场发现了一双大尺码的高级运动鞋鞋印,而李某恰好前几天刚刚为自己买了一双这种大尺码的高级运动鞋。这就是说,如果李某是嫌疑犯,那么,他肯定有一双这种大尺码的高级运动鞋。所以,李某肯定是嫌疑犯。

请问,警方的推论是否正确?为什么?

2. 某部电视连续剧演到一对男女人质被绑架后,本集结束。关心人质命运的四位观众作出如下猜测:

甲:如果女的死了,男的也活不成。

乙:两个人都会平安无事的。

丙:男人质一定得救,女人质必死无疑。

丁:两个人质一定会同生或同死。

假如这4个人中只有一个人说的对,那么会是什么结果呢?

八、请按提示分析下列各题。

1. 在上海某法庭上,"被告"被人指控偷了某一户居民家的一架数码照相机。这架照相机有一个特点,它有一个特殊的按钮,不熟悉的人找不到这个按钮。"被告"声称这架照相机是他自己的,并且使用过它。据此,审判员让被告当场打开这架照相机,并说出这架照相机的特点。被告问:"只要我能打开这架数码相机,并说出它的特点,那么它便是属于我的。对吗?"审判员答:"不对。"

按照以上所述,请从逻辑上分析审判员为什么回答"不对";并指出如果该被告不能打开这架数码照相机,则作何断定?

2. "如果是流氓罪,则具有流氓特征;如果是伤害罪,则具有显著危害后果。甲的行为或不具有流氓罪特征,或未造成显著危害后果,所以,甲的行为或者不是流氓罪,或者不是伤害罪。"试分析该推理的形式并用公式表示之。

九、复合判断及其推理知识在批判性思维中的运用。

1. "如果天下雨,我们今天就不去郊游"这一判断与以下哪项最为类似?

A. 只有天下雨,我们今天才不去郊游。
B. 如果我们今天去郊游,则天下雨了。
C. 只有今天我们不去郊游,天才是下雨了。
D. 并非如果天不下雨,我们今天就去郊游。
E. 天下雨或者我们今天就不去郊游。

2. 如果张明是作案者,那么在现场肯定能找到他的指纹。在现场确实找到了他的指纹,因此,张明无疑是作案者。以下哪项与上述论证的形式最为类似?

A. 如果李杰当选为学生会主席,则他肯定要兼任校团支部书记。李杰没有兼任校团支部书记,因此,李杰没有当选为学生会主席。
B. 如果照相机的电池用完了,则闪光灯肯定不工作了。我的照相机闪光灯不工作了,因此,肯定是电池用完了。
C. 所有的证词都可以作为证据,除非它是伪证。王涛的证词是伪证。因此,王涛的证词不可作为证据。
D. 所有存款的利息都要纳税,这笔基金既然存入银行,它的利息当然也要纳税。
E. 如果天下雨,运动会就会延期。天下着大雨,运动会肯定延期了。

3. 排球队教练规定:如果1号队员上场,而且3号队员没有上场,那么,5号与7号队员中至少有一人要上场。

如果教练的规定被贯彻执行了,则1号队员没有上场的充分条件是:

A. 3号队员上场,5号与7号队员不上场。
B. 3号队员不上场,5号与7号队员上场。
C. 3号、5号与7号队员都不上场。
D. 3号、5号与7号队员都上场。
E. 3号与5号队员上场,7号队员不上场。

4. 某单位要从100名报名者中挑选20名献血者进行体检。最不可能被挑选上的是2002年以来已经献过血,或是2006年以来在献血体检中不合格的人。

如果上述断定是真的,则以下哪项所言及的报名者最有可能被选上?

A. 小张 2004 年献过血,他的血型是 O 型,医用价值最高。
B. 小王是区献血标兵,近年来每年献血,这次她坚决要求献血。
C. 小刘 2007 年报名献血,因"澳抗"阳性体检不合格,这次出具了"澳抗"转阴的证明并坚决要求献血。
D. 大陈最近一次献血时间是在 2001 年,他因公伤截肢,血管中流动着义务献血者的血。他说,我比任何人都有理由献血。
E. 老孙 2001 年因体检不合格未能献血,2003 年体检合格献血。

5. 某机关要从赵义、钱珥、孙杉、李思、周悟、吴榴 6 位同志中选拔 3 位同志组成团队出国学习。基于多种原因,在人员组成上,有关领导通过长期工作考察,得出下列判断:
(1) 如果不选拔钱珥,则选拔李思。
(2) 或者不选拔赵义,或者不选拔孙杉。
(3) 只有不选拔钱珥,才能不选拔孙杉。
(4) 如果选拔吴榴则不选拔周悟,而选拔李思。
(5) 选拔赵义和吴榴。

试根据相关的复合判断推理,推出哪项判断正确表达了领导还要选拔的一位出国人选?

A. 钱珥　　　B. 孙杉　　　C. 李思　　　D. 周悟　　　E. 赵义

> 斯宾诺莎早已说过：……任何的限制或规定同时就是否定。再说，否定的方式在这里首先取决于过程的一般性质，其次取决于过程的特殊性质。①
>
> ——恩格斯

第七章　复合判断及其推理（下）

本章概述

本章主要包括负判断及其等值判断推理；几种常用的复合推理，包括二难推理、假言易位推理、假言连锁推理、归谬推理等；此外介绍真值表方法及其判定作用。

本章内容具有综合性、抽象性、丰富性，同时也展示了演绎推理特有的逻辑美：负判断之间的转化美、常用的复合推理的多样美和关联美。

第一节　负判断及其等值推理

一、什么是负判断

负判断就是否定某个判断的判断。

例如：

① 并非所有的违法行为都是犯罪行为。

这是一个负判断，它是对判断"所有的违法行为都是犯罪"的否定。负判断是一种特殊形式的复合判断，它只有一个肢判断，即所否定的判断，而其他类型的复合判断都至少由两个或两个以上的肢判断所组成。负判断虽然只包含有一个肢判断，但由于它包含了两重或两重以上的断定，即对一个判断（简单判断或复合判断）的否定，因此它是复合判断，而不能把它看作简单判断。负判断同性质判断中的否定判断不同，否定判断所否定的仅是主项和谓项之间的联系，陈述思维对象不具有某种属性，或者说，否定思维对象具有某种属性；而负判断所否定的则是整个判断。例如："有的大学生不是党员"是性质判断中的否定判断，它否定了"有的大学生"具有"党员"这一属性，它是简单判断；而"并非所有的大学生都是党员"则是负判断，它是对判断"所有的大学生都是党员"的否定，它是复合判断。

负判断由否定联结词加上一个肢判断组成。负判断的联结词称为否定联结词，可用

---

① 《马克思恩格斯全集》第 20 卷，人民出版社，1971 年，第 154 页。

"并非"来表示;负判断的肢判断可用变项"p"来表示。负判断的逻辑形式可表示为:

  并非 p

在现代逻辑中,"并非"用符号"¬"(读作"非")表示。这样,上述形式也可写作:

  ¬p

在日常语言中,负判断的否定联结词通常放在句首,除"并非"外,还可以用"并不是"、"不是"、"不能说"等来表达。

例如:

  ② 并不是一切水生动物都是鱼。

否定联结词也可以放在句中。

例如:

  ③ 闪光的并不都是金子。

否定联结词也可以放在句尾,用"……是假的"、"……是不对的"等来表示。

例如:

  ④ 认为人"生而知之"是不对的。

负判断既然是对肢判断整个判断的否定,因此,它的真假就同肢判断正好相反。即:当肢判断真时,该负判断为假;当肢判断假时,该负判断为真。反之亦然。

例如:如果"所有的植物都能够进行光合作用"这个判断是真的,那么,"并非所有的植物都能够进行光合作用"这个负判断就是假的;如果"所有的植物都能够进行光合作用"这个判断是假的,那么,"并非所有的植物都能够进行光合作用"这个负判断就是真的。因此,原判断与负判之间是矛盾关系。

负判断与其肢判断之间的真假关系可用真值表表示如下:

p	¬p
T	F
F	T

二、负判断的种类

组成负判断的肢判断既可以是简单判断,也可以是复合判断。根据组成负判断的肢判断是简单判断还是复合判断,负判断可分为简单判断的负判断和复合判断的负判断两类。

1. 简单判断的负判断

简单判断的负判断就是由否定一个简单判断而构成的判断。

例如:

  ①并非所有的乌鸦都是黑色的。
  ② 并非张三比李四长得高。

这两个判断都是负判断,前一个判断的肢判断是性质判断,后一个判断的支判断是关系判断。对于性质判断来说,性质判断有 6 种,每一种性质判断都有与之相对应的负判断。

性质判断、负判断的类型、逻辑形式及符号公式可见下表:

性质判断负判断类型	逻辑形式	符号公式
全称肯定判断的负判断	并非所有的 S 都是 P	¬(SAP)
全称否定判断的负判断	并非所有的 S 都不是 P	¬(SEP)
特称肯定判断的负判断	并非有的 S 是 P	¬(SIP)
特称否定判断的负判断	并非有的 S 不是 P	¬(SOP)
单称肯定判断的负判断	并非某个 S 是 P	¬(某个 S 是 P)
单称否定判断的负判断	并非某个 S 不是 P	¬(某个 S 不是 P)

2. 复合判断的负判断

复合判断的负判断就是由否定一个复合判断而构成的判断。复合判断的负判断主要有以下几种形式，见下表：

复合判断负判断类型	逻辑形式	符号公式
联言判断的负判断	并非(p 并且 q)	¬(p∧q)
相容选言判断的负判断	并非(p 或者 q)	¬(p∨q)
不相容选言判断的负判断	并非(要么 p,要么 q)	¬(p∨̇q)
充分条件假言判断的负判断	并非(如果 p,那么 q)	¬(p→q)
必要条件假言判断的负判断	并非(只有 p,才 q)	¬(¬p←q)
充分必要条件假言判断的负判断	并非(当且仅当 p,才 q)	¬(p↔q)
负判断的负判断	并非(非 p)	¬(¬p)

三、负判断的等值推理

1. 简单判断的负判断的等值推理

性质判断有全称肯定判断(SAP)、全称否定判断(SEP)、特称肯定判断(SIP)、特称否定判断(SOP)、单称肯定判断、单称否定判断。全称肯定判断的负判断为 ¬SAP。¬SAP 是对 SAP 的否定。由于原判断与负判断具有矛盾关系，因此根据逻辑方阵中的矛盾关系，SAP 假，则 SOP 真，即 ¬SAP↔SOP。同理可以得出 ¬SEP、¬SIP、¬SOP 的等值判断。即：

¬SAP↔SOP

¬SEP↔SIP

¬SIP↔SEP

¬SOP↔SAP

据此，可得到以下四个负判断的等值推理式。

（1）全称肯定判断的负判断的等值推理

由于全称肯定判断的负判断等值于一个特称否定判断，因此，我们可以从全称肯定判断的负判断推出一个特称否定判断；同样，我们也可以从特称否定判断推出一个全称肯定判断的负判断，即它们之间是互推关系。我们可用互推符号"≡"表示如下：

113

¬（SAP）≡SOP

例如：我们可以从"并非所有的大学生都是团员"推出"有的大学生不是团员"；同样，我们也可以从"有的大学生不是团员"推出"并非所有的大学生都是团员"。

（2）全称否定判断的负判断的等值推理

由于全称否定判断的负判断等值于一个特称肯定判断，因此，我们可以从全称否定判断的负判断推出一个特称肯定判断；同样，我们也可以从特称肯定判断推出一个全称否定判断的负判断，即它们之间是互推关系。我们可用互推符号"≡"表示如下：

¬（SEP）≡SIP

例如：我们可以从"并非所有的哺乳动物都没有翅膀"推出"有的哺乳动物生有翅膀"；同样，我们也可以从"有的哺乳动物生有翅膀"推出"并非所有的哺乳动物都没有翅膀"。

（3）特称肯定判断的负判断的等值推理

由于特称肯定判断的负判断等值于一个全称否定判断，因此，我们可以从特称肯定判断的负判断推出一个全称否定判断；同样，我们也可以从全称否定判断推出一个特称肯定判断的负判断，即它们之间是互推关系。我们可用互推符号"≡"表示如下：

¬（SIP）≡SEP

例如：我们可以从"并非有的鸟类是胎生的"推出"所有的鸟类都不是胎生的"；同样，我们也可以从"所有的鸟类都不是胎生的"推出"并非有的鸟类是胎生的"。

（4）特称否定判断的负判断的等值推理

由于特称否定判断的负判断等值于一个全称肯定判断，因此，我们可以从特称否定判断的负判断推出一个全称肯定判断；同样，我们也可以从全称肯定判断推出一个特称否定判断的负判断，即它们之间是互推关系。我们可用互推符号"≡"表示如下：

¬（SOP）≡SAP

例如：我们可以从"并非有的金属是不导电的"推出"所有的金属都是导电的"；同样，我们也可以从"所有的金属都是导电的"推出"并非有的金属是不导电的"。

对于单称判断来说，单称肯定判断与同素材的单称否定判断是一对矛盾判断，因此，单称肯定判断的负判断的等值判断就是单称否定判断；单称否定判断的负判断的等值判断就是单称肯定判断。这个等值判断形式是：

并非某个S是P↔某个S不是P

并非某个S不是P↔某个S是P

由于单称肯定判断的负判断等值于一个单称否定判断，因此，我们可以从单称肯定判断的负判断推出一个单称否定判断；同样，我们也可以从单称否定判断推出一个单称肯定判断的负判断。

例如：我们可以从"并非张三是工人"推出"张三不是工人"；同样，我们也可以从"张三不是工人"推出"并非张三是工人"。

由于单称否定判断的负判断等值于一个单称肯定判断，因此，我们可以从单称否定判断的负判断推出一个单称肯定判断；同样，我们也可以从单称肯定判断推出一个单称否定判断的负判断。

例如：我们可以从"并非鲁迅不是文学家"推出"鲁迅是文学家"；同样，我们也可以从"鲁迅是文学家"推出"并非鲁迅不是文学家"。

2. 复合判断的负判断的等值推理

每一个复合判断都有它的负判断,每一个复合判断的负判断都有它的等值判断,依据复合判断的负判断的等值判断,我们就可以进行复合判断的负判断的等值推理。

(1) 联言判断的负判断的等值推理

联言判断的负判断的逻辑形式是"并非(p 并且 q)"。其含义是:"p 并且 q"是假的。根据联言判断的真值表,当联言判断"p 并且 q"为假时,其肢判断有 3 种情况:一是 p 真 q 假;二是 p 假 q 真;三是 p 假 q 假。即是说,只要联言判断的肢判断有一个为假,则整个联言判断就是假的。因此,否定联言判断"p 并且 q",就等于肯定 p 和 q 至少有一假,即肯定了"p 假或者 q 假",这种关系可用符号表示为:

$$\neg(p \wedge q) \leftrightarrow \neg p \vee \neg q$$

依据上述等值式,我们就可进行联言判断的负判断的等值推理,即我们可以从联言判断的负判断 $\neg(p \wedge q)$ 等值推出一个选言判断 $\neg p \vee \neg q$。即:我们既可以从联言判断的负判断 $\neg(p \wedge q)$ 推出一个选言判断 $\neg p \vee \neg q$;同时,我们也可以从选言判断 $\neg p \vee \neg q$ 推出一个联言判断的负判断 $\neg(p \wedge q)$。

$$\neg(p \wedge q) \equiv \neg p \vee \neg q$$

例如:

① 并非张三既爱好文学,又爱好体育;

所以,张三或者不爱好文学,或者不爱好体育。

(2) 相容选言判断的负判断的等值推理

相容选言判断的负判断的逻辑形式是"并非(p 或者 q)"。其含义是:"p 或者 q"是假的。根据相容选言判断的真值表,当相容选言判断"p 或者 q"为假时,其肢判断 p、q 均假。因此,否定相容选言判断"p 或者 q",就等于肯定"p 和 q 皆假",这种关系可用符号表示为:

$$\neg(p \vee q) \leftrightarrow \neg p \wedge \neg q$$

依据上述等值式,我们就可进行相容选言判断的负判断的等值推理,即我们可以从相容选言判断的负判断 $\neg(p \vee q)$ 等值推出一个联言判断 $\neg p \wedge \neg q$。即:

$$\neg(p \vee q) \equiv \neg p \wedge \neg q$$

例如:

② 并非或者甲队获得冠军,或者乙队获得冠军;

所以,甲队和乙队都没有获得冠军。

(3) 不相容选言判断的负判断的等值推理

不相容选言判断的负判断的逻辑形式是"并非(要么 p,要么 q)"。其含义是:"要么 p,要么 q"是假的。根据不相容选言判断的真值表,当不相容选言判断"要么 p,要么 q"为假时,其肢判断有两种情况:一是 p 真 q 真;二是 p 假 q 假。即是说,只要不相容选言判断为假,则肢判断 p 与 q 同真或同假。因此,否定不相容选言判断"要么 p,要么 q",就等于肯定"或者 p 真并且 q 真,或者 p 假并且 q 假",这种关系可用符号表示为:

$$\neg(p \dot{\vee} q) \leftrightarrow (p \wedge q) \vee (\neg p \wedge \neg q)$$

依据上述等值式,我们就可进行不相容选言判断的负判断的等值推理,即我们可以从不相容选言判断的负判断 $\neg(p \dot{\vee} q)$ 等值推出一个判断 $(p \wedge q) \vee (\neg p \wedge \neg q)$。即:

$$\neg(p \dot\vee q) \equiv (p \wedge q) \vee (\neg p \wedge \neg q)$$

例如：

③ 并非要么张三是法官，要么李四是法官；
  ─────────────────────────────────
  所以，或者张三和李四都是法官，或者张三和李四都不是法官。

由于不相容选言判断为假时，肢判断 p 与 q 同真或同假，这也就说明了 p 与 q 之间实际上是等值关系，这种关系可用符号表示为：

$$\neg(p \dot\vee q) \leftrightarrow (p \leftrightarrow q)$$

由于不相容选言判断的负判断等值于一个等值判断，因此，我们又把 $p \dot\vee q$ 称为反等值判断。

(4) 负判断的负判断的等值推理

负判断的负判断的逻辑形式是"并非（非 p）"。其含义是："非 p"是假的。根据负判断的真值表，当负判断"非 p"为假时，其肢判断 p 为真。因此，否定负判断"非 p"，就等于肯定 p，这种关系可用符号表示为：

$$\neg(\neg p) \leftrightarrow p$$

依据上述等值式，我们就可进行负判断的负判断的等值推理，即我们可以从负判断的负判断 $\neg(\neg p)$ 等值推出一个判断 p。也就是说，双重否定等于肯定。可用公式表示如下：

$$\neg(\neg p) \equiv p$$

例如：

④ 并非不是原稿有错；
  ─────────────────
  所以，原稿有错。

(5) 充分条件假言判断的负判断的等值推理

充分条件假言判断的负判断的逻辑形式是"并非（如果 p，那么 q）"。其含义是："如果 p，那么 q"是假的。根据充分条件假言判断的真值表，当充分条件假言判断"如果 p，那么 q"为假时，其肢判断 p 真而 q 假。因此，否定充分条件假言判断"如果 p，那么 q"，就等于肯定"p 真而 q 假"，这种关系可用符号表示为：

$$\neg(p \rightarrow q) \leftrightarrow p \wedge \neg q$$

依据上述等值式，我们就可进行充分条件假言判断的负判断的等值推理，即我们可以从充分条件假言判断的负判断 $\neg(p \rightarrow q)$ 等值推出一个联言判断 $p \wedge \neg q$。即：

$$\neg(p \rightarrow q) \equiv p \wedge \neg q$$

例如：

⑤ 并非如果王吾有作案时间，他就是作案人；
  ─────────────────────────────────────
  所以，虽然王吾有作案时间，但他不是作案人。

由于 $\neg(p \rightarrow q)$ 与 $p \wedge \neg q$ 相等值，因此，它们的负判断也应该相等值。即：

$$\neg(\neg(p \rightarrow q)) \leftrightarrow \neg(p \wedge \neg q)$$

由负判断的负判断的等值判断，得：

$$\neg(\neg(p \rightarrow q)) \leftrightarrow (p \rightarrow q)$$

由联言判断的负判断的等值判断，得：

¬(p∧¬q)↔(¬p∨q)

依据上述两个等值式,可得:

(p→q)↔(¬p∨q)

公式(p→q)↔(¬p∨q),在数理逻辑中被称为"蕴析律"。利用该公式,我们就可把一个"蕴涵式"转换成一个"析取式";同样,我们也可把一个"析取式"转换成一个"蕴涵式"。

依据上述等值式,我们可进行等值推理。即:

(p→q)≡(¬p∨q)

例如:

⑥ 如果受寒流影响,那么气温就会下降;
　　所以,或者没有受寒流影响,或者气温下降了。

(6) 必要条件假言判断的负判断的等值推理

必要条件假言判断的负判断的逻辑形式是"并非(只有p,才q)"。其含义是:"只有p,才q"是假的。根据必要条件假言判断的真值表,当必要条件假言判断"只有p,才q"为假时,其肢判断p假而q真。因此,否定必要条件假言判断"只有p,才q",就等于肯定"p假而q真"。这种关系可用符号表示为:

¬(p←q)↔¬p∧q

依据上述等值式,我们就可进行必要条件假言判断的负判断的等值推理,即我们可以从必要条件假言判断的负判断¬(p←q)等值推出一个联言判断¬p∧q。即:

¬(p←q)≡¬p∧q

例如:

⑦ 并非只有在一定领域做出了杰出贡献,才是勤奋努力的人;
　　所以,虽然某人未在其领域做出了杰出贡献,但他依然是勤奋努力的人。

由于¬(p←q)与¬p∧q相等值,因此,它们的负判断也应该相等值。即:

¬(¬(p←q))↔¬(¬p∧q)

由负判断的负判断的等值判断,得:

¬(¬(p←q))↔(p←q)

由联言判断的负判断的等值判断,得:

¬(¬p∧q)↔(p∨¬q)

依据上述两个等值式,可得:

(p←q)↔(p∨¬q)

依据上述等值式,我们可进行等值推理。即:

(p←q)≡(p∨¬q)

例如:

⑧ 只有敢于开拓创新,才能开创工作的新局面;
　　所以,或者敢于开拓创新,或者无法开创工作的新局面。

(7) 充分必要条件假言判断的负判断的等值推理

充分必要条件假言判断的负判断的逻辑形式是"并非(p当且仅当q)"。其含义是:"p当且仅当q"是假的。根据充分必要条件假言判断的真值表,当充分必要条件假言判断"p

当且仅当 q"为假时,其肢判断有两种情况:一是 p 真 q 假;二是 p 假 q 真。即是说,只要充分必要条件假言判断为假,则肢判断 p 与 q 一真一假。因此,否定充分必要条件假言判断"p 当且仅当 q",就等于肯定"或者 p 真 q 假,或者 p 假 q 真",这种关系可用符号表示为:

¬(p↔q)↔(p∧¬q)∨(¬p∧q)

依据上述等值式,我们就可进行充分必要条件假言判断的负判断的等值推理,即我们可以从充分必要条件假言判断的负判断 ¬(p↔q) 等值推出一个判断(p∧¬q)∨(¬p∧q)。即:

¬(p↔q)≡(p∧¬q)∨(¬p∧q)

例如:

⑨ 并非当且仅当天下雨,我们才不举办运动会;

所以,虽然天下雨,但我们依然举办运动会;或者虽然天没有下雨,但我们却不举办运动会。

由于充分必要条件假言判断为假时,肢判断 p 与 q 一真一假,这也就说明了 p 与 q 之间实际上是不相容析取关系,这种关系可用符号表示为:

¬(p↔q)↔(p∨̇q)

依据上述等值式,我们就可进行如下的等值推理:

¬(p↔q)≡(p∨̇q)

例如:

⑩ 并非当且仅当小王参加围棋比赛,小李才参加中国象棋比赛;

所以,要么小王参加围棋比赛,要么小李参加中国象棋比赛。

第二节　二难推理

二难推理是假言选言推理的一种。所谓假言选言推理,顾名思义,就是由假言判断和选言判断组合起来为前提而进行推演的复合判断推理。二难推理是假言选言推理中最常见的一种类型,它是由两个充分条件假言判断和一个选言判断为前提所构成的假言选言推理。依此类推,我们把由三个或四个充分条件假言判断和一个含三肢或四肢选言判断为前提所构成的假言选言推理称为"三难推理"、"四难推理"或"多难推理"。

一、二难推理概述

二难推理是以两个充分条件假言判断和一个二肢选言判断的巧妙结合而推出结论,这种推理形式结构非常严谨,逻辑力量极强,因而成为论辩中经常运用的武器。这种推理常用于辩论中。二难推理的特点是:辩论的一方从对方的观点出发提出两种可能,再由这两种可能引申出两种结论,使对方无论选择其中的哪一种,结果都会使自己进退维谷,陷入左右为难的境地。

如下面这个故事:

从前,有一个国王,生了一个非常漂亮的女儿,求婚的人很多。国王便提出条件:如果有人能说出三件从来没有人说过也从来没有人听过的非常奇异的谎话,便可以把女儿许配给他。求婚的人很多,但都失败了。有位穷秀才也去求婚,向国王和群臣们一连说了两件谎话,是谁也没有听过和说过的。国王不想她的女儿嫁给一个穷秀才,便与群臣商议说:"明天不管他说什么,都说他说的是真话,不是谎话。"第二天,秀才说:"我父亲也是个国王,后得重病,因我小不能继位,就把国王让给了你,并嘱托等我长大成人之后,还我王位,并解决婚姻大事。"国王听后,进退两难,如果承认他说的是谎话,就应根据诺言,把女儿许配给他;如果承认他说的是真话,就得把王位让给他。结果,国王急白了头发,也没有找到办法解决这个难题。

在日常生活中我们也经常会碰到进退两难的事。元朝时有个文人姚燧,写了一首名为《凭栏人·寄征衣》的曲子。曲云:

欲寄君衣君不还,

不寄君衣君又寒;

寄与不寄间,

妾身千万难。

这首曲子描绘了一个年轻妻子的心理活动:想给丈夫寄去征衣,担心他得到后反而迟迟不归;如果不寄去征衣,又担心丈夫挨冻受寒。于是,在"寄与不寄间",她感到左右为难。

二、二难推理的种类

根据二难推理的结论是直言判断(或直言判断的负判断),还是选言判断,可以把二难推理分为简单式和复杂式两种。当各假言前提的后件相同或者是前件相同时,这种二难推理的结论肯定是直言判断(或直言判断的负判断),而如果结论是直言判断(或直言判断的负判断),那么这种二难推理就是"简单式";当各假言前提的前件既不相同后件也不相同时,这种二难推理的结论肯定是选言判断,而如果结论是选言判断,那么这种二难推理就是"复杂式"。

根据选言前提的选言肢是肯定充分条件假言前提的前件,还是否定充分条件假言前提的后件,可以把假言选言推理分为肯定式(构成式)和否定式(破坏式)两种。如果选言前提的选言肢是肯定充分条件假言前提的前件,那么这种二难推理就称为"肯定式";如果选言前提的选言肢是否定充分条件假言前提的后件,那么这种二难推理就称为"否定式"。

结合这两种分类,二难推理可以分为简单构成式、简单破坏式、复杂构成式、复杂破坏式4种形式。

1. 简单构成式

二难推理的简单肯定式是通过肯定两个充分条件假言判断不同的前件,结论肯定其相同后件的一种推理形式。

这种推理形式的特点是:

(1) 前提中两个假言判断的前件不同,后件相同。

(2) 前提中选言判断的两个选言肢分别肯定两个假言判断的前件。

(3) 结论肯定前提中两个假言判断的共同的后件,它是一个直言判断。

其逻辑结构式为:

如果 p,那么 r;

如果 q,那么 r;
p 或者 q;
————————
所以,r。

即:

p→r
q→r
p∨q
————
∴r

用符号可表示为:

(p→r)∧(q→r)∧(p∨q) ⊢ r

例如:

① 古希腊神学家宣扬"上帝是全能的"等观点,有位无神论者在辩论时提出这样一个问题:"上帝能不能创造一块连他自己都举不起来的石头?"这个问题中实际上就包含着一个二难推理的简单肯定式:

如果上帝能创造一块连他自己都举不起来的石头,那么,上帝不是万能的(因为有一块石头他举不起来);

如果上帝不能创造一块连他自己都举不起来的石头,那么,上帝也不是万能的(因为有一块石头他不能创造);

上帝或者能创造,或者不能创造这样一块石头;
————————————————————
总之,上帝不是全能的。

该推理的推理形式可表示如下:

(p→q)∧(¬p→q)∧(p∨¬p) ⊢ q

2. 简单破坏式

二难推理的简单否定式是通过否定两个充分条件假言判断不同的后件,结论否定其相同前件的一种推理形式。这种推理形式的特点是:

(1) 前提中两个假言判断的前件相同,后件不同。

(2) 前提中选言判断的两个选言肢分别否定两个假言判断的后件。

(3) 结论否定前提中两个假言判断的共同的前件,它是一个直言判断的负判断。

其逻辑结构式为:

如果 p,那么 q;
如果 p,那么 r;
非 q 或者非 r;
——————————
所以,非 p。

即:

p→q
p→r
¬q∨¬r
————
∴¬p

用符号可表示为：
$$(p\rightarrow q)\wedge(p\rightarrow r)\wedge(\neg q\vee\neg r)\vdash\neg p$$

例如：

② 如果甲是案犯，那么他有作案时间；
如果甲是案犯，那么他有作案企图；
甲或者没有作案时间，或者没有作案企图；
─────────────────────
所以，甲不是案犯。

3. 复杂肯定式

二难推理的复杂肯定式是通过肯定两个充分条件假言判断不同的前件，结论肯定其不同后件的一种推理形式。

这种推理形式的特点是：

(1) 前提中两个假言判断的前后件均不同。
(2) 前提中选言判断的两个选言肢分别肯定两个假言判断的前件。
(3) 结论是一个选言判断，它的两个选言肢分别肯定前提中两个假言判断的后件。

其逻辑结构式为：

如果 p，那么 r；
如果 q，那么 s；
p 或者 q；
─────────────
所以，r 或者 s。

即：

$p\rightarrow r$
$q\rightarrow s$
$p\vee q$
─────
$\therefore r\vee s$

用符号可表示为：
$$(p\rightarrow r)\wedge(q\rightarrow s)\wedge(p\vee q)\vdash r\vee s$$

例如：

③ 据说古时一楚人有盾和矛，楚人称："吾盾之坚，物莫能陷也。"又誉其矛："吾矛之利，于物无不陷也。"或人曰："以子之矛，陷子之盾，何如？"楚人弗能应也。

楚人的提问暗含如下的二难推理：

如果你的矛能刺破你的盾，则你的盾不坚；
如果你的矛不能刺破你的盾，则你的矛不利；
你的矛或者能刺破你的盾，或者不能刺破你的盾；
─────────────────────────
所以，你的盾不坚或者你的矛不利。

该推理的推理形式可表示如下：
$$(p\rightarrow r)\wedge(q\rightarrow s)\wedge(p\vee q)\vdash r\vee s$$

4. 复杂否定式

二难推理的复杂否定式是通过否定两个充分条件假言判断不同的后件，结论否定其不同的前件的一种推理形式。这种推理形式的特点是：

(1) 前提中两个假言判断的前后件均不同。

(2) 前提中选言判断的两个选言肢分别否定两个假言判断的后件。

(3) 结论是一个选言判断，它的两个选言肢分别否定前提中的两个假言判断的前件。

其逻辑结构式为：

  如果 p，那么 r；

  如果 q，那么 s；

  非 r 或者非 s；
  ——————————
  所以，非 p 或者非 q。

即：

  $p \rightarrow r$

  $q \rightarrow s$

  $\neg r \vee \neg s$
  ——————————
  $\therefore \neg p \vee \neg q$

用符号可表示为：

  $(p \rightarrow r) \wedge (q \rightarrow s) \wedge (\neg r \vee \neg s) \vdash \neg p \vee \neg q$

例如：

④ 如果某人的行为构成盗窃罪，那么应具有盗窃罪的特征；

  如果某人的行为构成抢劫罪，那么应具有抢劫罪的特征；

  某人的行为或者不具有盗窃罪特征，或者不具有抢劫罪特征；
  ——————————
  所以，某人的行为或者不构成盗窃罪；或者不构成抢劫罪。

三、破斥二难推理的方法

二难推理由于它的特殊的形式结构而成为论辩中强有力的武器，但不可否认的是，人们在运用二难推理时有时可能犯错，甚至有人故意利用错误的二难推理作为诡辩的工具，所以，我们必须要学会破斥错误的二难推理的方法。对于一个错误的二难推理，我们可以从形式不正确或前提不真实两个方面来加以驳斥。如果一个二难推理的形式不正确，那么，我们可以根据假言推理与选言推理的规则指出它的错误；如果一个二难推理的前提是虚假的，我们可以直接指出它的假言或选言前提不成立。

在实际论辩中，破斥错误的二难推理的方法通常有三种：

1. 指出该二难推理的推理形式无效

二难推理主要由充分条件假言判断和选言判断构成，因此，它们必须要遵守充分条件假言推理和选言推理的相关规则。二难推理的肯定式，主要通过充分条件假言推理的肯定前件就要肯定后件的规则；二难推理的否定式，主要通过充分条件假言推理的否定后件就要否定前件的规则。如果相反，在二难推理中由肯定后件推出肯定前件的结论，或者由否定前件推出否定后件的结论，那就是错误的二难推理。

例如：

① 如果某甲贪污数额巨大，那么某甲构成犯罪；

如果某甲受贿数额巨大,那么某甲也构成犯罪;
某甲或者贪污数额不大,或者受贿数额不大;
────────────────────────
所以,某甲不构成犯罪。(?)

这个推理的错误在于推理形式。可以用揭露推理形式违反规则的方法加以破斥,指出它违反了充分条件假言推理"否定前件不能否定后件"的规则。

2. 指出对方推理的前提虚假

二难推理的前提虚假有两种情况:

(1) 前提中的假言判断不是正确的充分条件假言判断,即前后件之间不具有必然联系。

例如:

② 如果从经验出发,就会犯经验主义的错误;
如果从书本出发,又会犯本本主义的错误;
或者从经验出发,或者从本本出发;
────────────────────────
所以,或者犯经验主义的错误,或者犯本本主义的错误。(?)

这个二难推理之所以是错误的,是因为前提中的两个假言判断的前后件之间不具有充分条件关系,假言前提虚假。

(2) 前提中选言判断的选言肢没有穷尽所有可能的情况。

例如:

③ 古希腊的诡辩论者曾经设计了这样一个难题,他们向一个人提出这样一个问题:"你是否已经停止殴打你的父亲了?"

问题的设计者认为,无论你回答"是"或"否",都会遇到难题。其推理过程如下:

如果你回答"是",那就是说你过去打过父亲;
如果你回答"否",那就是说你现在还在打你父亲;
你或者回答"是",或者回答"否";
────────────────────────
所以,你或者过去打过父亲,或者现在还在打你父亲。(?)

这个二难推理之所以是错误的,是因为上述问话是一个"复杂问语",这种问语中预设着一个未必为其他人所接受的其他判断。对于这种问话,可以用寻找另外可能(即另外的选言肢)的办法来回答。

3. 仿照原二难推理的形式结构构造一个结论相反的二难推理

在实际辩论过程中,为了增强驳斥力,达到"以彼之道,还施彼身"的目的,人们常常又采用仿照原二难推理的形式来构造一个结论相反的二难推理的方法,从而有力地驳斥对方,在辩论中取胜。相传历史上曾经有过一个著名的"半费之讼"的例子。

④ 古希腊有一个人叫欧提勒士,他向当时著名的辩者普罗泰戈拉学法律。两人订有合同:在毕业时欧氏付普氏一半学费;另一半学费等到欧氏第一次出庭打赢官司时付清。但欧氏毕业后并不出庭打官司,普氏等得不耐烦,就向法庭提出诉讼,并提出以下二难推理:

如果欧氏这次官司打胜,那么按照合同,他应付清我另一半学费;
如果欧氏这次官司打败,那么按照法庭裁决,他也应付清我另一半学费;

欧氏这次官司或打胜或打败；

总之,他都应付清我另一半学费。(?)

针对老师的二难推理,欧氏构造了一个相反的二难推理来回敬：

如果我这次官司打胜,那么按照法庭裁决,我不应付清普氏另一半学费；

如果我这次官司打败,那么按照合同,我也不应付清普氏另一半学费；

我这次官司或打胜或打败；

总之,我都不应付清普氏另一半学费。(?)

从上述例子可以看出,构造出来的相反的二难推理虽然能达到破斥原二难推理的目的,但它本身的结论却不一定就是真的。在有名的"半费之讼"中,师生二人的二难推理都各有一个错误的假言判断前提。师生二人二难推理的错误根源在于双方采用了两个不同的标准,一个是合同,一个是法庭裁决,各执一端,采取各取所需的标准,因而都得出片面的结论。

第三节 其他复合判断推理

复合判断的推理,除上面介绍过的联言、选言、假言、负判断、二难推理等基本推理形式外,在日常生活中比较常见的还有假言易位推理、假言连锁推理、归谬推理等。

一、假言易位推理

假言易位推理就是以假言判断为前提,根据假言判断的逻辑性质,通过变换前提中前、后件位置,推出一个假言判断作结论的推理。假言易位推理可分为如下3类：

1. 充分条件假言易位推理

充分条件假言易位推理就是前提为充分条件假言判断的假言易位推理。根据假言判断间的相互转换关系,"p→q"等值于"q←p","p→q"等值于"¬q→¬p",据此,我们可得出如下两个有效推理式：

(1) 如果 p,那么 q;

所以,只有 q,才 p。

用符号可表示为：

$(p \to q) \vdash (q \leftarrow p)$

例如：

① 如果某人得了肺炎,那么他一定发烧；

所以,只有某人发烧,他才会得了肺炎。

它是根据前面我们所讲的两种条件之间互逆关系来推导的。

(2) 如果 p,那么 q;

所以,如果非 q,那么非 p。

用符号可表示为：

$(p \to q) \vdash (\neg q \to \neg p)$

例如：

②　如果停电了,那么电灯一定不会亮;
所以,如果电灯亮了,那么一定没有停电。

2. 必要条件假言易位推理

必要条件假言易位推理就是前提为必要条件假言判断的假言易位推理。根据假言判断间的相互转换关系,"p←q"等值于"q→p","p←q"等值于"￢p→￢q",据此,我们可得出如下两个有效推理式：

(1) 只有 p,才 q;
所以,如果 q,那么 p。

用符号表示可为：

$(p \leftarrow q) \vdash (q \rightarrow p)$

例如：

③　只有 O 型血的人,才是万能输血者;
所以,如果是万能输血者,那么一定是 O 型血。

(2) 只有 p,才 q;
所以,如果非 p,那么非 q。

用符号可表示为：

$(p \leftarrow q) \vdash (\neg p \rightarrow \neg q)$

例如：

④　只有努力学习,才能取得好成绩;
所以,如果不努力学习,那么一定不能取得好成绩。

3. 充分必要条件假言易位推理

充分必要条件假言易位推理就是前提为充分必要条件假言判断的假言易位推理。根据假言判断间的相互转换关系,"p↔q"等值于"q↔p",据此,我们可得出如下的有效推理式：

当且仅当 p,才 q;
所以,当且仅当 q,才 p。

用符号可表示为：

$(p \leftrightarrow q) \vdash (q \leftrightarrow p)$

例如：

⑤　当且仅当某人触犯了刑律,则受到刑罚处罚;
所以,当且仅当某人受到刑罚处罚,则某人触犯了刑律。

二、假言连锁推理

假言连锁推理又叫纯假言推理,它是根据假言判断的逻辑性质,以两个或两个以上假言判断为前提推出一个假言判断为结论的推理。这种推理式的特点是:在前提中,后一个假言判断的前件和前一个假言判断的后件相同,从而形成几个假言判断首尾相衔、环环相扣的格局,故称作假言连锁推理。这种推理的合理性主要是建立在条件关系的传递性的基础上的。

假言连锁推理根据假言前提的不同可分为充分条件假言连锁推理、必要条件假言连锁推理、充分必要条件假言连锁推理和混合条件假言连锁推理4种。

1. 充分条件假言连锁推理

充分条件假言连锁推理就是以充分条件假言判断为前提,并根据充分条件假言判断的前件和后件之间的关系进行推演的假言连锁推理。其有效推理形式有两类:肯定式与否定式。

（1）肯定式

如果 p,那么 q;
如果 q,那么 r;
———————
所以,如果 p,那么 r。

用符号可表示为:

$(p \rightarrow q) \land (q \rightarrow r) \vdash (p \rightarrow r)$

例如:

① 如果马克思主义害怕批评,那么马克思主义就不是真理;
　 如果马克思主义不是真理,那么就没有强大的生命力;
———————
　 所以,如果马克思主义害怕批评,那么就没有强大的生命力。

（2）否定式

如果 p,那么 q;
如果 q,那么 r;
———————
所以,如果非 r,那么非 p。

用符号可表示为:

$(p \rightarrow q) \land (q \rightarrow r) \vdash (\neg r \rightarrow \neg p)$

例如:

② 如果大量砍伐森林,那么植被就会遭破坏;
　 如果植被遭破坏,那么就会引起水土流失;
———————
　 所以,如果不想水土流失,那么就不要大量砍伐森林。

2. 必要条件假言连锁推理

必要条件假言连锁推理就是以必要条件假言判断为前提,并根据必要条件假言判断的前件和后件之间的关系进行推演的假言连锁推理。其有效推理形式有两类:肯定式与否定式。

（1）肯定式

只有 p,才 q;
只有 q,才 r;
———————
所以,如果 r,那么 p。

用符号可表示为:

$(p \leftarrow q) \wedge (q \leftarrow r) \vdash (r \rightarrow p)$

例如：

③ 只有刻苦学习,才能掌握先进的科学文化知识；

只有掌握先进的科学文化知识,才能更好地为人民服务；

所以,如果要更好地为人民服务,那么就要刻苦学习。

(2) 否定式

只有 p,才 q；

只有 q,才 r；

所以,如果非 p,那么非 r。

用符号可表示为：

$(p \leftarrow q) \wedge (q \leftarrow r) \vdash (\neg p \rightarrow \neg r)$

例如：

④ 只有年满 18 周岁,才有选举权；

只有有选举权,才能参加选举；

所以,如果没有年满 18 周岁,那么就不能参加选举。

3. 充分必要条件假言连锁推理

充分必要条件假言连锁推理就是以充分必要条件假言判断为前提,并根据充分必要条件假言判断的前件和后件之间的关系进行推演的假言连锁推理。常见的推理式为：

$(p \leftrightarrow q) \wedge (q \leftrightarrow r) \vdash (p \leftrightarrow r)$

例如：

⑤ 当且仅当一个三角形是等边三角形,则这个三角形是等角三角形；

当且仅当一个三角形是等角三角形,则这个三角形每个角的平分线垂直于这个角相对的边；

所以,当且仅当一个三角形是等边三角形,则这个三角形每个角的平分线垂直于这个角相对的边。

4. 混合条件假言连锁推理

混合条件假言连锁推理就是以几种不同条件的假言判断为前提的假言连锁推理。常见的推理式有两种：

(1) 一个前提是充分必要条件假言判断,另一个前提是充分条件假言判断,结论是充分条件假言判断。其推理形式为：

$(p \leftrightarrow q) \wedge (q \rightarrow r) \vdash (p \rightarrow r)$

例如：

当且仅当月球运行于太阳与地球之间,且三者成一条直线,才会发生日蚀现象；

如果发生了日蚀现象,那么我们在地球上就会观测到日蚀现象；

所以,如果月球运行于太阳和地球之间,且三者成一条直线,那么我们在地球上就会观测到日蚀现象。

(2) 一个前提是充分必要条件假言判断，另一个前提是必要条件假言判断，结论是必要条件假言判断。其推理形式为：

$$(p \leftrightarrow q) \land (q \leftarrow r) \vdash (p \leftarrow r)$$

例如：

当且仅当一个数是偶数，则它能被 2 整除；
一个数只有能被 2 整除，它才能被 4 整除；
────────────
所以，只有一个数是偶数，它才能被 4 整除。

三、归谬推理

归谬推理是指由于一个判断蕴含逻辑矛盾，从而推出该判断为假的推理。其形式为：

如果 p，那么 q；
如果 p，那么非 q；
────────
所以，非 p。

用符号可表示为：

$$(p \rightarrow q) \land (p \rightarrow \neg q) \vdash \neg p$$

这种推理形式在证明和反驳中经常运用。例如，古希腊的亚里士多德认为，物体下落速度与重量成正比，即物体重量越大，下降速度也就越快。这一说法历经 1 800 多年被物理学界公认为真理。但伽利略却认为这一理论不成立。他指出，假设有两个大小不同的物体（比如铁球）A 与 B，并且 A 重于 B。现在假定我们把 A 与 B 捆在一起，那么捆在一起的铁球应当以什么速度下落呢？一方面，这个速度应当比大球 A 的下落速度快，因为 A＋B 的重量要比单独一个大球的重量大；另一方面，这个速度应当比大球 A 的下落速度要慢，因为 A 的速度快，B 的速度慢，速度慢的 B 加在速度快的 A 上，会减低 A 的速度，快速度和慢速度合在一起，只能是中速，中速显然小于大铁球的下落速度。这样，利用归谬推理，就可得出原先的观点不成立。其推理过程如下：

如果物体下落速度与重量成正比，那么两个铁球 A＋B 捆在一起的速度比单独一个大球的速度快；
如果物体下落速度与重量成正比，那么两个铁球 A＋B 捆在一起的速度比单独一个大球的速度慢；
────────
所以，并非物体下落速度与重量成正比。

四、反三段论

反三段论是指如果两个前提能推出一个结论，那么，如果结论不成立且其中一个前提成立，则另一个前提不成立。

反三段论形式是：

如果 p 且 q 则 r，
────────
所以，如果非 r 且 p 则非 p。

或

如果 p 且 q 则 r,
────────────────
所以,如果非 r 且 q 则非 p。

例如:如果所有的哺乳动物都不会飞,并且蝙蝠是哺乳动物,则蝙蝠不会飞。从这个前提出发,需加上"蝙蝠会飞,但蝙蝠是哺乳动物",能逻辑地推出"有些哺乳动物会飞"。

其推理过程如下:

如果所有的哺乳动物都不会飞并且蝙蝠是哺乳动物,则蝙蝠不会飞,
──
所以,如果并非蝙蝠不会飞并且蝙蝠是哺乳动物,则并非所有的哺乳动物都不会飞。

对上述结论加以整理,即"蝙蝠会飞,但蝙蝠是哺乳动物,则有些哺乳动物会飞"。

第四节　真值表方法及其判定作用

真值表是能显示一个复合判断在它的肢判断的各种真假组合下所取真值的图表。真值表有两种,一种可称为基本真值表,具有定义作用,它可以定义各种复合判断中任一真值联结词的逻辑性质。前面介绍的联言判断、选言判断、假言判断等复合判断的真值表,就是基本真值表,可对这些复合判断的逻辑联结词的性质起到一种定义作用。如联言判断的真值表,就对合取词"∧"的逻辑性质起到了定义作用。另一种为导出真值表,具有判定作用。通过它,我们就可以判定各种复合判断形式上的真假关系,判定任一复合判断推理形式结构是否有效。本节中,我们主要介绍真值表的判定作用。

一、判定若干复合判断之间的相互关系

两个复合判断之间的相互关系主要有等值、矛盾、反对、差等、下反对等关系,利用真值表,我们就可以判定若干复合判断之间的相互关系。

1. **判定若干复合判断之间是否等值**

当两个复合判断的真假情况完全相同时,两个复合判断就是等值的。换句话说,两个复合判断等值,当且仅当两个复合判断在任何情况下都是同真或同假。当两个复合判断的真假情况不完全相同时,两个复合判断就是不等值的。利用真值表,我们就可以判定两个复合判断之间是否具有等值关系。

其步骤为:

(1) 列出被判定公式的变项的真假情况的各种组合。当有 2 个变项时,真值表中变项的真假情况共有 4 种组合;当有 3 个变项时,真值表中变项的真假情况共有 8 种组合;当有 n 个变项时,真值表中变项的真假情况共有 2^n 种组合。

(2) 根据相关被判定公式的结构关系,分别分解这些公式为各个组成部分(子公式、次子公式、次次子公式等),由简单到复杂依次地列出这些组成部分。

(3) 根据相关被判定公式的取值情况,判定它们是否等值。

例如:判定公式 ¬p→q 与 p∨q 之间是否等值:

p	q	¬p	¬p→q	p∨q	(¬p→q)↔(p∨q)
T	T	F	T	T	T
T	F	F	T	T	T
F	T	T	T	T	T
F	F	T	F	F	T

由真值表最后一行可以看出，¬p→q 与 p∨q 之间具有等值关系。

2. 复合判断之间对当关系的判定

原始肢判断相同的一定形式的联言判断、选言判断等复合判断之间，在真假值方面也存在着相互制约的关系——对当关系。利用真值表，我们就可以判定若干复合判断之间具有怎样的对当关系。

当两个复合判断的真假情况完全相反时，这两个复合判断之间就具有矛盾关系。换句话说，两个复合判断具有矛盾关系，当且仅当两个复合判断在任何情况下都是一真一假，如 p∧q 与 ¬p∨¬q 之间，¬p∧¬q 与 p∨q 之间。当两个复合判断之间不可同真，可以同假时，则它们之间具有反对关系，如 p∧q 与 ¬p∧¬q 之间。当两个复合判断之间不可同假、可以同真时，则它们之间具有下反对关系，如 p∨q 与 ¬p∨¬q 之间。当两个复合判断 A 与 B 之间，当 A 判断真时，B 判断必真；当 A 判断假时，B 判断真假不定；当 B 判断假时，A 判断必假；当 B 判断真时，A 判断真假不定，则 A 与 B 之间具有差等关系，如 p∧q 与 p∨q 之间，¬p∧¬q 与 ¬p∨¬q 之间。

上述各判断之间的对当关系从下面的真值表中可以看出：

p	q	¬p	¬q	p∧q	¬p∧¬q	p∨q	¬p∨¬q
T	T	F	F	T	F	T	F
T	F	F	T	F	F	T	T
F	T	T	F	F	F	T	T
F	F	T	T	F	T	F	T

如 p∧q 与 ¬p∧¬q 之间，当 p∧q 为真时（真值表第一行），¬p∧¬q 则为假；当 ¬p∧¬q 为真时（真值表第四行），p∧q 则为假；当 p∧q 为假时（真值表第二、三、四行），¬p∧¬q 则可真可假（第二、三行为假，第四行为真）；当 ¬p∧¬q 为假时（真值表第一、二、三行），p∧q 则可真可假（第一行为真，第二、三行为假）。因此，p∧q 与 ¬p∧¬q 之间反对关系成立。同样，我们可判定其他几个判断之间的矛盾关系、差等关系、下反对关系成立。

二、判定各种复合判断形式的逻辑值

一个复合判断形式的真假在它的肢判断的各种不同取值情况下有三种类型：永真的、永假的和时真时假的。与此相对应，复合判断形式可分为三类：永真式、永假式和可满足式。

永真式，又称为重言式，它是指这样一类复合判断形式：无论组成复合判断的肢判断的真假情况如何，该复合判断的取值总是真的。

例如：p∨¬p 就是一个永真式，无论 p 取值真或假，p∨¬p 永远为真。

永假式，又称为矛盾式，它是指这样一类复合判断形式：无论组成复合判断的肢判断的真假情况如何，该复合判断的取值总是假的。

例如：p∧¬p 就是一个永假式，无论 p 取值真或假，p∨¬p 永远为假。

可满足式，又称为适真式或协调式，它是指这样一类复合判断形式：在组成复合判断的肢判断的不同真假组合下，该复合判断的取值有时真有时假。

例如：p→q 就是一个可满足式，当 p 取值真而 q 取值为假时，p→q 为假；而在其他几种取值情况下，p→q 为真。

在上述三类不同的复合判断形式中，重言式（永真式）具有特别重要的意义。现代判断逻辑中的一切正确的推理形式都表现为重言式。通过真值表，我们找到了一种能行的机械方法去判定任一判断公式是否为重言式。所谓能行的机械方法是指每一步都按照某种事先给出的明确规定了的规则并且在有穷步骤内能够完成的方法。

例如：① 用真值表方法判定公式 (p→q)→(¬p→¬q) 是重言式、矛盾式还是可满足式。

p	q	¬p	¬q	p→q	¬p→¬q	(p→q)→(¬p→¬q)
T	T	F	F	T	T	T
T	F	F	T	F	T	T
F	T	T	F	T	F	F
F	F	T	T	T	T	T

由表中最后一列可以看出，在公式 (p→q)→(¬p→¬q) 上有真有假，从而可以断定该公式是可满足式。

例如：② 用真值表方法判定公式 (p→q)↔(¬p∨q) 是否为永真式。

p	q	¬p	p→q	¬p∨q	(p→q)↔(¬p∨q)
T	T	F	T	T	T
T	F	F	F	F	T
F	T	T	T	T	T
F	F	T	T	T	T

由表中最后一列可以看出，在公式 (p→q)↔(¬p∨q) 上均为真，从而可以断定该公式为永真式。

利用真值表方法，不仅可以判定任一判断公式的逻辑值，而且可以判定任一复合判断推理结构是否有效。A⊢B 为普遍有效推理式，当且仅当 A→B 为永真蕴涵式。因此，在重言式中，重言蕴涵式和重言等值式尤为重要。凡是正确的推理式均可表现为重言蕴涵式和重言等值式；同时，绝大多数常用的重言式是重言蕴涵式和重言等值式。

例如：③ 用真值表方法判定下列推理是否有效。

某盗窃案件是甲或乙所为。如果是乙作的案，那么他一定有作案时间。经进一步调查核实，乙没有作案时间。所以，甲是本案件的作案人。

解：令 p 表示甲作案，q 表示乙作案，r 表示乙有作案时间，则上述推理式可表示如下：

$$(p\lor q)\land(q\to r)\land\neg r\vdash p$$

如果 $(p\lor q)\land(q\to r)\land\neg r\vdash p$ 为有效推理式，则 $(p\lor q)\land(q\to r)\land\neg r\to p$ 必为永真蕴涵式，我们可用真值表加以判定：

p	q	r	¬r	p∨q	q→r	(p∨q)∧(q→r)∧¬r	(p∨q)∧(q→r)∧¬r→p
T	T	T	F	T	T	F	T
T	T	F	T	T	F	F	T
T	F	T	F	T	T	F	T
T	F	F	T	T	T	T	T
F	T	T	F	T	T	F	T
F	T	F	T	T	F	F	T
F	F	T	F	F	T	F	T
F	F	F	T	F	T	F	T

从真值表最后一列可以看出，上述公式为永真蕴涵式，因此，上述推理为正确推理式。

三、归谬赋值法

从理论上说，任一复合判断公式，因为它包含的判断变项总是有限的，因此，都能用真值表方法加以判定。但一个不容回避的问题是，随着判断变项的增加，真值表的行数将大量增加。比如，例③中由于包括了三个判断变项，它的真值表就有 8 行。如果有四个判断变项，真值表就有 16 行之多，这样，制作起来就十分烦琐。因此，人们在真值表方法的基础上提出了简化的真值表方法，亦称归谬赋值法。归谬赋值法是判定一个蕴涵式是否为永真式的非常有用的方法。

归谬赋值法所依据的主要是归谬原则，即：要证明 A 成立，先假设 A 不成立，即假设"非 A"成立，如果从"非 A"可导出 p∧¬p 形式的逻辑矛盾，那么由此说明原有假设不成立，即"非 A"不成立，由此原判断 A 成立得证。

归谬赋值法的一般步骤是：

(1) 假定被判定的判断公式是假的，在公式的主联结词下面标上表示假值的符号，如"F"。

(2) 从这一假定出发，根据各个真值联结词的真值表，依次对公式中的各部分公式赋以相应的真值，直到所有的变项都被赋以确定的真值为止。

(3) 检查赋值过程中是否出现矛盾，如果其中有一个变项既被赋以真又被赋以假，即出现了 p∧¬p 形式的逻辑矛盾，则证明被判定的公式不可能为假，只能为真。也就是说，它是一个重言式。反之，如果赋值过程中没有出现 p∧¬p 形式的逻辑矛盾，这就表明原假设成立，即被判定公式至少存在着一种赋值，使得被判定公式为假，因此，该公式不是重言式。

例如：④ 用归谬赋值法判定公式 (p→q)→(¬q→¬p) 是否为重言式。

要判定 (p→q)→(¬q→¬p) 为重言式，则要求证明此公式的前件"p→q"真而后件"¬q→¬p"为假是不可能的。为此，可赋值如下：

解：

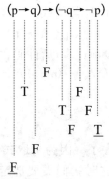

其中变项 p 的赋值出现既真又假的逻辑矛盾，故该式为重言式。

例如：⑤ 用归谬赋值法判定公式 (p→q)∧q→p 是否为重言式。

解：

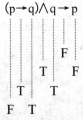

给该式归谬赋值的结果未出现逻辑矛盾，故该式不是重言式。

例如：⑥ 用归谬赋值法判定公式 (p→q)↔¬p∨q 是否为重言式。

这是一个等值式。用归谬赋值法判定等值式时，则可以根据等值规则，将等值式化为两个蕴涵式，然后分别判定两个蕴涵式是否都是重言式。如果两个蕴涵式都是重言式，则原等值式就是重言式；只要有一个蕴涵式不为重言式，则原等值式就不为重言式。因此，证明过程需要分两步来进行。

解：(1)

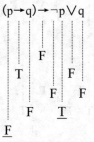

其中变项 p 的赋值出现既真又假的逻辑矛盾，故 (1) 式为重言式。

(2)

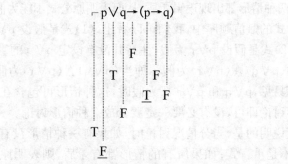

其中变项 p 的赋值出现既真又假的逻辑矛盾，故 (2) 式为重言式。

由于(1)、(2)式皆为重言式,因此,原等值式为重言式。

例如:⑦ 用归谬赋值法判定公式 p∨(q∧r)→(p∨q)∧(p∨r)是否为重言式。

解:归谬赋值的第一步:首先假设前件真,后件假。即:

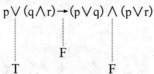

但做完这一步似乎就进行不下去了。因为析取式 p∨(q∧r)为真和合取式(p∨q)∧(p∨r)为假的情形都不是唯一的。这时我们需要选定其中的一个部分(比如可选择后件(p∨q)∧(p∨r)为假)来分情况讨论。合取式(p∨q)∧(p∨r)为假,则意味着两个联言肢必有一个为假,因此我们可分两种情形进行讨论,即 p∨q 为假和 p∨r 为假两种情形。于是得到:

(1)
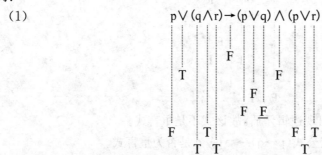

从(1)式中可以看出,当假设 p∨q 为假时,则会出现变项 q 的赋值既真又假的逻辑矛盾。

(2)
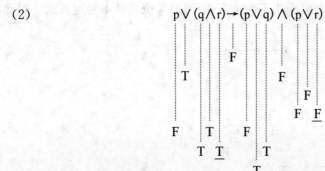

从(2)式中可以看出,当假设 p∨r 为假时,则会出现变项 r 的赋值既真又假的逻辑矛盾。由于(1)式和(2)式两种情形都出现逻辑矛盾,从而表明原公式不能为假,因而它是重言式。

从(1)式和(2)式的赋值顺序中,我们可以看出,(1)式是假设 p∨q 为假(注意并没有设定 p∨r 的真值);(2)式是假设 p∨r 为假(注意并没有设定 p∨q 的真值)。两种假设都足以保证我们所要求的(p∨q)∧(p∨r)为假。即当(p∨q)∧(p∨r)为假时,p∨q 和 p∨r 至少有一个为假。显而易见,p∨q 和 p∨r 都为假时,这种情形可包含在上述任一种情形中,因而我们分 2 种情形讨论即可,没有必要一定要分成 3 种情形讨论。

另外一点需要说明的是,当分情况讨论时,如果有一种情形没有矛盾,则表明原公式是可以为假的,因而不是重言式;如果所有的情形都有矛盾,则表明原公式不能为假,因而是重言式。当公式比较复杂时,有可能出现多次分情况的现象,请注意不要有所遗漏。

关键术语提要

负判断是由否定一个判断而形成的一个复合判断。负判断可分为简单判断的负判断和复合判断的负判断两类。

负判断的等值推理是依据简单或复合判断的负判断的等值判断,进行的负判断的等值推理。

二难推理是假言选言推理的一种,就是由假言判断和选言判断组合起来为前提而进行推演的复合判断推理。

假言易位推理就是以假言判断为前提,根据假言判断的逻辑性质,通过变换前提中前、后件位置,推出一个假言判断作结论的推理。

假言连锁推理又叫纯假言推理,它是根据假言判断的逻辑性质,以两个或两个以上假言判断为前提推出一个假言判断为结论的推理。

反三段论是指如果两个前提能推出一个结论,那么,如果结论不成立且其中一个前提成立,则另一个前提不成立。

归谬式推理是指如果从一个判断出发能推出自相矛盾的结论,则这个判断肯定不成立。

进一步阅读指南

1. 宋文坚. 逻辑学. 北京:人民出版社,1999
2. 张清宇,郭世铭,李小五. 哲学逻辑研究. 北京:社会科学文献出版社,1997
3. 苏佩斯. 逻辑导论. 宋文淦译. 北京:中国社会科学出版社,1994
4. 苏越等. 思路·逻辑·创造方法. 北京:中央广播电视大学出版社,1992
5. 王宪钧. 数理逻辑引论. 北京:北京大学出版社,1992
6. 杜国平. 普通逻辑. 北京:高等教育出版社,2010

问题与思考

1. 什么是负判断?负判断有哪些类型?如何进行负判断的等值推理?
2. 什么是二难推理?二难推理有哪些推理形式?如何破斥错误的二难推理?
3. 什么是假言易位推理?假言易位推理有哪些类型?
4. 什么是假言连锁推理?在混合假言连锁推理中应该注意什么?
5. 如何区别反三段论与归谬式推理?

练习题

一、指出与下列负判断相等值的判断,并写出等值公式。

1. 并非推理都是必然性推理。

2. 认为有的正确思想是头脑里固有的看法是错误的。
3. 周聪同学并不是琴棋书画样样都会。
4. 并非植物生长不良,不是由于缺水,就是由于缺肥。
5. 并非只要努力奋斗,就能获得成功。
6. 并非只要并且只有交通工具的时速超过 60 公里,就能在高速公路上行驶。

二、下列判断哪些是等值的,哪些是不等值的?
1. 凡坦白者会从宽处理。
2. 没有坦白者不从宽处理。
3. 没有一个坦白者不从宽处理。
4. 不是说没有坦白者不从宽处理。
5. 有的没有坦白者从宽处理。
6. 不是说有的坦白者不从宽处理。

三、下列各组判断是否等值?试用真值表判定之。
1. 非 p 或者 q
   只有非 p,那么非 q
2. 并非(p 并且 q)
   非 p 或者 q
3. 并非(p 或非 q)
   只有非 p,才 q
4. 如果 p,那么 q
   要么 p,要么 q
5. 地球上或者没有大气或者生物能生长。
   只有地球上有大气,生物才能生长。
6. 并非鱼和熊掌可以兼得。
   如果得鱼,那么不得熊掌。

四、请运用复合判断推理知识进行下面的推理。
1. 关于确定商务谈判代表的人选,甲、乙、丙 3 位公司老总的意见分别是:
甲:如果不选派李经理,那么不选派王经理。
乙:如果不选派王经理,那么选派李经理。
丙:要么选派李经理,要么选派王经理。
请问一个同时满足甲、乙、丙 3 人意见的方案是什么?
2. 如果长期饮用高山上的温泉水和火山地带的温泉水,那么就饮用了含氟量高的水;如果长期饮用含氟量高的水,那么牙齿就会有白色的斑点。由此能推出什么结论?
3. 药检局对六种抗生素进行了药效比较,其中五种的药效比较结果如下:S 药比 M 药有效;P 药的毒副作用比 K 药大;F 药的药效最差;M 药与 P 药的药效相同。由此,怎样可以推出 G 药的毒副作用比 K 药大,并且比 P 药有效?

五、复合判断及其推理知识在批判性思维中的运用。
1. 只要天上有太阳并且气温在 0℃以下,街上总有很多人穿着皮夹克。只要天下着雨并且气温在 0℃以上,街上总有人穿着雨衣。有时,天上有太阳但却同时下着雨。

如果上述断定为真,则以下哪项一定为真?

A. 如果街上有很多人穿着皮夹克但天没下雨,则天上一定有太阳。
B. 如果气温在0℃以下并且街上没有多少人穿着皮夹克,则天一定下着雨。
C. 如果气温在0℃以上并且街上有人穿着雨衣,则天一定下着雨。
D. 如果气温在0℃以上但街上没人穿着雨衣,则天一定没下雨。
E. 如果气温在0℃以上并且街上没人穿着雨衣,则天一定下着雨。

2. 正是因为有了充足的奶制品作为食物来源,生活在呼伦贝尔大草原的牧民才能摄入足够的钙质。很明显,这种足够的钙质,对于呼伦贝尔大草原的牧民拥有健壮的体魄是必不可少的。

以下哪种情况如果存在,最能削弱以上的断定?

A. 有的呼伦贝尔大草原的牧民从食物中能摄入足够的钙质,且有健壮的体魄。
B. 有的呼伦贝尔大草原的牧民不具有健壮的体魄,但从食物中摄入的钙质并不缺少。
C. 有的呼伦贝尔大草原的牧民不具有健壮的体魄,他们从食物中不能摄入足够的钙质。
D. 有的呼伦贝尔大草原的牧民有健壮的体魄,但没有充足的奶制品作为食物来源。
E. 有的呼伦贝尔大草原的牧民没有健壮的体魄,但有充足的奶制品作为食物来源。

3. 波西娅的女儿跟她妈一样聪明、美丽,也决计用抽匣法择夫。她有金匣、银匣和铜匣3只匣子,其中一只匣里有她的肖像。每只盖子上都有两个陈述:

金匣盖上的陈述是:(1)肖像不在这里。(2)肖像作者来自威尼斯。

银匣盖上的陈述是:(1)肖像不在金匣里。(2)肖像作者来自佛罗伦萨。

铜匣盖上的陈述是:(1)肖像不在这里。(2)肖像其实在银匣里。

波西娅二世向求婚者交了底:每只盖子上至少有一个陈述是对的。

以下哪项才是正确的?

A. 肖像在银匣里,肖像作者可能来自威尼斯。
B. 肖像在金匣里,肖像作者可能来自佛罗伦萨。
C. 肖像在金匣里,肖像作者可能来自威尼斯。
D. 肖像不在银匣里,肖像作者可能来自佛罗伦萨。
E. 肖像在铜匣里,肖像作者不是来自佛罗伦萨。

> 道生之,德畜之,物形之,势成之,是以万物莫不尊道而贵德。①
>
> ——老子

第八章 模态判断及其推理

本章概述

模态判断及其推理是断定事物发展趋势的一种重要判断形式。模态判断有狭义与广义之分。狭义模态判断是指包含"必然"和"可能"这两个模态词的判断。广义上,模态判断是指一切包含有"必须"、"允许"、"禁止"等模态词的判断。而掌握模态判断的逻辑性质及其对当关系是学习模态判断及其推理的关键。模态判断及其推理不仅使我们把握事物发展的趋势,而且展示了其逻辑思维的预测美以及"必然"与"可能"、"实然"与"应然"、"允许"与"禁止"之间的关联美。

第一节 模态判断概述

一、模态判断的由来

"模态"一词来源于英文"modal"。早在公元前4世纪,亚里士多德就在《工具论·解释篇》的第十二章、第十三章着重研究了模态判断及其真假关系,并在《工具论·前分析篇》中提出了以模态判断为前提的各种模态推理形式。此后,阿拉伯的逻辑学家和经院的逻辑学家也都对此进行过比较深入的研究,如阿威罗伊研究了模态判断的分类,确定了认识模态的等级和层次。他们的成果为以后模态问题的研究奠定了基础。

二、广义模态判断和狭义模态判断

在广义上,模态判断是指一切包含有模态词(如"必然"、"可能"、"必须"、"允许"、"禁止"和"应当"等)的判断;在狭义上,模态判断是指包含"必然"和"可能"这两个模态词的判断。本章主要介绍两种模态判断:一种是上述狭义模态判断,本书就用"模态判断"一词来指狭义模态判断;另一种是规范判断,它是广义模态判断的一种,是指包含有"必须"、"允许"、"禁止"等模态词的判断。

我们先考察含有"必然"和"可能"这两个模态词的狭义模态判断(以下简称模态判断)。

---

① 老子:《道德经·五十一章》。

例如:
① 月球上必然没有生命。
② 今冬明春城市生态环境可能会有所改善。

这些都是模态判断。例①反映了月球上没有生命的必然性;例②反映了城市生态环境改善的可能性。反映事物必然性情况的判断称为必然判断;反映事物可能性情况的判断称为或然判断。

三、客观模态判断和主观模态判断

人们使用模态判断,一般可以表达两种不同的情况:一种是用来反映客观事物本身确实存在的某种必然性或可能性,这种模态判断叫"客观模态判断"。

例如:
③ 生物的新陈代谢是必然的。
④ 任何人都可能会犯错误。

另一种是用来反映人们在主观上对事物是否确实存在某种情况的认识程度,这种模态判断叫"主观模态判断"。

例如:
⑤ 小李可能是教师。
⑥ 王芳一定是上海人。

四、模态判断的语言表达形式

模态判断一般有两种语言表达形式:一种是以一个判断为主项,以一个模态词为谓项。

例如:
⑦ 这部作品畅销是可能的。
⑧ 正义压倒邪恶是必然的。

另一种是以一个概念为主项,模态词是谓项中的一部分。

例如:
⑨ 罪犯必然会受到法律的制裁。
⑩ 明天可能不会下雨。

无论模态词出现在什么位置,都不会影响到这个模态判断的性质和意义。

根据模态判断自身是否还包含其他判断,可以把模态判断分为简单模态判断和复合模态判断。复合模态判断是在简单模态判断基础上的进一步深化,较为复杂,这里就不介绍了。

第二节 模态判断及其推理

一、模态判断的种类

1. 必然判断与或然判断

根据判断所断定的是事物情况的可能性还是必然性,模态判断可分为或然判断(也称为可能判断)与必然判断。逻辑学上用大写字母 L(或 □)表示"必然",用大写字母 M(或

◇)表示"可能"。

2. 肯定判断与否定判断
根据判断所断定的事物情况存在还是不存在,模态判断可分为肯定判断与否定判断。逻辑学上用小写字母 p 表示肯定判断,用 ¬p 表示否定判断。

3. 四种基本的模态判断
将上述两种分类结合起来,我们就可以把模态判断分为以下四种最基本的判断:

(1) 或然肯定判断:也称"可能肯定判断",就是断定事物情况可能存在的判断。
例如:
① 明天下雨是可能的。
② 小王可能是南方人。

或然肯定判断的公式是 Mp,读作"可能 p",也可表示为"◇p"。

(2) 或然否定判断:也称"可能否定判断",就是断定事物情况可能不存在的判断。
例如:
③ 今天放假是不可能的。
④ 这位演员不可能走红。

或然否定判断的公式是 Mp,读作"可能非 p",也可表示为"◇¬p"。

(3) 必然肯定判断:就是断定事物情况必然存在的判断。
例如:
⑤ 正义事业的胜利是必然的。
⑥ 新事物必然要取代旧事物。

必然肯定判断的公式是 Lp,读作"必然 p",也可表示为"□p"。

(4) 必然否定判断:就是断定事物情况必然不存在的判断。
例如:
⑦ 客观规律必然不以人的意志为转移。
⑧ 不努力必然不会成功。

必然否定判断的公式是 Lp,读作"必然非 p",也可表示为"□¬p"。

需要指出的是,判断"今年庄稼必然不歉收"与"今年庄稼不必然歉收"是两个完全不同的判断。从内容上看,"今年庄稼必然不歉收"表示的是今年庄稼不歉收是必然的;而"今年庄稼不必然歉收"表示的是今年庄稼不歉收是可能的。从形式上看,"今年庄稼必然不歉收"是一个模态判断中的必然否定判断,用公式表示是 L¬p;而"今年庄稼不必然歉收"是一个模态判断的负判断,相当于"并非今年庄稼必然歉收",用公式表示是 ¬Lp。"可能不"与"不可能"也具是两个完全不同的判断须要注意。

二、模态判断之间的对当关系

任何一个模态判断都存在一个真假问题,但这一问题较为复杂,这里我们仅讨论上述四种基本的模态判断之间的真假制约关系。

同素材的模态判断之间的对当关系与直言判断的逻辑方阵中所表示的对当关系是完全一致的。因此,我们可以用模态方阵表示如下:

```
                 反对关系
      必然p ─────────────── 必然非p
       ┌───────────────────┐
       │ ╲    矛    矛    ╱ │
    差  │  ╲  盾    盾  ╱   │  差
    等  │   ╲ 关    关 ╱    │  等
    关  │    ╲系    系╱     │  关
    系  │     ╲      ╱      │  系
       │      ╲    ╱       │
       │       ╲  ╱        │
       │        ╲╱         │
       │        ╱╲         │
       │       ╱  ╲        │
       └───────────────────┘
      可能p    下反对关系   可能非p
```

模态判断之间的对当关系的逻辑方阵图

从上图可以看出：

□p 与 □¬p 之间为反对关系，二者不可同真，可以同假。

□p 与 ◇¬p、□¬p 与 ◇p 之间为矛盾关系，二者不可同真，不可同假。

□p 与 ◇p、□¬p 与 ◇¬p 之间为差等关系，二者可以同真，可以同假。

◇p 与 ◇¬p 之间为下反对关系，二者可以同真，不可同假。

需要指出的是，"可能"一词，狭义上仅指一种可能性，它排斥必然性并肯定另一种可能性；广义上指有一种可能性，对于是否具有必然性以及是否存在另一种可能性均未作断定。为使"可能"一词具有更大的概括性和灵活性，模态方阵中，"可能"一词取广义理解。

根据上述模态方阵，在实际思维过程中，我们就可以按照它们之间的这种真假对应关系正确地运用它们。例如，必然否定判断与可能肯定判断之间刚好是逻辑上的一种矛盾关系，即两者不能同真，也不能同假。如："今天必然不下雨"与"今天可能下雨"就具有这种矛盾关系。这就是说，要反驳和否定一个必然判断，只要用可能判断就够了。如果用对立的必然判断，有时反而无力。因为两个对立的必然判断之间是反对关系而不是矛盾关系；而要反驳和否定一个可能判断，也不能用对立的可能判断，而应当运用与之矛盾的必然判断。

三、模态判断与实然判断（不包含模态词的判断）之间的对当关系

同素材的模态判断之间、直言判断之间具有对当关系，同素材的模态判断与实然判断之间也具有对当关系。

例如：

① 李华一定是中国人。
② 李华是中国人。
③ 李华可能是中国人。

这三个判断依次是必然肯定判断、实然肯定判断和可能肯定判断，它们之间存在一定的真假制约关系。从确定性角度看，必然判断的确定性最强，实然判断次之，可能判断最弱。如果较强的确定性为真，较弱的确定性则一定为真；如果较弱的确定性为假，较强的确定性则一定为假。也就是说，它们之间的对当关系是：必然判断与实然判断之间是差等关系，实然判断与可能判断之间也是差等关系。具体表述如下：

如果 Lp 为真，则 p 必然为真，如果 p 为真，则 Mp 必然为真；如果 L¬p 为真，则 ¬p 必然为真；如果 ¬p 为真，则 M¬p 必然为真。

如果 Mp 为假，则 p 必然为假，如果 p 为假，则 Lp 必然为假；如果 M¬p 为假，则 ¬p 必

然为假,如果 p 为假,则 L¬p 必然为假。

四、模态判断负判断及其等值判断

如果不考虑单称判断,模态判断概括起来有四种形式:必然 p、必然非 p、可能 p、可能非 p。对这些判断形式的否定,就有并非必然 p(¬□p)、并非必然非 p(¬□¬p)、并非可能 p(¬◇p)、并非可能非 p(¬◇¬p)4 种相应的负判断形式。根据负判断的逻辑特性,模态判断的负判断和原判断之间的真假关系是矛盾关系,又依据前面谈到的对当关系,任一模态判断都有与其真假相反的矛盾判断。由此,便可得知:

1. □p 的负判断是 ¬□p

根据模态判断之间的对当关系,□p 假则◇¬p 真,于是"并非必然 p"的等值判断是"可能非 p"。公式表示为:

$$¬□p ↔ ◇¬p$$

例如:

①"并非甲队必然得冠军"的等值判断是"甲队可能不得冠军"。
②"并非小张必然会游泳"的等值判断是"小张可能不会游泳"。

2. □¬p 的负判断是 ¬□¬p

根据模态判断之间的对当关系,□¬p 假则◇p 真,于是"并非必然非 p"的等值判断是"可能 p"。公式表示为:

$$¬□¬p ↔ ◇p$$

例如:

③"并非火星上必然没有生物"的等值判断是"火星上可能有生物"。
④"并非久病床前必然没有孝子"的等值判断是"久病床前可能有孝子"。

3. ◇p 的负判断是 ¬◇p

根据模态判断之间的对当关系,◇p 假则□¬p 真,于是"并非可能 p"的等值判断是"必然非 p"。公式表示为:

$$¬◇p ↔ □¬p$$

例如:

⑤"并非邪恶可能战胜正义"的等值判断是"邪恶必然不能战胜正义"。
⑥"并非某君可能吸烟"的等值判断是"某君必然不吸烟"。

4. ◇¬p 的负判断是 ¬◇¬p

根据模态判断之间的对当关系,◇¬p 假则□p 真,于是"并非可能非 p"的等值判断是"必然 p"。公式表示为:

$$¬◇¬p ↔ □p$$

例如:

⑦"并非事物可能不运动"的等值判断是"事物必然运动"。
⑧"并非张三可能考不上大学"的等值判断是"张三必然考上大学"。

五、模态推理

模态推理是由模态判断构成的一种演绎推理,它是根据模态判断的性质及其相互间的逻辑关系进行推演的。模态推理种类很多,这里我们只考察其中两种比较简单的模态推理基本形式。

1. 对当模态推理

对当模态推理就是根据四种模态判断之间的对当关系进行的直接推理。

(1) 根据模态判断之间矛盾关系的直接推理

根据模态判断必然 p 与可能非 p、必然非 p 与可能之间的矛盾关系进行的直接推理,有以下 8 种有效的推理形式:

必然 p,推出并非可能非 p($\Box p \rightarrow \neg \Diamond \neg p$)。

例如:

① 正义必然战胜邪恶,所以,并非正义可能不战胜邪恶(即:正义不可能不战胜邪恶)。

必然非 p,推出并非可能 p($\Box \neg p \rightarrow \neg \Diamond p$)。

例如:

② 懒惰必然不能成功,所以,懒惰不可能成功。

可能 p,推出并非必然非 p($\Diamond p \rightarrow \neg \Box \neg p$)。

例如:

③ 吸烟可能得肺癌,所以,并非吸烟必然不得肺癌。

可能非 p,推出并非必然 p($\Diamond \neg p \rightarrow \neg \Box p$)。

例如:

④ 明天可能不下雨,所以,并非明天必然下雨。

并非必然 p,推出可能非 p($\neg \Box p \rightarrow \Diamond \neg p$)。

例如:

⑤ 并非有钱必然幸福,所以,有钱可能不幸福。

并非必然非 p,推出可能 p($\neg \Box \neg p \rightarrow \Diamond p$)。

例如:

⑥ 并非今年就业率必然不上升,所以,今年就业率可能上升。

并非可能 p,推出必然非 p($\neg \Diamond p \rightarrow \Box \neg p$)。

例如:

⑦ 并非他可能是一个作家,所以,他必然不是一个作家。

并非可能非 p,推出必然 p($\neg \Diamond \neg p \rightarrow \Box p$)。

例如:

⑧ 并非小李可能不得冠军,所以,小李必然得冠军。

(2) 根据模态判断之间反对关系的直接推理

根据模态判断必然 p 与必然非 p 之间的反对关系进行的直接推理,有以下两种有效的推理形式:

必然 p,推出并非必然非 p($\Box p \rightarrow \neg \Box \neg p$)。

例如:

⑨ 违背规律必然要受到惩罚,所以,违背规律并非必然不受到惩罚。

必然非 p,推出并非必然 p($\Box \neg p \rightarrow \neg \Box p$)。

例如：

⑩ 侵略战争必然不是正义战争，所以，侵略战争并非必然是正义战争。

(3) 根据模态判断之间下反对关系的直接推理

根据模态判断可能 p 与可能非 p 之间的下反对关系进行的直接推理，有以下 2 种有效的推理形式：

并非可能 p，推出可能非 p($\neg \Diamond p \rightarrow \Diamond \neg p$)。

例如：

⑪ 并非某人会游泳，所以，某人可能不会游泳。

并非可能非 p，推出可能 p($\neg \Diamond \neg p \rightarrow \Diamond p$)。

例如：

⑫ 并非他可能不是中国人，所以，他可能是中国人。

(4) 根据模态判断之间差等关系的直接推理

根据模态判断必然 p 与可能 p、必然非 p 与可能非 p 之间的差等关系进行的直接推理，有以下 4 种有效的推理形式：

必然 p，推出可能 p($\Box p \rightarrow \Diamond p$)。

例如：

⑬ 某人必然是凶手，所以，某人可能是凶手。

并非可能 p，推出并非必然 p($\neg \Diamond p \rightarrow \neg \Box p$)。

例如：

⑭ 并非谎言可能欺骗所有的人，所以，并非谎言必然欺骗所有的人。

必然非 p，推出可能非 p($\Box \neg p \rightarrow \Diamond \neg p$)。

例如：

⑮ 她必然不是你等的人，所以，她可能不是你等的人。

并非可能非 p，推出并非必然非 p($\neg \Diamond \neg p \rightarrow \neg \Box \neg p$)。

例如：

⑯ 并非这部影片可能不得国际大奖，所以，并非这部影片必然不得国际大奖。

2. 模态三段论

模态三段论就是在三段论系统中引入模态词而构成的模态推理。下面简单介绍几种常见的模态三段论，均以三段论第一格 AAA 式为例。

(1) 必然模态三段论，是在三段论的前提和结论中都引入"必然"模态词所构成的三段论。它的推理形式是：

所有 M 必然是 P；

所有 S 必然是 M；

所以，所有 S 必然是 P。

例如：

① 凡游泳运动员必然都会游泳；

某人必然是游泳运动员；

所以，某人必然会游泳。

(2) 必然和可能两种模态构成的三段论,它的推理形式是:

所有 M 必然是 P;
所有 S 可能是 M;
———————————
所以,所有 S 可能是 P。

例如:
② 所有鸟必然会飞;
这个动物可能是鸟;
———————————
所以,这个动物可能会飞。

(3) 必然和实然构成的三段论,它的推理形式是:

所有 M 必然是 P;
所有 S 是 M;
———————————
所以,所有 S 必然是 P。

例如:
③ 所有的大科学家必然都具有求实精神;
爱因斯坦是大科学家;
———————————
所以,爱因斯坦必然具有求实精神。

(4) 可能和实然构成的三段论,它的推理形式是:

所有 M 可能是 P;
所有 S 是 M;
———————————
所以,所有 S 可能是 P。

例如:
④ 不注意用眼卫生可能会眼睛近视;
王华不注意用眼卫生;
———————————
所以,王华可能会眼睛近视。

模态三段论既然是三段论,就要符合三段论规则的要求,否则便是无效的。

第三节 规范判断及其推理

一、什么是规范判断

1. 规范判断的含义

规范判断是指含有"必须"(或"应当")、"允许"、"禁止"这类涉及人的行为规范的模态词的判断,它是在一定情况下,对人的行为提出某种命令或规定的判断。

例如:
① 教师必须讲普通话。
② 公共场所禁止随地吐痰。

2. 规范判断的结构

所有的规范判断都包含两个部分：一是表达某一行为的判断；二是表达对这一行为进行限制的规范词。在现代规范逻辑中，作为逻辑常项的规范词通常有3个：

(1)"必须"，用大写字母 O 表示，与之相等的词有"应当"、"有义务"等。

(2)"允许"，用大写字母 P 表示，与之相等的词有"可以"、"准予"等。

(3)"禁止"，用大写字母 F 表示，与之相等的词有"不得"、"不准"等。

3. 规范判断的语言表达形式

规范判断通常有3种语言表达形式：一是规范词在判断的前面，如"禁止闯红灯"；二是规范词在判断的中间，如"公民必须遵纪守法"；三是规范词在判断的后面，如"考试作弊是不允许的"。无论采用哪种语言表达形式，一般都不会影响规范判断的性质和意义。

规范判断可以是一个简单判断，如"子女必须赡养父母"，也可以是一个复合判断，如"允许公民信仰宗教或者不信仰宗教"。这里我们只介绍简单规范判断，而不研究复合规范判断。

二、规范判断的种类

1. 肯定判断与否定判断

根据规范判断中所包含的判断是肯定还是否定，可以把规范判断分为两种：肯定判断和否定判断。肯定判断就是断定人们进行某种行为的判断，用符号 p 表示；否定判断就是断定人们不进行某种行为的判断，用符号 ¬p 表示。

2. 必须判断、禁止判断与允许判断

根据判断所包含的规范词的不同，可以把规范判断分为三种：必须判断、禁止判断和允许判断。必须判断，用符号 Op 表示；禁止判断，用符合 Fp 表示；允许判断，用符号 Pp 表示。

3. 4 种基本的规范判断

将上述两种标准结合起来，就可以得到六种规范判断：

必须肯定判断，用符号 Op 表示；

必须否定判断，用符号 O¬p 表示；

禁止肯定判断，用符号 Fp 表示；

禁止否定判断，用符号 F¬p 表示；

允许肯定判断，用符号 Pp 表示；

允许否定判断，用符号 P¬p 表示。

在这六种规范判断中，由于禁止 p 同必须非 p、禁止非 p 同必须 p 其断定是相等的，因而我们就可以用"必须 p"来表示"禁止非 p"（如"禁止不遵守公共秩序"与"必须遵守公共秩序"含义相同）、用"必须非 p"来表示"禁止 p"（如"禁止体罚学生"与"必须不体罚学生"含义相同）。这样一来，6 种规范判断就可以简化为以下四种基本的规范判断：

必须 p(Op)，它规定某种行为必须履行。

例如：

① 教师应当为人师表。

在法律规范中，必须肯定判断往往表示某人负有某种义务，如不履行该项义务，就要承担相应的法律责任。

必须非 p(O¬p)，它规定某种行为不得实施。

例如：

②禁止危害国家利益。

在法律规范中，必须否定判断往往用"不得"、"禁止"等词语表示。违背禁止性规范的行为，一般都是违法行为。

允许 p(Pp)，它规定某种行为可以实施。

例如：

③允许大学生休学创业。

允许非 p(P¬p)，它规定某种行为可以不实施。

例如：

④允许学生不参加高考。

三、四种基本的规范判断之间的对当关系

规范判断不同于实然判断，也不同于狭义模态判断。规范判断中所表达的规范，不是对某种客观对象及其性质的反映，而是一定社会或阶级意志的体现。不同的社会、不同的阶级会有不同的规范，因此，对于这些不同的规范，我们不能讲哪个真，哪个假，只能讲哪个妥当，哪个不妥当。

另外，一个具体的规范是否妥当，这不是逻辑学的研究范围，而是伦理学和法学的研究范围，逻辑学只研究一个规范判断与其他同素材的规范判断之间的制约关系。这里，我们按习惯将某个规范判断妥当称为"真"，将某个规范判断不妥当称为"假"。

同素材的4种规范判断之间的逻辑关系，概括起来，也具有类似于直言判断之间的那种对当关系，因而，也可以借助于逻辑方阵来加以表示和说明：

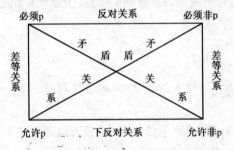

规范判断之间的对当关系的逻辑方阵图

根据上图所示，可以看出：

必须肯定判断 Op 与必须否定判断 O¬p 之间为反对关系，二者不能同真，可以同假。

必须肯定判断 Op 与允许否定判断 Pp、必须否定判断 O¬p 与允许肯定判断 P¬p 之间为矛盾关系，二者不能同真，不能同假。

允许肯定判断 Pp 与允许否定判断 P¬p 之间为下反对关系，二者可以同真，不能同假。

必须肯定判断 Pp 与允许肯定判断 Pp、必须否定判断 O¬p 与允许否定判断 P¬p 之间为差等关系，二者可以同真，可以同假。

四、规范判断负判断及其等值判断

如果不考虑单称判断，规范判断概括起来四种形式：必须 p、必须非 p、允许 p、允许非 p。

对这些判断形式的否定，就有并非必须 p(¬Op)、并非必须非 p(¬O¬p)、并非允许 p(¬Pp)、并非允许非 p(¬P¬p)四种相应的负判断形式。根据负判断的逻辑特性，规范判断的负判断和原判断之间的真假关系是矛盾关系，又依据前面谈到的对当关系，任一规范判断都有与其真假相反的矛盾判断，由此，便可得知：

1. Op 的负判断是 ¬Op

根据规范判断之间的对当关系，Op 假则 P¬p 真，于是"并非必须 p"的等值判断是"允许非 p"。公式表示为：

¬Op↔P¬p

例如：

① "并非考试必须闭卷"的等值判断是"考试允许不闭卷"。

"并非结账必须以现金作为支付方式"的等值判断是"结账允许不以现金作为支付方式"。

2. O¬p 的负判断是 ¬O¬p

根据规范判断之间的对当关系，O¬p 假则 Pp 真，于是"并非必须非 p"的等值判断是"允许 p"。公式表示为：

¬O¬p↔Pp

例如：

② "并非禁止周末举办舞会"的等值判断是"周末允许举办舞会"。

"并非禁止学生换专业"的等值判断是"允许学生换专业"。

3. Pp 的负判断是 ¬Pp

根据规范判断之间的对当关系，Pp 假则 Op 真，于是"并非允许 p"的等值判断是"必须非 p"。公式表示为：

¬Pp↔O¬p

例如：

③ "并非未成年人允许进入游戏机房"的等值判断是"禁止未成年人进入游戏机房"。

"并非允许酒后驾车"的等值判断是"禁止酒后驾车"。

4. P¬p 的负判断是 ¬P¬p

根据规范判断之间的对当关系，Pp 假则 Op 真，于是"并非允许非 p"的等值判断是"必须 p"。公式表示为：

¬P¬p↔Op

例如：

④ "并非允许公民不遵守法律"的等值判断是"公民必须遵守法律"。

"并非允许旅客不接受安全检查"的等值判断是"旅客必须接受安全检查"。

五、规范推理

规范推理是以规范判断作为前提和结论的演绎推理。它的前提至少有一个规范判断，而且结论也是规范判断。规范推理有许多种，这里仅介绍两种比较简单、常见的规范推理。

第八章 模态判断及其推理

1. 对当规范推理

根据前面介绍过的,规范判断逻辑方阵中四种规范判断间的真假逻辑关系,即可构成一系列的直接的规范推理。

(1) 根据规范判断之间矛盾关系的直接推理

根据规范判断中必须 p 与允许非 p、必须非 p 与允许 p 之间的矛盾关系进行的直接推理,有以下八种有效的推理形式:

必须 p,推出并非允许非 p(Op→¬P¬p)。

例如:

① 进入工地必须戴安全帽,所以,并非进入工地允许不戴安全帽。

并非必须 p,推出允许非 p(¬Op→P¬p)。

例如:

② 并非创业者必须有大学学历,所以,允许创业者没有大学学历。

允许非 p,推出并非必须 p(P¬p→¬Op)。

例如:

③ 允许种子选手不参加淘汰赛,所以,并非种子选手必须参加淘汰赛。

并非允许非 p,推出必须 p(¬P¬p→Op)。

例如:

④ 不允许公民不遵纪守法,所以,公民必须遵纪守法。

必须非 p,推出并非允许 p(O¬p→¬Pp)。

例如:

⑤ 工程必须不延误工期,所以,不允许工程延误工期。

并非必须非 p,推出允许 p(¬O¬p→Pp)。

例如:

⑥ 并非必须企业不自主经营,所以,允许企业自主经营。

允许 p,推出并非必须非 p(Pp→¬O¬p)。

例如:

⑦ 允许消费者维护自身的权益,所以,并非消费者必须不维护自身的权益。

并非允许 p,推出必须非 p(¬Pp→O¬p)。

例如:

⑧ 并非允许教师体罚学生,所以,教师必须不体罚学生。

(2) 根据规范判断之间反对关系的直接推理

根据规范判断中必须 p 与必须非 p 之间的反对关系进行的直接推理,有以下 2 种有效的推理形式:

必须 p,推出并非必须非 p(Op→¬O¬p)。

例如:

⑨ 公民必须爱护公共设施,所以,并非公民必须不爱护公共设施。

必须非 p,推出并非必须 p(O¬p→¬Op)。

例如:

⑩ 公共场所必须不大声喧哗,所以,并非公共场所必须大声喧哗。

(3) 根据规范判断之间下反对关系的直接推理

根据规范判断中允许 p 与允许非 p 之间的下反对关系进行的直接推理,有以下 2 种有效的推理形式:

并非允许 p,推出允许非 p($\neg Pp \rightarrow P\neg p$)。

例如:

⑪ 不允许商品以次充好,所以,允许商品不以次充好。

并非允许非 p,推出允许 p($\neg P\neg p \rightarrow Pp$)。

例如:

⑫ 并非允许学生不自主研学,所以,允许学生自主研学。

(4) 根据规范判断之间差等关系的直接推理

根据规范判断中必须 p 与允许 p、必须非 p 与允许非 p 之间的差等关系进行的直接推理,有以下四种有效的推理形式:

必须 p,推出允许 p($Op \rightarrow Pp$)。

例如:

⑬ 必须做一个有道德的人,所以,允许做一个有道德的人。

并非允许 p,推出并非必须 p($\neg Pp \rightarrow \neg Op$)。

例如:

⑭ 并非允许在职人员擅离职守,所以,并非在职人员必须擅离职守。

(注意:在日常应用中,上述的结论常常这样表达:"在职人员不得擅离职守。")

必须非 p,推出允许非 p($O\neg p \rightarrow P\neg p$)。

例如:

⑮ 公民必须不违反现行法律,所以,允许公民不违反现行法律。

并非允许非 p,推出并非必须非 p($\neg P\neg p \rightarrow \neg O\neg p$)。

例如:

⑯ 并非允许子女不赡养父母,所以,并非子女必须不赡养父母。

2. 规范三段论

规范三段论是在三段论中引入规范模态词的三段论。一般来说,一个规范三段论的大前提是规范判断,小前提是直言判断,由此推出的结论也是一个规范判断。规范三段论也必须遵守三段论的全部逻辑规则。

下面介绍三种常见的规范三段论。

(1) 必须规范三段论

这种规范三段论的大前提和结论都是必须规范判断,小前提是直言判断。

例如:

① 公务员都必须严格自律;

我们是公务员;

所以,我们都必须严格自律。

(2) 禁止规范三段论

这种规范三段论的大前提和结论都是禁止规范判断,小前提是直言判断。

例如：

② 仓库重地严禁烟火；
    这里是仓库；
    ──────────
    所以，这里严禁烟火。

(3) 允许规范三段论

这种规范三段论的大前提和结论都是允许规范判断，小前提是直言判断。

例如：

③ 周末允许外出；
    今天是周末；
    ──────────
    所以，今天允许外出。

关键术语提要

模态判断包括：一是广义的模态判断，是指一切包含有"必须"、"允许"、"禁止"等模态词的判断；二是狭义的模态判断，是指包含"必然"和"可能"这两个模态词的判断。

狭义的模态判断分为必然肯定判断、必然否定判断、可能肯定判断和可能否定判断4种，它们之间具有与A、E、I、O类似的对当关系。

规范判断分为必须肯定判断、必须否定判断、允许肯定判断和允许否定判断4种，它们之间也具有与A、E、I、O类似的对当关系。

模态推理是由模态判断构成的一种演绎推理，主要有对当模态推理和模态三段论。规范推理是以规范判断作为前提和结论的推理，主要有对当规范推理和规范三段论。

进一步阅读指南

1. （美）B. F. 切莱士著. 模态逻辑导论. 郑文辉等译. 广州：中山大学出版社，1989
2. 马玉珂. 西方逻辑史. 北京：中国人民大学出版社，1985
3. 江天骥. 西方逻辑史研究. 北京：人民出版社，1984
4. 杜国平. 普通逻辑. 北京：高等教育出版社，2010

问题与思考

1. 什么是模态判断？模态判断有哪些种类？
2. 模态判断及其推理与实然判断及其推理的关系之间有何联系？
3. 规范判断及其推理与模态判断及其推理的关系之间有何联系？

练习题

一、已知下列模态判断的真假，请根据对当关系，指出与其同素材的另外三个模态判断的真假。
1. 暑假期间校图书馆可能不开放。（假）
2. 中国必然能够富强。（真）
3. 火车可能晚点了。（真）
4. 小王必然不是北京人。（假）

二、请根据规范判断的对当关系，指出下列规范判断为真时哪些规范判断为假。
1. 执法者必须守法。
2. 学生上课必须遵守纪律。
3. 禁止自行车闯红灯。
4. 一部分人通过勤奋劳动、合法经营先富起来是允许的。

三、指出与下列负判断相等值的判断，并写出等值公式。
1. 并非价廉必然物美。
2. 并非小李可能不下岗。
3. 并非中国人必须学外语。
4. 并非允许父母不抚养子女。

四、请指出下列模态推理和规范推理是否正确，并简要说明理由。
1. 张三必然是凶手，所以，张三不可能不是凶手。
2. 今年股市行情可能很好，所以，今年股市行情不可能不好。
3. 不允许同学之间不团结，同学之间必须团结。
4. 必须依法经营，所以，允许依法经营。

五、模态逻辑知识在批判性思维中的运用。
1. 在这次乒乓球比赛中小李不可能获胜。
以下哪个命题与上述命题意思最为接近？
A. 小李不可能会在这次乒乓球比赛中失败。
B. 小李必然会在这次乒乓球比赛中获胜。
C. 小李必然会在这次乒乓球比赛中失败。
D. 在这次乒乓球比赛中小李不可能失败。
E. 小李在这次乒乓球比赛中不必然会失败。

2. 不可能所有的问题都能避免。
以下哪项最接近于上述断定的含义？
A. 所有的问题必然都不能避免。
B. 所有的问题可能都不能避免。
C. 有的问题可能不能避免。
D. 有的问题必然能避免。
E. 有的问题必然不能避免。

3. 一份犯罪调研报告揭示，某市近3年的严重刑事犯罪案件60%皆为已记录在案的350名惯犯所为。报告同时揭示，严重刑事犯罪案件的作案者半数以上同时是吸毒者。
如果上述断定都是真的，那么，下述哪项断定一定是真的？
A. 350名惯犯中可能没有吸毒者。

B. 350名惯犯中一定有吸毒者。
C. 350名惯犯中大多数是吸毒者。
D. 吸毒者中大多数在350名惯犯中。
E. 吸毒是造成严重刑事犯罪的主要原因。

4. 不可能旋风公司和梅利公司都没有中标。

以下哪项最为准确地表达了上述断定的意思?

A. 旋风公司和梅利公司可能都中标。
B. 旋风公司和梅利公司至少有一个可能中标。
C. 旋风公司和梅利公司必然都中标。
D. 旋风公司和梅利公司至少有一个必然中标。
E. 旋风公司和梅利公司必然没有一个中标。

> 规律是现象中持久的（保存着的）东西。规律和本质是表示人对现象、对世界等等的认识深化的同一类（同一序列的）概念……①
>
> ——列宁

第九章 逻辑基本规律

本章概述

　　形式逻辑基本规律是关于同一思维过程中思维的逻辑形式的规律。它从不同方面体现思维的确定性及其要求。本章着重探讨同一律、矛盾律、排中律的基本内容和逻辑要求，以及怎样正确理解和运用同一律、矛盾律、排中律。在拓展讨论中探讨充足理由律的基本内容和逻辑要求，以及怎样正确理解和运用充足理由律。在经受逻辑规律洗礼的同时，我们不仅在思维品性的陶冶中有所提升，同时也能感悟逻辑规律所特有的逻辑美：同一律的贯通美与统摄美；矛盾律与排中律的否定美与明晰美；充足理由律的严谨美。

第一节　逻辑基本规律概述

　　人们通过各门具体科学来认识世界、改造世界，各门具体科学也都从不同的侧面提供了解世界的线索。虽然各门具体科学都有自己不同的对象和研究方法，但有一点却是共同的，它们都需要按照某些确定的规律来组织本门科学的知识，这些确定的规律就是逻辑基本规律。

　　逻辑基本规律是思维规律，属于主观范畴，但是却有其深厚的客观基础：一是思维对象发展过程中（时间上）的相对稳定性与空间上的相对静止性；二是基于人们千百年以来的实践以逻辑的格固定下来。

　　例如，"一切皆流，万物皆变"，但在万事万物变化的同时，又是有着相对确定性的，否认变化是机械的形而上学，而否认相对的确定性则是相对主义。古希腊著名的哲学家赫拉克利特的弟子曾断言："人甚至一次也不能踏进同一条河流。"这是相对主义的一句名言。在相对主义者看来，世界是没有确定性的，河流每时每刻都在发生变化，此时的河流和彼时的河流完全不同，因此"人甚至一次也不能踏进同一条河流"。相对主义由此认为，人是不可能认识客观世界的，因为客观世界无时不变，人是不可能把握它的本质的。

　　显然，相对主义否认相对的确定性是不利于科学发展的，甚至会导致思维的混乱，诡辩

---

① 列宁：《哲学笔记》，人民出版社，1993年，第126-127页。

盛行,从而不利于我们正确地认识和反映客观世界。而逻辑基本规律反映了客观世界的相对稳定性,从而为我们认识客观世界的相对稳定性提供了认识的前提。

逻辑基本规律的类型有同一律、矛盾律、排中律、充足理由律。同一律的作用在于保持思维的确定性;矛盾律的作用在于保持思维的一贯性;排中律的作用在于保持思维的明确性;充足理由律的作用在于保持思维的论证性。因此,逻辑基本规律在思维过程中起着规范的作用,而思维的清晰,有助于我们建立明晰的概念,形成恰当的判断,从而作出正确的推理和反驳诡辩。

从历史上看,逻辑基本规律是古希腊著名思想家亚里士多德最早明确提出的。亚里士多德在论述作为存在规律的矛盾律和排中律时指出:"同样属性在同一情况下不能同时属于同一主题(矛盾律),两个相反显然不能同真(矛盾律)——另一方面,也不能一切叙述都是假的(排中律)。"有关同一律是否也是亚里士多德首先提出的,学术界尚有争议,但大多数学者已达成一致意见,即亚里士多德对同一律的论述虽没有对矛盾律、排中律那样详尽,但业已包含同一律思想。亚里士多德关于同一律的思想:"B 是 B 自己,任何真实的事物,一定在任何方面与它自身一致。"但是亚里士多德没有把逻辑思维规律和存在规律明确分开,这也是他的存在与思维、本体与逻辑相统一根本思想的体现。

第二节 同一律

一、同一律的基本内容

同一律的内容是:在同一个思维过程中,每一思想必须保持自身同一。
同一律的公式:
  A 是 A
  A≡A
  或:
  A→A

这里的"A"表示任一思想(包括概念和判断)。这个规律说明了在同一思维过程中,即同一时间、同一方面对同一对象所运用的概念或判断必须保持自身的同一。

二、同一律的基本要求

1. 同一律对概念方面的要求

一个概念反映什么对象就反映了那个对象,换言之,它有确定的外延与内涵。例如"白头翁"这一概念是一个多义词,在同一思维过程中,如果它想反映的是"白头发的老年男人",那么就应当始终如一地反映这个对象,而不能变成一种叫做"白头翁"的鸟。

2. 同一律对判断方面的要求

一个判断陈述了什么事实就陈述了那个事实,它具有确定的"真"、"假"意义。例如:

  ① 所有的游泳运动员都是会游泳的,张萍是游泳运动员,所以,张萍是会游泳的。

例①是一个结构正确的三段论推理形式,从中我们可以发现:张萍、游泳运动员、会游泳这些概念分别出现在这个推理的不同的前提或结论中,但它们与都与其自身的内涵与外延同一,这就是"同一个思维形式必须保持自身的同一"。

当然,A与A的同一,是指思想的同一,不应理解成语词上的完全同义。

三、违反同一律的逻辑错误

违反同一律的逻辑错误有两种:

1. 在使用概念中违反同一律,就会犯"混淆概念"或"偷换概念"的逻辑错误。

例如:

①《形而上学》是亚里士多德的著作,形而上学是反对辩证法的,所以亚里士多德是反对辩证法的。

② 中国人是非常勤劳的,张山是中国人,所以张山是非常勤劳的。

③ 昨天,某校召开了家长会,并回答了家长们提出的问题。

例①中的两个"形而上学",前者指一本书的名称,而后者指哲学上的一个流派,概念被混淆了,所以得出了错误的结论。例②中的"中国人",前一个是集合概念,后一个是非集合概念,作为集合概念"中国人"是"非常勤劳"的,不等于这个集合体中的每一个人也都是"非常勤劳"的,这也是犯了偷换概念的逻辑错误。例③中前一判断的主项是"某校",后一判断的主项在语句中被省略了,补充出来,应是"该校领导",但从语句形式上看,省略的是"某校",这是由于语言省略不当而造成的偷换主项概念的逻辑错误。

必须说明的是"偷换概念"一般是指为了诡辩而故意偷换概念,混淆视听;"混淆概念"一般是指无意之中混淆了两个"貌合神离"的概念,即外形相似,而内涵与外延完全不同的概念。虽然两者动机不同,但就逻辑实质而言都是用另外一个概念替换原来的概念。

2. 在使用判断中违反同一律,就会犯"转移论题"或"偷换论题"的逻辑错误

"转移论题"是指在思维过程中,无意把两个不同的判断加以混淆;而"偷换论题"则是在思维过程中,故意把两个不同的判断混为一谈,以适应某种目的需要。

例如,当年无政府主义者攻击马克思主义某些原理,竟不择手段地把马克思主义的一个基本观点,"人们的经济地位决定人们的意识"歪曲为"吃饭决定思想体系"。用他们所捏造的荒谬判断来代替马克思主义的基本判断,然后加以攻击,驳倒了他们所捏造的观点,而扬言驳倒了马克思主义的基本理论。这就是典型的"偷换论题"。

又如,有些人为了得出学习逻辑不重要的结论,常常引用黑格尔《逻辑学》中的一段话:"说人们由逻辑而学习思维是一种偏见,犹如说生理学是教人消化的。"这种做法也是"偷换论题"。因为他们要论证的判断是学习逻辑不重要,而引用的判断是"说人们由逻辑而学习思维是一种偏见",其实这两个判断完全不同。后一判断的意思是,人们并不是学习了逻辑才会思维,正像人们不是学了生理学才会消化一样。黑格尔批评这种偏见,但并没有否定学习逻辑的必要,而是强调人们应正确地看待逻辑学,不应当仅仅怀着学习思维的狭隘目的去研究逻辑学。

四、同一律的运用和正确理解

同一律是形式逻辑规律的核心,正确理解同一律的基本内容和要求,不仅是进行正确思维的必要条件,而且有助于正确地掌握矛盾律和排中律。具体来说,同一律的作用表现在两个方面：

1. 同一律在数学中的具体运用

数学是严格地按照同一律原则建立起来的一门演绎科学。在数学大厦中，每个概念自身是确定的，概念与概念之间的区别也是确定的，如果做不到这两点，整个数学大厦就会崩溃。同样，如果对一个基本概念没有一个明确一致的定义，这门科学也无法建立，几何学的诞生就是明证。欧几里得之前，几何学的知识已经十分丰富，但一直没有形成一门系统的科学，究其原因，主要是当时对"点"没有一个统一的定义，有人把它当成物理上的点，有人又把它当成没有量度的抽象的点。只有当欧几里得统一了"点"的定义以后，一门系统的几何学才得以诞生。

2. 同一律在写作中的具体运用

写文章要遵循同一律是指整篇文章的结构要有一种内部的联系，要围绕一个中心，不能跑题。

例如，有一个为富贵人家的老太太献诗祝寿的民间故事就生动地说明了这一点。这首诗的第一句是"这个婆娘不是人"，看完这句举座皆惊；第二句是"九天仙女下凡尘"，仙女确实不是凡人，这个富贵人家非常高兴；当看到第三句"儿孙个个都是贼"，全家复又怒形于色；但第四句"偷得蟠桃奉母亲"又使全家上下捧腹大笑。究其原因就在于四句诗贯穿了一个主题思想：祝寿。

在正确理解同一律的作用时，要认识到同一律是思维规律，不是客观规律。同一律只是要求人们研究思维形式之间的关系时把已经建立的思维形式暂时确立、固定，以满足进一步研究的需要。但这并不认为思维形式是一成不变的，更不意味着思维形式所反映的客体是一成不变的，而把客观事物看作永恒不变的观点正是形而上学绝对同一原则的本质特点。

第三节 矛盾律

一、矛盾律的基本内容

矛盾律的基本内容是：在同一个思维过程中，对于同一个对象既肯定又否定的断定，不能同真，必有一假。

矛盾律的公式是：

A 不是非 A

$\neg(A \wedge \neg A)$

这里的 A 表示任一概念或判断，"非 A"表示对 A 的否定。"A 不是非 A"的意思是 A 这个概念（或判断）不是非 A 那个概念（或判断）。"并非是 A 又不是 A"表示 A 和非 A 不能同真，即"A 真并且非 A 也真"是不能成立的。

二、矛盾律的基本要求

1. 矛盾律对概念方面的要求

一个概念不能既反映某一对象又不反映某一对象，两个矛盾的概念不能同时反映同一个对象。

例如：

① 不能用"动物"与"非动物"去反映动物这个类，如果这样做就会出现概念的矛盾："非动物的动物"。

②"慢吞吞的快马"、"青年的老头"、"铁制的木桌"、"长的短"等这样一些概念也是违反矛盾律要求的。

2. 矛盾律对判断方面的要求

一个判断不能既陈述某个事实又不陈述某个事实，两个互相反对或者互相矛盾的判断不能同真。

例如：

③"这个人是中国人"和"这个人不是中国人"不能同真。

矛盾律和同一律一样，都是人们思维确定性的需要。同一律的公式是"A 是 A"，矛盾律的公式是"A 不是非 A"。由此可见，矛盾律正好是同一律的反面展开，即以否定的形式展示同一律。

三、违反矛盾律的逻辑错误

在同一思维过程中，把 A 与非 A 同时认为是真从而造成的逻辑错误，称为"自相矛盾"，具体来说有两种：

1. 概念的自相矛盾

这种情况主要是概念自身隐含的矛盾所造成的逻辑错误。

例如：

①"瘦长的圆脸"。这里就隐含着"脸是圆的"、"脸是长的"、"脸是瘦的"、"脸是胖的（圆即胖）"两对自相矛盾的判断。

②"鳏寡孤独的老妇人"。用"鳏"和"孤"来形容无丈夫、无子女的老妇人是不合逻辑的，因为"鳏"是指老而无妻，"孤"是指少而无父母。所以这句话等于是说"一个没有丈夫、没有妻子、没有子女、年少的没有父母的老太太"，这不是自相矛盾、滑稽可笑吗？

2. 判断的自相矛盾

这种情况主要是同时肯定两个互相否定的判断从而造成的逻辑错误。

马克思在《哥达纲领批判》中对拉萨尔提出的"劳动所得应当不折不扣和按平等权利属于社会一切成员"这条原则进行批判时指出，这里存在着自相矛盾。因为这条原则一方面说"劳动所得应当不折不扣属于社会一切成员"，另一方面又说"劳动所得应当按平等权利属于一切成员"，实际上这两个判断自相矛盾，不可能同时实现。因为如果对劳动所得实行不折不扣分配，那么此劳动成果只应属于劳动者本人，而不应该属于其他一切社会成员。反之，如果劳动所得是按平等权利属于社会一切成员，那么不折不扣地属于劳动者就会无法实现。要么不折不扣属于劳动者，要么按平等权利属于一切社会成员，两个判断互相否定，如果同时加以肯定的话，就是逻辑上的自相矛盾。①

---

① 《马克思恩格斯选集》第 3 卷，人民出版社，1972 年，第 5-9 页。

恩格斯也指出杜林在商品的价值和工资问题的论证是自相矛盾的。杜林一方面说商品的价值是由工资决定的,另一方面又说商品的价值不是由工资决定的,而是由劳动量决定的。① 杜林把两个互相矛盾的判断同时加以肯定,因而造成了自相矛盾的逻辑错误。

四、关于正确理解矛盾律

矛盾律的作用在于保持思维的首尾一贯,避免自相矛盾。正确理解矛盾律首先要认识到矛盾律中的矛盾,只是指同一思维过程中出现的逻辑矛盾,即同时断定A与非A都真。对于这种逻辑矛盾,矛盾律是要反对的。但矛盾律并不把辩证矛盾排除在一切思维之外,更不否认客观世界固有的矛盾。因此,遵守矛盾律的逻辑要求并不意味着否认客观事物本身存在着的矛盾,也不意味着人们的思想不反映客观事物自身的矛盾性。

1. 关于"悖论"

悖论是一种特殊的逻辑矛盾。例如,"我正在说的这句话是假的",若断定该判断的真,由于该判断断定"我正在说的这句话是假的",因此它是假的;若断定该判断的假,由于该判断断定"我正在说的这句话是假的",所以,它又是真的。这样,便形成悖论。

如何克服这一悖论?从语义学的视角看,在上述分析中,没有将"我正在说的这句话是假的"这一判断与对该判断真假的断定,以及关于对该判断真假的断定的再判定,即对该判断真假的断定是否正确的判定加以区分,而是将断定的结果与"我正在说的这句话是假的"这一判断自身的内容相混淆,进而导致悖论。

矛盾律被广泛运用于各门科学中,以至于任何一门科学要想成立的前提条件就是这门科学内部不能出现自相矛盾的情况,如果一门科学的内部出现了矛盾,那么这门科学就不能得到公认。

又如:

17世纪后半叶,牛顿和莱布尼茨通过"无穷小"概念的运用使微积分方法在实际上取得了合法地位。但由于"无穷小"理论包括逻辑矛盾,其理论基础仍然未能建立。因为在推导过程中,第一步要用"无穷小"作分母进行除法运算,第二步在商中把一个包含"无穷小"的量当作零大胆删去,得到一个公式。如果"无穷小"等于零,那么就不能用它作分母;如果"无穷小"不等于零,那么商中包括"无穷小"的量就不能删去。这就是"无穷小"理论的逻辑矛盾。当时的哲学家贝克莱称"无穷小"为忽儿是零,忽儿不是零,虚无缥缈,漂泊不定的"鬼魂"。直到19世纪魏尔斯特拉斯建立了极限理论中的$\varepsilon-\delta$方法,才为微积分解决了逻辑矛盾,风波才算平息。

由于悖论是一种逻辑矛盾,因此,无论我们在写文章还是建构理论体系都应该排除悖论,使文章或理论体系自恰。此外,日常生活中,人们经常使用的归谬方法的理论基础是矛盾律。此种方法以对方论题A为出发点进行逻辑推理,如果能推出非A或从A推出另外一对互相否定的判断来,就能证明对方的论题A是错误的。

2. 矛盾律的要求与实际应用

矛盾律要求人们在同一思维过程中,即在同一时间、同一关系下,对于相互矛盾、互相反对关系的判断,不应该承认它们都是真的。但是,如果在不同的时间或不同的方面对同

---

① 《马克思恩格斯选集》第3卷,人民出版社,1972年,第231—235页。

一对象作出的两个相反的论断,不能说是违反了矛盾律。

例如,某人在抗战时期是军事干部,在解放战争时期又成了地方干部,到了新中国成立后又当了驻外使节。同样是这个人,并且在同一关系(与社会的关系)方面相同,但因时间不同,所以形成了关于"某人"状况的三种判断,但这并不违反矛盾律。

如果时间相同,而关系或方面不同,对同一对象作出了两个互相反对或矛盾的判断,也是不违反矛盾律的。例如臧克家在一首诗中写道:"有的人死了他还活着,有的人活着他已经死了。"这似乎自相矛盾,其实不然,因为这是从不同的方面得出的结论。第一句中的"死了"是从自然生命的角度下的判断,而"活着"是从革命精神永远流传这个角度下的判断。第二句中的"活着"是指自然生命还存在,"死了"指这种人精神已经消失殆尽。这些论断都有严密的逻辑性,是没有违反矛盾律的。

值得指出的是,矛盾律不否定客观存在的矛盾。只有当某人既承认客观矛盾存在,同时又有客观矛盾存在,才违反矛盾律。

第四节 排中律

一、排中律的基本内容

在同一思维过程中,两个互相否定(相互矛盾和相互下反对)的思想必有一个是真的。也就是说,在同一时间、同一关系下,对反映同一对象的两个互相否定的思想不能都假,其中必有一真,即必须承认其中一个是真的,不应该含糊其辞。

排中律的公式是:

A 或者非 A

$A \dot{\vee} A$

这里的 A 表示任一概念或判断。非 A 是 A 的否定关系的概念或判断,A 或非 A 表示二者必有一真。

二、排中律的基本要求

排中律的要求:人们在同一思维过程中,即在同一时间、同一关系下,对于矛盾关系的判断、下反对关系的判断,不应该承认它们都是假的,要求在两者之中承认一个是真的。

例如,同素材性质判断对当关系中的矛盾关系和下反对关系是不能同真的。

① 不能既否定"所有的个体户都纳税了",又同时否定"有的个体户没纳税",因为这两个判断是矛盾关系的判断,其中必有一真。

② 不能既否定"有的个体户纳税了",又同时否定"有的个体户没纳税",因为这两个判断是下反对关系的判断,其中必有一真。

③ 不能既否定"这个人是教师",又同时否定"这个人不是教师",因为这两个判断是矛盾关系的单称判断,其中必有一真。

上述三组例子都是具有矛盾关系或者下反对关系的判断,不能同假,其中必有一真。至于从具体内容上判断哪一个是真的,仅仅靠排中律无法断定了,因为需要相关的专业知识。

三、违反排中律的逻辑错误

违反排中律的逻辑错误是"模棱两不可"。所谓"模棱两不可",是指在同一思维过程中,在两个互相矛盾的论断和相互(下)反对关系的判断中,采取否定的骑墙居中的态度。

例如,世界的本原是物质的,还是非物质的,这是一切哲学家都必须回答的基本问题,而有些哲学家既不说世界的本原是物质的,也不说世界的本原是非物质的,而是尽量回避这个问题,这从逻辑上来分析就是"模棱两不可"。

又如,鲁迅先生的杂文《立论》中就讲了一个很能说明这个问题的故事。其文大意是说,有一个富豪之家,生了一个"贵子"。孩子满月时,富豪设席大筵宾客,席间把孩子抱出来与众人见面。有的客人说这孩子将来要做大官,于是得到了一番感激。有的客人说这孩子将来会发大财的,因而受到了很多恭维。席间有个人站起来说:"这个孩子将来要死的。"这个人遭到了大家一顿合力的痛打。其实,说要死的是必然,说得富贵和做大官的也许是说谎。但说谎的得好报,说必然的却遭痛打。有的学生就此问老师:"我愿意既不谎人,也不遭打,那么,我得怎么说呢?"老师说:"那么,你得说啊呀!这孩子啊!你瞧!多么……啊呀!哈哈!"

文中的"既不谎人,也不遭打",意思是不说谎话,也不说真话,采取"模棱两不可"的态度,由于事实上,这里并不存在这第三种状况,因而这样的态度就是违反排中律要求的逻辑错误。

四、排中律的运用和正确理解

排中律的根本作用,就是它能让人们在思维过程中保证思想的明确性。人们在推理或论证过程中,遵守了排中律,态度就会明朗,是非就能分明,从而有助于人们认识现实、发现真理。排中律的原理与矛盾律的原理结合在一起,构成反证法的基本原理,而反证法有着重要而广泛的运用。下面举一个例子说明反证法的运用过程。

相传有三个哲学家做一个游戏:他们三个人顺序地坐在三个一排的椅子上,甲最前,乙次之,丙最后。另一个人告诉他们:"三个人之中至少有一人戴了白帽子。"这个人问坐在最后的丙:"你知道自己戴的是什么帽子吗?"丙看看乙、甲,回答说:"不知道。"这个人接着问乙:"你现在知道自己戴的是什么帽子吗?"乙看了看甲(不能回头看丙)说:"不知道。"

这个人最后问甲:"你现在知道自己戴的是什么帽子吗?"甲稍做思考,答:"知道了,我戴的是白帽子。"甲是如何知道的呢?我们从丙的回答开始分析:如果乙和甲都没有戴白帽子,那么根据"3个人中至少有一人戴白帽子",便得出"自己戴的是白帽子",但丙回答不知道,所以,乙与甲中至少有一人戴白帽子。再看乙的回答,乙看了看甲,如果甲没有戴白帽子,那么根据"乙与甲中至少有一人戴白帽子"便得知"自己戴的是白帽子",但乙回答说不知道,这表明"甲戴了白帽子"。此番推理,甲也会做,因而当问甲时,甲便答知道了。
此番推理便是矛盾律、排中律交替运用的结果。
要想正确理解排中律,首先要弄明白排中律与矛盾律的区别。它们的区别主要有4点:

(1) 矛盾律要求对相互否定的概念和判断不能都加以肯定,排中律要求对相互否定的概念和判断不能都加以否定。

(2) 矛盾律既适用于相互矛盾的概念或判断,同时又适用于相互反对的概念或(上)反对关系的判断;排中律则适用于相互矛盾的概念和判断,同时又适用于相互(下)反对关系的判断。适用于相互矛盾的概念和判断是矛盾律与排中律的交叉部分,而适用于相互反对的概念或(上)反对关系的判断是矛盾律的范围,适用于相互(下)反对关系的判断则是排中律的范围。

(3) 违反矛盾律要求的逻辑错误是"自相矛盾"、"模棱两可",违反排中律要求的逻辑错误是"模棱两不可"。

(4) 对于(上)反对关系的判断,运用矛盾律,可以由真推知假,而不能由假推知真;对于(下)反对关系的判断,运用排中律,不可由真推知假,但可由假推知真。

五、运用排中律的注意点

(1) 排中律要求人们在同一思维过程中,即在同一时间、同一关系对于同一对象的相互矛盾关系的判断和下反对关系的判断,要排除中间可能性,要求在两者之中承认一个必然是真的,即要求人们对此二者不能都断定为假,承认其中必有一真。因此,排中律的作用在于保持思维的明确性,消除思维的不确定性,避免思想的混乱。但是,如果客观事物确实存在着第三种可能性,不能说是违反了排中律。否则,就会导致思想上的片面性。

(2) 当人们对于某个事物或现象尚未深入了解,暂时还不能弄清它的是非、曲直,因而无法作出明确的表态。在这种情况下,不明确表态并不违反排中律。

(3) 关于"复杂问语",不能简单地回答"是"或"不是"。

例如,"您是否戒烟了?"由于该"复杂问语"预设了"您是抽烟的",所以,如果回答"是",则说明过去抽烟,现在不抽烟了;如果回答"不是",则说明不仅过去抽烟,而且现在还在抽烟。因此,对于这种"复杂问语",不能简单地回答"是"或"不是"。

拓展讨论:充足理由律

充足理由律是逻辑基本规律之一。17世纪德国哲学家莱布尼兹在其著作《单子论》中提出"充足理由原则"作为推理的两大原则之一,后来,德国逻辑学家沃尔弗正式提出"充足理由律"作为传统逻辑基本规律之一。充足理由律的主要作用在于保证思维的论证性。

1. 充足理由律的基本内容

在论证过程中,一个判断被确定为真,总是有充足理由的。其主要内容有两条:(1)理由必须真实;(2)理由与推断之间有逻辑关系,从理由能够推出所要论证的论断。

充足理由律的公式为:

$B \wedge (B \rightarrow A) \rightarrow A$

2. 充足理由律的要求

(1) 对所要论证的观点必须给出理由。

(2) 给出的理由必须真实。

(3) 从给出的理由必须能够推出所要论证的观点。

3. 违反充足理由律的错误

没有理由、理由虚假、推不出来。

4. 注意点(详见第十二章证明与反驳)

(1) 没有理由:不是指完全不给出任何理由,而是指给出的理由与论证的观点不相干或很少相干,如诉诸个人、诉诸情感、诉诸权威、诉诸无知、循环论证等。

(2) 理由虚假:用以证明某种观点论据的虚假。

(3) 推不出来:推理过程不合逻辑。

关 键 术 语 提 要

形式逻辑基本规律是关于同一思维过程中思维的逻辑形式的规律。它从不同方面体现思维的确定性及其要求。

同一律:在同一思维过程中,每一思想的自身都具有同一性。

矛盾律:在同一思维过程中,互相否定(相互矛盾和相互上反对)的思想不能同时为真的,其中必有一假。

排中律:在同一思维过程中,两个互相否定(相互矛盾和相互下反对)的思想必有一个是真的。

充足理由律:在论证过程中,一个判断被确定为真,总是有充足理由的。

进 一 步 阅 读 指 南

1. 苏越.思路·逻辑·创造方法.北京:中央广播电视大学出版社,1992
2. 郁慕镛.形式逻辑纲要.南京:江苏科学技术出版社,1992
3. 马玉珂.西方逻辑史.北京:中国人民大学出版社,1985
4. 江天骥.西方逻辑史研究.北京:人民出版社,1984
5. 朱志凯.形式逻辑基础.上海:复旦大学出版社,1983
6. 杜国平.普通逻辑.北京:高等教育出版社,2010

问 题 与 思 考

1. 什么是同一律?同一律有何逻辑要求?违反同一律会犯哪些逻辑错误?
2. 什么是矛盾律?矛盾律有何逻辑要求?违反矛盾律会犯哪些逻辑错误?
3. 矛盾律排除客观矛盾吗?为什么?
4. 什么是排中律?排中律有何逻辑要求?违反排中律会犯哪些逻辑错误?
5. 排中律排除中间状况吗?应用排中律时应注意些什么?

练 习 题

一、运用逻辑基本规律,分析下列各题的逻辑错误。

1. 这件事我没有过问,只是侧面了解了一下情况,提点意见供参考。

2. 我是同意解放思想的,因为只有解放思想才能充分调动广大群众建设社会主义的积极性。但是,思想一解放,谁想说啥就说啥,谁想干啥就干啥,这势必要削弱组织性、纪律性,削弱党的领导,这样一些事情就不好办了。

3. "刘三姐"歌剧中,3个秀才是这样回答刘三姐的问题的。刘三姐问:高高山上低低坡,三姐爱唱不平歌,再向秀才问一句,为何富人少穷人多?

陶秀才答:穷人多者不少也。

李秀才答:富人少者是不多。

罗秀才答:多者非少,少非多。

4. 厂长到车间了解生产计划完成的情况,厂长与车间主任进行了如下的对话:

厂长:你们车间是否已按时完成了生产计划?

车间主任:工人们劳动积极性都很高,劳动纪律也较好,没有迟到早退的。

厂长:你是说,你们车间已按时完成了生产计划吧?

车间主任:我说的不是这个意思。

厂长:那么,你们没有按时完成生产计划!

车间主任:我并没有说我们没按时完成计划。

5. 陈景润上中学时,有一天,数学老师给他们介绍了哥德巴赫猜想。第二天上课时,发生了一幕小喜剧:几个相当用功的学生兴冲冲地给老师送上了几个答题的卷子。他们说他们已经做出来了,能够证明那个外国人的猜想了。"你们算了!"老师笑着说,"算了!算了!""我们算了,算了。我们算出来了!""你们算了!好啦好啦,我是说,你们算了吧,白费这个力气做什么?"

6. 巴特尔翻身下马,跳过沼泽,快步向野狼扑去,左手拧住野狼的耳朵,右拳用力痛打。这只野狼吐了几口血,躺下不动了。年轻的巴特尔以为狼死了,掏出手帕擦满头的汗水。谁知,狡猾的野狼猛扑过来。巴特尔眼疾手快,抽出腰间的钢刀向狼脖猛刺,这只野狼才死去。巴特尔空手打狼,为民除害的事迹,在苏尼特草原上流传开来,人们称他是草原上的小武松,是个真正的英雄。

7. 达尔文提出进化论,认为人类是由猿猴进化来的。这一学说的问世是对神学的公开宣战。主教们纷纷提出质问:"有哪一个人不是父母所生,而是猴子变成的?又有谁见过哪一只猴子变成了人?"

8. 苏联小说《时间呀,前进》中有这样一个情节:青年突击队创造了用搅拌机高速度搅拌混凝土的新纪录。值班总工程师并不以为然。下面是青年突击队队长同值班总工程师的一段对话:

队长:你禁止这种工作吗?

总工程师:我并不禁止。

队长:你允许这种工作了?

总工程师:我既不禁止,也不允许。

9. 警官奥楚蔑洛夫处理一只小狗咬了人的纠纷。当他听说这只狗是普通人家的狗,他就说这是不遵守法令,要养狗人受罚、赔钱,"要好好地教训他一顿"。但当他听说这是将军家的狗时,又说这条狗那么小,不可能咬魁伟的人,反说伤者的伤口是钉子弄破的。接着巡警向警官报告说这不是将军家的狗,警官就说这狗是下流坏子。可是又有人说可能还是将军家的狗,他又说,这狗是一条名贵的狗,而且狗是娇贵的动物,责怪被咬人不应该用烟头去碰它的鼻子。最后,将军家的厨师来了,他告诉警官,这的确不是将军家的狗,于是警官决定处死这条小狗;可是厨师又说,这是将军哥哥家的狗,警官又改口说,这是一条好小狗,挺伶俐。

二、逻辑规律知识在批判性思维中的运用。

1. 古时候的一场大地震几乎毁灭了整个人类,只有两个部落死里逃生。最初在这两个部落中,神帝部落所有的人都坚信人性本恶,圣地部落所有的人都坚信人性本善,并且没有人既相信人性本善又相信人性本恶的人存在。后来两个部落繁衍生息,信仰追随和部落划分也遵循着一定的规律。部落内通婚,所生的孩子追随父母的信仰,归属原来的部落;部落间通婚,所生孩子追随母亲的信仰,归属母亲的部落。

我们发现神圣子是相信人性本善的。根据有关逻辑规律,分析并指出在以下各项对神圣子身份的判断中,不可能为真的是:

A. 神圣子的父亲是神帝部落的人。 B. 神圣子的母亲是神帝部落的人。
C. 神圣子的父母都是圣地部落的人。 D. 神圣子的母亲是圣地部落的人。
E. 神圣子的姥姥是圣地部落的人。

2. 有一位雄心勃勃的年轻人想发明一种能够溶解一切物质的溶液,以下哪项劝告最能使这位年轻人改变初衷呢?

A. 许多人都已经对此做过尝试,没有一个是成功的。
B. 理论研究证明这样一种溶液是不存在的。
C. 研究此溶液需要复杂的工艺和设备,你的条件不具备。
D. 这种溶液研制出来以后,你打算用什么容器来盛放它呢?
E. 你的想法也许在你看来是一种奇思妙想,但是在实践中却很难实施。

3. 某班级有学生做好事不留名。甲、乙、丙、丁4位老师对班上的4位学生表达了他们的看法。

甲说:"这件事如果不是张善做的,肯定就是赵柳做的。"
乙说:"这件事如果是张善做的,那么李汜或王鹜也会做。"
丙说:"这件事如果李汜不做,则王鹜也不做;赵柳也不会是做这件事的人。"
丁说:"这件事肯定是张善做的,而李汜与王鹜都不会做。"
事后得知4位老师的看法中只有一种是对的。
根据以上信息,可以推出以下哪项?
A. 张善 B. 李汜 C. 王鹜 D. 赵柳 E. 无法确定

> 我们用世界上的一切归纳法都永远不能把归纳过程弄清楚。只有对这个过程的分析才能做到这一点。——归纳和演绎,正如分析和综合一样,是必然相互联系着的。①
>
> ——恩格斯

第十章 归 纳 推 理

本章概述

按传统逻辑的分类,归纳推理是一种从个别推到一般的推理。归纳推理按其是否涉及一类对象的全部而论,可将其分为两类:完全归纳推理和不完全归纳推理。其中完全归纳推理是必然性推理,而不完全归纳推理则是或然性推理。鉴于不完全归纳推理的根据有所不同,可再将其分为简单枚举归纳推理、科学归纳推理和求因果五法。此外,还有属于现代归纳逻辑的两种不完全归纳推理:概率归纳推理和统计归纳推理。它们是运用数学方法进行定量分析的归纳推理。上述各种归纳推理均在人类的认识活动中发挥着十分重要的作用,是人类从个别中把握一般、从具体上升到抽象的主要认识方法。在人类认识活动中,归纳推理与演绎推理互相依赖,相互补充,共同发挥着各自应有的作用。同时,归纳推理具有综合美、创新美和超越美。

第一节 归纳推理概述

一、归纳推理的含义

所谓归纳推理,就是以若干个个别性或特殊性知识作为前提,来推出一个一般性知识作为结论的推理。简单地说,归纳推理就是从个别推出一般的推理。

例如:

① 张梅这次逻辑考试的成绩是优,
　　王兰这次逻辑考试的成绩是优,
　　李菊这次逻辑考试的成绩是优,
　　赵竹这次逻辑考试的成绩是优,
　　(张梅、王兰、李菊、赵竹是 312 宿舍的所有同学)
　　所以,312 宿舍的所有同学这次逻辑考试的成绩都是优。

---

① 《马克思恩格斯全集》第 20 卷,人民出版社,1971 年,第 570—571 页。

② 张梅这次逻辑考试的成绩是优，
　　王兰这次逻辑考试的成绩是优，
　　李菊这次逻辑考试的成绩是优，
　　赵竹这次逻辑考试的成绩是优，
　　（张梅、王兰、李菊、赵竹是法学 2010 级 3 班的部分同学）
　　所以，法学 2010 级 3 班的所有同学这次逻辑考试的成绩都是优。

上面两例就是两个归纳推理。在每一个归纳推理中，横线上面的前提是已知的个别性或特殊性知识，横线下面的结论就是归纳推出的一般性知识。

归纳推理在人类的认识过程中起着重要的作用。人的认识过程总是先从了解个别和特殊事物的属性开始，逐步扩大到了解和把握事物的本质和一般规律。运用归纳推理，能够把人们在具体实践过程中所掌握的关于个别事物的经验知识条理化、系统化、抽象化，在认识水平上，从个别或特殊上升到一般，从具体上升到抽象，由此推动人类认识的不断向前发展。科学史上许多重要的知识进展，如物理学、化学、生物学、天文学上大量经验定律的发现，均有归纳推理在起作用。近年来在我国的 GCT-ME、MBA 和 MPA 入学考试都注重考察考生对归纳推理的掌握程度，相关的逻辑试题中都包含了考察考生归纳推理能力。

二、归纳推理的种类

根据归纳推理的前提是否涉及了一类事物中的全部对象，可将所有的归纳推理分为两类：一类是完全归纳推理；另一类是不完全归纳推理。上面的例①就是一个完全归纳推理，例②就是一个不完全归纳推理。

传统逻辑中的不完全归纳推理，又包括简单枚举归纳推理、科学归纳推理及求因果五法三种。简单枚举归纳推理是以经验的认识为主要依据，从某种事例的多次重复而又未发现反例，来推出一般性的结论；科学归纳推理则是以科学理论作为指导，从探索不同现象间的因果联系出发，来推出一般性的结论；而求因果五法主要是探求不同现象间因果联系的推理或方法，也是从个别对象的情况推导出一般性的结论。

此外，还有属于现代归纳逻辑的两种不完全归纳推理：概率归纳推理和统计归纳推理。它们是运用数学方法进行定量分析的归纳推理。

三、归纳推理的逻辑性质

归纳推理与演绎推理、类比推理并列被称为传统逻辑的三大推理形式。归纳推理的逻辑性质也是与其他两种推理（特别是演绎推理）相比而显示出来的。其内容大致如下：

（1）归纳推理思维进程的方向是从个别或特殊到一般；演绎推理的思维进程方向是从一般到个别或特殊；类比推理的思维进程方向是从个别到个别，或从一般到一般。

（2）归纳推理前提与结论所断定的范围情况复杂，对于完全归纳推理而言，其结论所断定的范围等于前提所断定的范围；而更受人重视的不完全归纳推理，其结论所断定的范围则超出了前提所断定的范围。与此相对照，演绎推理的结论却没有超出其前提所断定的范围，类比推理的结论却超出了其前提所断定的范围。

(3) 归纳推理前提与结论联系的性质也有点复杂，完全归纳推理的前提与结论的联系是必然性的，其前提真，结论一定真；而不完全归纳推理的前提与结论的联系是或然性的，其前提真，结论不一定真。与此相对比，演绎推理前提与结论之间的联系是必然性的，其前提真，结论一定真；而类比推理前提与结论之间的联系是或然性的，其前提真，结论不一定真。

四、归纳推理与演绎推理虽然性质各异，但却关系密切

(1) 它们共存于人类的一般认识活动中，是人类两大主要的认识活动方式。就人类整个认识过程而言，它是一个由个别、特殊到一般，又由一般到特殊、个别的过程。从逻辑推理来说，也就是归纳推理与演绎推理相结合、相统一的过程。古希腊哲学家、西方逻辑的创始人亚里士多德就已将归纳与演绎结合起来研究，他提出的逻辑史上第一个科学发现模式就是归纳与演绎相结合的产物。亚里士多德的这一思想后来为许多著名哲学家、逻辑学家和自然科学家所肯定和效仿。

(2) 在实际的思维活动中，一方面，演绎依赖于归纳，也渗透着归纳。演绎的一般性大前提来自归纳，演绎推理形式也是人们在亿万次思维实践中对经验归纳概括所得的成果，演绎的结论尚需归纳作出论证和补充。另一方面，归纳也依赖于演绎，渗透着演绎。归纳总是在一定理论观点的指导下进行的，归纳的出发点总是某种理论，这种理论实际上就是某种演绎的结论；归纳过程渗透着演绎，归纳考察哪些对象，在哪些不同条件下考察，如何对待反例，这些都必须通过特定的演绎加以澄清；另外，归纳的结论也有待于演绎的论证和补充。

在逻辑史和科学方法论史上，曾盛行过演绎主义和归纳主义两大流派。演绎主义认为归纳不能带来必然性的知识，贬低归纳，片面夸大演绎对科学认识的作用；而归纳主义则讥讽演绎主义不能带来新知识，片面夸大归纳对科学认识的作用。尽管这两大流派均对演绎逻辑和归纳逻辑的发展作出过重要贡献，但它们各自的立场和观点均是片面的，都没有将演绎与归纳结合起来，犯了形而上学的错误。

五、归纳推理的必要条件

归纳推理是从个别性或特殊性的知识上升到一般性的知识的推理，这并非意味着归纳推理就是由个别或特殊达到一般的整个认识过程。一般来说，人们总是要先搜集一定的事实材料，对它们进行整理和加工，从而得到一些个别性或特殊性知识。然后，以这些知识判断作为前提，才能进行归纳推理。可以说，搜集事实材料是进行归纳推理的必要条件。

搜集事实材料的工作必须依赖于一定的方法，这些方法大致包括两种：经验的认识方法和理论的认识方法。经验的认识方法主要指观察和实验，而理论的认识方法主要指比较和分类、分析和综合等。这样一些认识方法对于搜集事实材料具有很大的作用，它们对归纳推理的开展也具有重要的意义。

第二节 完全归纳推理

一、完全归纳推理的含义

所谓完全归纳推理，就是根据某类中每一个对象具有或不具有某种属性的前提，推出该类全部对象都具有或不具有该属性的结论的归纳推理。完全归纳推理又称完全归纳法。

例如：

③ 锂可与氧分子发生反应，
钠可与氧分子发生反应，
钾可与氧分子发生反应，
铷可与氧分子发生反应，
铯可与氧分子发生反应，
钫可与氧分子发生反应，
（锂、钠、钾、铷、铯、钫是全部的碱金属）

所以，凡碱金属均可与氧分子发生反应。

在例③中，对所有的碱金属逐一加以考察，发现它们均可与氧分子发生反应，由此概括推出所有碱金属均有这种性质。这就是一个完全归纳推理，其逻辑形式为：

S_1是（或不是）P
S_2是（或不是）P
S_3是（或不是）P
……
S_n是（或不是）P
（S_1，S_2，S_3，…，S_n是 S 类的全部个体对象）

所以，所有 S 都是（或不是）P

完全归纳推理在人们的日常思维中运用得很普遍，如"法学 2002 级 3 班学生这学期逻辑学考试成绩都为优"、"今天这幢大楼所有的房间均消过毒"、"这次开人代会所有的代表都到场了"等结论，都可以通过完全归纳推理得到的。

二、推理根据和注意事项

完全归纳推理在前提中逐一考察的是一类事物的全部对象，结论断定的是这类事物的全部，是就其整体而言的，在这里，前提所断定的范围和结论所断定的范围是相同的，只不过前提是在分别说明个别或特殊性的情况，而结论则是统一说明一般性的情况，所以完全归纳推理的前提与结论之间的联系是必然性的，结论可以从前提中必然推出。完全归纳推理的推理根据是充分的，它是一种前提蕴涵结论的必然性推理，现代逻辑据此把它归入演绎推理，本书根据传统逻辑的习惯，仍把它作为归纳推理来看待，因为它毕竟是从个别或特殊性知识的前提推出一般性知识的结论的推理，尽管其前提和结论所断定的范围是一样的。

要使完全归纳推理的结论真实,就必须注意以下两点:
(1) 对于个别或特殊对象的断定都应该是真实的,即每一个断定个别对象情况的前提都应该是真实的。
(2) 要保证被断定的特殊对象是一类中的全部对象。也就是说,要无一遗漏地考察某类中的每一个对象。该类事物有多少个对象,就应相应地形成多少个判断作为前提。

以上两点是正确运用完全归纳推理的必要条件,违背了其中一点,推理的结论就可能是假的。

三、完全归纳推理的作用

完全归纳推理的前提是个别或特殊性知识的判断,而结论是一般性知识的判断,因此它能使认识从个别或特殊上升到一般,从而扩大人类的认识视野,给人类带来新的知识。它既是一种发现的方法,也是一种证明的方法。因此,完全归纳推理在人类认识过程中是有着重要作用的。

但是,有些逻辑学家否认完全归纳推理的科学发现作用,认为完全归纳推理的结论只不过是各个前提的简单总和,它不能提供任何新的知识。这种看法是不恰当的。在客观现实中,一般总是存在于特殊之中,并且通过特殊而获得自己的存在方式。但是这两者毕竟又不能完全等同和相互替代。我们认识了每个特殊,并不等于就认识了一般,这里还有一个从每一个特殊抽象上升到一般的问题,而认识只有从特殊上升到一般,才能获得进步和发展。例如,在例③中,我们只是分别了解了每一种碱金属都能与氧分子发生反应,这时我们的知识还只是停留在特殊性、局限性的认识水平上,当我们通过完全归纳推理,把这些特殊性知识加以概括得出一般性结论时,我们的认识才从特殊上升到一般,即"凡碱金属都可与氧分子发生反应",这种一般性知识的结论是特殊性知识的前提所不能代替的,因为它是一种新知识。

完全归纳推理也经常被用来证明。为了证明某个一般性知识论题的正确性,可以列举与此有关某类所有对象的情况,逐一加以考察,然后运用完全归纳推理,就可以论证这个一般性知识论题是正确的。一般来说,在某类对象数目不多的情况下,运用完全归纳推理来证明某相关论题是一个较好的证明方法。

尽管完全归纳推理具有上述作用,但也有其局限性。当需要考察的某类事物中所包含的个体对象数目很大时,使用这种推理就很不方便;而对于包含无限多个体对象的一类事物而言,则完全不能使用这种推理方法来加以考察。例如,谚语"天下乌鸦一般黑"、开普勒的行星运动三大定律等就不是运用完全归纳推理所能得到的。在上述两种情形下,人们如需认识这些事物的一般属性时,通常会使用不完全归纳推理的方法。

第三节 不完全归纳推理

所谓不完全归纳推理,就是根据某类事物中的部分对象具有或不具有某一属性,推出该类全部对象具有或不具有该属性的结论的归纳推理。传统逻辑根据不完全归纳推理的根据有所不同,将其分为简单枚举归纳推理、科学归纳推理和求因果五法。本节介绍前两种不完全归纳推理。

一、简单枚举归纳推理

1. 什么是简单枚举归纳推理

简单枚举归纳推理是根据某类中部分对象具有或不具有某种属性,并且未遇反例的前提,推出该类全部对象具有或不具有该属性的结论。简单枚举归纳推理又称简单枚举法。

例如:

① 17世纪,德国著名天文学家开普勒潜心探索天空的奥秘。他发现,水星、金星、地球、火星、木星和土星这太阳系六大行星绕太阳公转的周期与各行星到太阳的距离之间存在着数值上的奇妙特点,如果设公转周期为T,行星与太阳距离为R,则水星等六大行星都存在着 $T^2 = R^3$ 的特征。于是,他从中归纳得出了一个一般性的结论:行星公转的周期的平方与它同太阳距离的立方成正比,这即为开普勒行星运动的第三定律。

在例①中,开普勒的推理就是简单枚举归纳推理。他并没有列举出全部行星的数值情况,只是简单枚举了六大行星的数值状况,在未遇反例的情况下,得出了一般性的结论。这一推理的逻辑形式为:

S_1是(或不是)P

S_2是(或不是)P

……

S_n是(或不是)P

($S_1, S_2, \cdots, S_n$是 S 类的部分对象,枚举中未遇反例)

所以,所有 S 都是(或不是)P

简单枚举归纳推理的前提只枚举了一类事物中部分对象的属性情况,没有枚举一类事物所有个体对象的情况,然后就大胆地从中推出一般性的结论。从认识方向上看,这是从已知推向未知,从过去推向未来。日常生活中的"寒来暑往,昼夜交替"、"种瓜得瓜,种豆得豆"、"瑞雪兆丰年"等谚语常识,就是运用简单枚举归纳推理得到的。

2. 推理根据和注意事项

简单枚举归纳推理的根据是在没有遇到反例的情况下一些同类事实的重复,这一推理根据是不充分的。没有遇到反例只是当下认识的情况,它并不等于客观上不存在反例,也不等于今后不会出现反例,因而简单枚举归纳推理是一种或然性推理,在前提为真的情况下,它的结论不一定为真。

为了提高简单枚举归纳推理结论的可靠程度,必须注意以下两点:

(1)前提中考察的对象要尽可能多些。一类事物中被考察的对象越多,其结论的可靠程度也就越大。这一特点一般表现在一类事物所含有的个体对象为有限数目时;当一类事物所含个体对象数目为无限多时,即使考察的对象再多,也难以提高其结论的可靠程度。

(2)前提中考察对象的范围要尽可能广些,特别要注意一些最容易出现相反情况的场合。一类事物被考察的对象范围越广,其结论的可靠程度也就越大。如果在一些最容易出现相反情况的场合下都没有发现例外情况,则说明某类事物遇到反例的可能性极小,其结论的可靠程度自然也大大提高。

例如:

② 铁可以与硫直接化合，
　　铜可以与硫直接化合，
　　锌可以与硫直接化合，
　　银可以与硫直接化合，
　　铝可以与硫直接化合，
　　铅可以与硫直接化合，
　　（铁、铜、锌、银、铝、铅是部分金属）
　　所以，所有金属都可以与硫直接化合。

例②推理的前提是真的，但其结论却是假的，因为后来发现了反例，即金和铂就不能与硫直接化合。

如果只根据一两件事实材料就简单得出一般性的结论，并且还将这一结论看成真实可靠的，那么这种情况就称为"轻率概括"或"以偏概全"，这是运用简单枚举归纳推理时常犯的逻辑错误。中国古代流传下来的"守株待兔"寓言，就讲了一个"轻率概括"的故事。故事的主人公将某一天见到的"奔兔触株而死"这一极为稀罕的事件误当作常见的现象、一般的规律，终于闹成笑话，给人警醒。同样，看到过一个有钱人道德品质不好就得出"为富不仁"的一般性结论，受过一个商人的欺骗就得出"无商不奸"的一般性结论，都是犯了轻率概括、以偏概全的错误。

在简单枚举归纳推理中，前提要求是未遇反例。但如果以后发现一个反例，则原先的结论就不能成立了。例如，当发现世界上很多地方的乌鸦都是黑的，很容易根据简单枚举归纳推理，得出一个一般性的结论：天下乌鸦一般黑。但终于有一天，人们在一个地方发现了白乌鸦以后，则原先的结论随即就被推翻了。

3. 简单枚举归纳推理的作用

虽然简单枚举归纳推理结论的可靠程度不高，但它在人类的认识过程中还是具有重要作用的。这一推理的结论所断定的范围超出了前提所断定的范围，因而简单枚举归纳推理被普遍认为是能够提供新知识的推理。

在科学认识过程中，人们在对自然现象及其规律进行探索和研究时，一般常运用简单枚举归纳推理提出一些初步的假说和猜想，由此将科学研究引向深入。不论人们后来是否证了这些假说还是证明了这些假说，都不能否认这些假说对科学发现的意义是多么巨大，都必须承认简单枚举归纳推理在其中所起的作用。事实上，科学史上大量的经验定律往往就是先通过简单枚举归纳推理提出假说或猜想，继而才进一步加以证实的。例如，数学上的四色定律、化学上的定比定律和倍比定律、物理学上的万有引力定律、天文学上的哈勃定律等均是如此。人是有限的存在，人只能接触有限的事物，由此而决定了简单枚举归纳推理的运用是科学认识过程中一件无法避免的事实。

当然，近百年来，人类社会逐步走进大科学高技术时代，科学家们已很少只用简单枚举归纳推理来建立他们普遍性的理论了，20世纪以来科学技术的发展对简单枚举归纳推理的依赖程度已远不如16~19世纪科学技术发展对这一推理形式的依赖程度。但是，作为一种初步的探索方法，即提出新假说、产生新知识的方法，简单枚举归纳推理仍有其固有的重要作用。只要不断提高这一推理结论的可靠程度，并且又有适当的方法对其结论进行证实或证伪，那么，人类总会运用这种推理形式来不断扩大和丰富自己的知识积累。

二、科学归纳推理

1. 什么是科学归纳推理

科学归纳推理是这样一种不完全归纳推理,它根据对某类事物中部分对象所具有属性原因的认识,从而推出有关该类对象的一般性结论。

例如:

① 铁经过加热体积就会膨胀,
   铜经过加热体积就会膨胀,
   锡经过加热体积就会膨胀,
   银经过加热体积就会膨胀,
   (铁、铜、锡、银是部分金属,已知金属加热与它的膨胀之间有因果联系)
   ─────────────────────────
   所以,所有金属经过加热体积就会膨胀。

例①这就是一个科学归纳推理,其逻辑形式为:

S_1 是 P
S_2 是 P
……
S_n 是 P
($S_1, S_2, \cdots, S_n$ 是 S 类的部分对象,且已知它们具有 P 的原因)
─────────────────────────
所以,所有 S 都是 P

2. 推理根据和注意事项

在客观世界中,事物对象可以在不同条件的作用下呈现为一种现象,也可以呈现为另一种现象。那种导致现象产生的条件也是一种现象,可称之为原因;而那些条件现象所产生的结果,可称之为结果。个体对象总是现象和内在本质的矛盾统一体。

科学归纳推理不仅在前提中枚举了某类事物中部分对象具有某种性质,而且还在前提中揭示了这种性质形成的原因,即揭示了关于对象的两种不同现象之间的因果联系。当人们不仅在浅层次上看到了某类事物部分对象所具有的属性,而且还在深层次上了解和把握了关于对象的不同现象间的因果联系,就可以运用科学归纳推理推出关于该类事物所有个体对象的一般性结论。

在前面的例子中,人们认识到加热部分金属与它们的体积膨胀这两种现象之间有因果关系,就可据此推出"所有金属经过加热体积就会膨胀"这一结论。在科学归纳推理中,探索和把握对象所表现出的不同现象之间的因果联系是关键。但由于人们的认识受主客观条件的限制,这使得人们关于事物不同现象间因果联系的认识只能是相对的、有条件的,因而是近似的、易错的,不是客观必然的绝对真理,因而,科学归纳推理仍然是一种或然性推理。

3. 科学归纳推理与简单枚举归纳推理的区别

(1) 两者的根据不同,因而其结论的可靠程度也有所不同。科学归纳推理主要是以关于对象的不同现象间的因果联系为根据,从而推出一般性结论;而简单枚举归纳推理则是根据某类事物中部分对象具有或不具有某种属性又未遇反例,从而推出一般性的结论。相比起来,科学归纳推理的根据要比简单枚举归纳推理的根据可靠得多,有一定的深刻性,因而,科学归纳推理结论的可靠程度也要比简单枚举归纳推理高得多。

(2) 被考察对象的数量对推理结论的影响不同。一般来说,简单枚举归纳推理所考察的对象数量越多,就越能提高其结论的可靠程度。但对科学归纳推理而言,只要认识到不同现象间的因果联系,即使前提中只有为数不多的事实,也一样能概括推出较为可靠的结论。

4. 提高科学归纳推理结论的可靠程度,必须注意的问题

(1) 必须对被考察对象不同现象间的因果联系有一确切的描述。这种描述不仅要求定性,而且还要求定量。

(2) 对不同现象间的因果联系,必须要结合已有的正确理论进行科学的分析和解释,提高对现象间因果联系断定的可靠性,从而提高结论的可靠程度。在前面的例子中,就因为根据分子物理学理论,认识到加热铁、银等金属,会使这些金属物体内部的分子间距增大,从而使整个金属物体的体积也随之增大,这样就对金属受热和体积膨胀之间的因果联系作出了正确的理论分析和解释,所得结论的可靠程度自然就大大提高了。

5. 科学归纳推理的作用

科学归纳推理在科学认识发展史上有着突出的表现,具有重要的作用。科学史上的许多重大发现和发明,都是运用科学归纳推理做出来的。

例如:

② 英国曾经有一个农场的数十万只鸡、鸭,由于吃了发霉的花生而得癌症死去了。后来人们又发现,羊、猫、鸽子、白鼠吃了发霉的花生以后,也相继得癌症死去了。是不是所有动物吃了发霉的花生后都会得癌症死去呢?科学家们并没有轻易下结论,而是仔细分析了发霉的花生,发现了其中含有一种强烈致癌物质——黄曲霉素。导致鸡、鸭等动物相继死去的杀手即是这种黄曲霉素。这一发现是科学史上的一项重大发现。因为这一发现,科学家们便坚定了信念,得出了"所有动物吃了发霉的花生后都会得癌症死去"这一结论。

在例②中,科学家们通过鸡、鸭、羊等部分动物吃了发霉花生得癌症而死这一系列事实材料,运用简单枚举归纳推理,可以很自然地推出"所有动物吃了发霉花生后都会得癌症而死"这一结论,但这一结论毕竟可靠性程度不大;当科学家们发现了发霉花生中的"隐形杀手"——黄曲霉素,揭示了鸡、鸭、羊等部分动物吃发霉的花生与它们得癌症而死这两种现象间内在的因果联系之后,由此所得结论的可靠性程度就大大提高了。这里所用的推理显然就是科学归纳推理。

第四节 探求因果联系的逻辑方法

一、因果联系的逻辑方法概述

1. 因果联系的特征

一般来说,因果联系是客观世界中的一种普遍联系,它具有普遍性。任何现象都有其产生的原因,任何现象也都会引起一定的结果,无因之果和无果之因都是不存在的。另外,

因果联系还具有相对性,即一个现象对某现象而言是原因,但它对另一现象来说则又是结果。因此,在考察某一种特定的因果联系时,必须首先要确定所考察的因果联系到底是由哪两个现象构成的。具体来看,因果联系还具有以下几个特征:

(1) 时间上的先后相继性

从时间的单一发展过程看,一般总是原因在前,结果在后。因此,我们在探求现象之间因果联系时就应当注意:①要在被研究现象出现之前存在的各个情况(即先行情况)中去寻找它的原因;②要在被研究现象出现之后才发生的各个情况(即后行情况)中去寻找它的结果。

(2) 质和量的确定性

从质的确定性方面讲,在同样的条件下,一定的原因会产生一定的结果;从量的确定性方面讲,当原因发生一定程度的变化时,结果也随之发生一定程度的变化。根据上述两方面的确定性,我们就可从不同现象的对应关系上确定它们之间的因果联系。

(3) 形式上的多样性

因果联系的形式有很多,如"一因一果"型(即只有某一特定原因产生某一特定结果)、"一因多果"型(即某一特定原因产生多种不同的结果)、"多因多果"型(即不同的原因产生同一结果)、"合因一果"型(即几种原因的共同作用产生某一结果)、"复因复果"型(即复合的若干种原因可产生复合的若干个结果)等。由于这种多样性,因而探求现象间因果联系就成为一种非常复杂的活动,一般不会通过一两次观察、实验及推理就能够顺利完成。

2. 因果五法也是一种不完全归纳推理

探求因果联系的方法最早由英国逻辑学家弗兰西斯·培根于17世纪初最先提出,后来经过英国逻辑学家约翰·赫歇尔、穆勒(特别是经过穆勒)的加工、概括,才得以确定为五种方法。为了纪念穆勒,人们习惯上将这5种方法称为"穆勒五法",当然也可称为"求因果五法"。这五种方法是根据某个现象与其先行或后行的现象,在某些特定的场合中是否相伴出现所显示的若干例枚举特征,从而断定某个现象与另一现象间具有因果关系。在简单枚举过程中,有两种不同现象相伴出现的场合或情况,也有不相伴出现的场合或情况,据此,均可得出有关因果关系的结论。

求因果五法实际上也是一种不完全归纳推理,它是综合个别场合的相同或相似情况,从而得出一般性的结论。其前提有简单枚举的特征,其结论有综合前提上升到一般的特征。但是,求因果五法又不同于上节所谈的两种不完全归纳推理,因为其结论不是前提中若干前提内容的简单推广和概括,这一点不同于简单枚举归纳推理。另外,求因果五法中的前提并没有关于两类现象之间存在着因果联系的说明,这一点也使得它不同于科学归纳推理。其实,后者关于因果联系断定的前提正好是前者所追求的结论。

求因果五法与科学归纳推理的关系最为密切。求因果五法对现象间因果联系的研究结果,恰好成为科学归纳推理的前提和依据,没有这种前提和依据,科学归纳推理也就失去了存在的可能性,因此可以说,科学归纳推理必须依赖求因果五法。但从另一方面看,求因果五法也要依赖科学归纳推理,因为只有这样,才能充分发挥求因果五法作为逻辑工具和方法的作用,这主要是因为求因果五法的结论往往是有局限性的,所得结论的对象涉及范围相对较窄,只有通过科学归纳推理,才能将其结论进一步加以概括和推广,以满足科学认识和人们日常生活的需要。

3. 探求因果联系逻辑方法的作用

求因果五法对于科学发现是有帮助作用的。科学家们在探求不同现象间因果联系时，总会使用求因果五法；而且在实际的科学研究中，科学家们并不是单一的使用这5种方法，针对不同的研究对象，为求得稳妥可靠的研究结论，他们经常几种方法同时使用。例如美国科学家道厄为了探索动物冬眠之谜，就使用了全部五种方法，所得结论的可靠程度自然就大大提高了。

当然，也要注意，不能将求因果五法的助发现作用夸大到不切实际的程度。即使五种方法同时使用，所得结论也不是完全可靠的，前提和结论之间的联系也不是必然有效的，它仍然是一种不完全归纳推理。求因果五法所得结论的可靠程度要依赖于两个因素：一是正确地划定有关现象的范围；二是正确地分析有关现象。但这两个因素又不是求因果五法本身所能解决的，要想解决它们，还必须运用其他学科的知识以及其他逻辑方法。

二、契合法（求同法）

1. 契合法的含义

契合法是这样一种探求现象间因果联系的逻辑方法：在被研究现象出现的若干场合中，如果仅有唯一的一个现象是在这些场合中共同具有的，那么这个唯一的共同现象就是被研究现象的原因（或结果）。契合法又可称为求同法，它利用不同场合中的共同点来求原因（或结果）。

例如：

① 18世纪俄国科学家罗蒙诺索夫曾做过这样一种推论：我们摩擦冻僵了的双手，手便暖和起来；我们敲击冰冷的石块，石块能发出火花；我们用锤子不断地锤击铁块，铁块也可以热到发红。由此可知：运动能够产生热。

在例①中，"热现象"（即"暖和"、"发出火花"、"热到发红"）出现在几种不同的场合，而不同场合的具体现象各不相同，它们只有一个共同的情况或现象，即都存在着运动（摩擦、敲击、锤击，都是一种运动），因此罗蒙诺索夫便做出推论：只有这个唯一的共同现象"运动"，才可能是被研究的共同现象"生热"的原因。

契合法的逻辑公式可表示如下：

场合	先行（或后行）现象	被研究现象
(1)	A,B,C	a
(2)	A,D,E	a
(3)	A,F,G	a
……	……	…

所以，A 现象是 a 现象的原因（或结果）。

2. 运用契合法的注意事项

为了提高运用契合法所得结论的可靠程度，必须注意以下两点：

(1) 要注意各场合有无其他的共同因素。也许在我们所考察的几个具体场合中，那个都出现的共同现象，可能和我们研究的现象毫无关系，而这时在那些不同的现象中却可能含有一个共同的因素，而它恰好是被研究现象的原因（或结果）。

例如:

② 某甲第一天晚上看3小时电视,又喝了许多浓茶,结果整夜失眠;第二天晚上,他仍看了3小时电视,又抽了许多香烟,结果又是整夜失眠;第三天晚上,他还是看了3小时电视,同时又喝了大量咖啡,结果还是整夜失眠。

在例②中,某甲失眠的原因是什么呢?三个晚上只有一个共同现象:看了3小时的电视。运用契合法,它应该是某甲失眠的原因。但是,如果我们对其他不同的现象进一步分析,就会发现,尽管喝浓茶、抽香烟和喝咖啡是三个不同的现象,但是这三者中却包含了一个共同的因素,即某甲在三个晚上均吸收了大量有兴奋作用的物质。显然,在通常情况下,这个共同的因素或现象正是这人整夜失眠的原因。

(2) 要注意在尽可能多的场合进行比较。运用契合法所得结论的可靠性,既和所考察场合的数量有关,也和各个场合中不相同现象之间的差异程度有关。考察的场合越多,各个场合不相同现象之间的差异越大,运用契合法所得的结论就越加可靠。

三、差异法(求异法)

1. 差异法的含义

差异法是这样一种探求因果联系的逻辑方法:在被研究现象出现和不出现的两个场合中,如果其他现象均相同,只有一个现象不同,它在被研究现象出现的场合中存在着,而在被研究现象不出现的场合中不存在,那么这个唯一的不同现象就是被研究现象的原因(或结果)。差异法又可称为求异法,它利用不同场合的差异点来求原因(或结果)。

例如:

③ 1831年,英国物理学家法拉第为了研究磁的电流感应现象,设计了一个试验。他用两根绝缘铜线分别绕在同一根木头上,形成两极线圈,一组与电流计相连,另一组与电池相连。他发现,用一根永磁棒插入或拔出线圈,电流计中的指针就发生偏转;如果让永磁棒处于静止状态,不做运动,则指针就不会发生偏转。由此,他断定,磁体的连续运动是导致电流产生的原因。感应电流就这样被法拉第所发现了。

在例③中,法拉第的这一伟大发现就运用了差异法。他在两个不同的场合中,其他现象情况均完全相同,唯一不同的就是永磁棒是否在线圈内做运动。做运动时,产生感应电流;不做运动时,不产生感应电流。由此便可推断:永磁棒在线圈内运动是产生感应电流的原因。

差异法的逻辑公式可表示如下:

场合	先行(或后行)现象	被研究现象
(1)	A,B,C	a
(2)	—,B,C	—

所以,A现象是a现象的原因(或结果)。

2. 运用差异法的注意事项

差异法比较了正反两方面场合,因此它和契合法相比,其所得结论的可靠程度要大一

些,但仍是或然的。为了提高这一结论的可靠程度,应注意以下两点:

(1) 要注意两个场合有无其他差异现象。在运用差异法时,严格要求两个场合其他现象完全相同。如果在其他现象情况中还隐藏着另一个差异的情况,那么这一情况可能恰好就是被研究现象的真正原因(或结果)。例如,某学生曾有段时间每当上课时就头疼,而不上课时头就不疼了。他因此断言,引起他头疼的原因是上课。后来老师发现,该学生眼睛轻度近视,上课时戴眼镜,而平时则不戴;老师又了解到该学生的眼镜配得不好,一戴就头晕头疼。实际上,配戴不合适的眼镜才是该学生头疼的真正原因。该学生原来的看法就是差异法的误用。

(2) 要注意两个场合之间唯一不同的现象是被研究现象的整个原因,还是被研究现象的部分原因。如果被研究现象的原因是复合的,而且各个部分原因的作用均不相同,那么,当复合原因的一部分现象消失时,被研究现象也就消失了。在这时,我们不能浅尝辄止、以偏概全,将部分原因认作是全部原因,而应该继续深入下去,探求被研究现象的复合原因。例如,植物的生长需要水、阳光、空气、养料等因素的共同作用,这些因素共同构成植物正常生长的复合原因,缺一不可。如果其中任何一种因素欠缺,植物也就不能正常生长。所以,当植物因缺水而无法正常生长时,我们除了探求缺水这一原因外,还要注意不能把缺水当作植物生长的全部原因。要探求植物生长的全部原因,就绝不能简单停留在对缺水原因的认识上。

四、契合差异并用法(求同求异并用法)

1. 契合差异并用法的含义

契合差异并用法是这样一种探求因果联系的逻辑方法:有两组事例,一组是由被研究现象出现的若干场合组成的(正事例组),另一组是由被研究现象不出现的若干场合组成的(负事例组)。如果在正事例组的各场合里,只有一个唯一的共同情况,而这一情况在负事例组的各场合里都不存在,那么这个情况就是被研究现象的原因(或结果)。

例如:

④ 法国伟大的化学家和生物学家巴斯德为了研究炭疽病疫苗的有效性,曾于1881年5月做了一个公开试验。该月5日,在一大群内科医生和兽医面前,他对24只绵羊、6头母牛、1只山羊接种了炭疽病菌疫苗。同月31日,对接种过的和未接种过的24只绵羊、4头母牛、1只山羊等动物均进行同等大剂量的炭疽病菌注射。后来,没接种的动物相继死去,而接种过的动物全部都活了下来,没有问题。至此,巴斯德断定,炭疽病菌疫苗应对防治炭疽病有着较好的免疫效果,一些持怀疑态度的人也全都转变了立场。

在例④中,巴斯德在取得重大实验成果的过程中就运用了契合差异法。起先,对不同动物进行炭疽病菌疫苗接种,这可看作是正事例组。在这一组的不同场合中,有的情况是不同的,如绵羊、母牛、山羊,但有一个唯一相同的情况,即它们都被"接种"过,而这一组接种过的动物后来在大剂量病菌注射后全都活了下来。由此,可得出正面结论:接种炭疽病菌疫苗是这些动物能够活下来的原因。对不同动物未进行事先的炭疽病菌疫苗接种,这可看作是负事例组。在这一组的不同场合中,各种动物当然不是原先被接种的那些动物,它们之间也各不相同,形成不同的类别或场合,但其中却有一点相同,即它们都没有被接种,而正好它们却在后来的大剂量病菌注射后死去了。从中可得出负面结论:不接种炭疽病菌疫苗就会导致死亡。综合正、负事例组所得结论,可得结论便是:接种炭疽病菌疫苗对于防治炭疽病有较好的免疫效果。

  契合差异并用法中有契合法的因素,例如将正事例组求同,得出 A 现象是 a 现象的原因(或结果);将负事例组求同,得出 A 现象不出现是 a 现象不出现的原因(或结果)。但是,正负事例组的求同又不是严格意义上的契合法,正事例的各个场合,除共同有 A 现象外,其他现象并不完全不同;负事例组的各个场合,除共同没有 A 现象外,其他现象也并非完全不同。契合差异并用法中也有差异法的因素,正事例组有 A 现象也有 a 现象,负事例组没有 A 现象也没有 a 现象,由此求异得出结论。但是,这种求异又不是严格意义上的差异法,它并不是利用两场合求异,而是利用两组事例求异;并且两组事例除有无 A 现象这个差异外,其他现象并不完全相同。因此,契合差异法并用法实际上是契合法和差异法的有机结合。

  契合差异法并用法的逻辑公式可表示如下:

场合	先行(或后行)现象	被研究现象
(1)	A,B,C,D ⎫	a
(2)	A,C,E,F ⎬正事例组	a
(3)	A,D,E,B ⎭	a
……	……	……
(1)′	—,B,R,E ⎫	—
(2)′	—,E,W,T ⎬负事例组	—
(3)′	—,D,T,U ⎭	—
……	……	……

所以,A 现象是 a 现象的原因(或结果)。

契合差异并用法不同于契合法和差异法的相继运用,后者的逻辑公式可表示为:

场合	先行(或后行)现象	被研究现象
(1)	A,B,C,D ⎫	a
(2)	A,E,F,G ⎬正事例组	a
(3)	A,H,I,J ⎭	a
……	……	……
(1)′	—,B,C,D ⎫	—
(2)′	—,E,F,G ⎬一个或一组负事例	—
(3)′	—,H,I,J ⎭	—
……	……	……

所以,A 现象是 a 现象的原因(或结果)。

  在上述公式中,正、负事例组的唯一不同之处就是有无 A 现象和 a 现象,而其他现象则完全相同。在契合差异并用法的公式里,正、负事例组除了有无 A 现象和 a 现象这一点,其他先行(或后行)现象不完全相同。另外,契合差异并用法的主要特点是把正面场合的一组与反面场合的一组加以比较,无论正反场合,都要求在两个以上的场合中进行比较;而在契合法和差异法相继运用的公式里,则不必要求有一组反面场合,有一个负事例场合也是可以的。

2. 运用契合差异并用法的注意事项

为了提高契合差异并用法结论的可靠程度,运用时需注意以下两点:

(1) 构成正事例组和负事例组的场合越多,结论的可靠程度就越高。这是因为考察的场合越多,就越能排除一些偶然因素的影响,增强结论的必然性。

(2) 对于负事例组的各个场合,应选择与正事例场合较为相似的来进行比较。对于 A 现象和 a 现象均不出现的负事例组来说,其数目是无限多的,这无限多的场合并非个个对于探求因果联系都具有意义和价值。只有考察那些与正事例组各场合相似的场合,才能清楚地说明问题所在。负事例组各场合情况与正事例组各场合现象越相似,就越能说明 A 现象是 a 现象的原因(或结果)。例如,在上例中,巴斯德选取的负事例组就与正事例组极为相似,它同样也是绵羊、母牛、山羊,而且在品种、产地、饲养等方面,这些动物都和正事例组所考察的动物完全相同。这样,他所得出结论的可靠程度就相当高,很快就排除了部分人的疑虑,赢得了人们的广泛信任。

五、共变法

1. 共变法的含义

共变法是这样一种探求现象间因果联系的逻辑方法:在被研究现象发生变化的各个场合中,如果只有一种现象与之发生共变,其他现象保持不变,那么这个唯一发生变化的现象就是被研究现象的原因(或结果)。

例如:

⑤ 因船失事而落水的人最多能在水中坚持多久?科学家对此研究发现,会水的人在水温 0℃时可坚持 15 分钟;在 2.5℃时,是 30 分钟;在 5℃时,是 1 小时;在 10℃时,是 3 小时;在 25℃时,是一昼夜。可见,人在水中坚持的时间长短与水温高低有着因果联系。

在例⑤中,科学家作出结论就运用了共变法。在其他条件保持不变的情况下,根据水温逐渐升高,落水人在水中坚持的时间就逐渐延长这一定量共变的事实,就可推断出结论:水温升高是人在水中坚持时间延长的原因。

共变法的逻辑公式可表示如下:

场合	先行(或后行)现象	被研究现象
(1)	A_1,B,C,D	a_1
(2)	A_2,B,C,D	a_2
(3)	A_3,B,C,D	a_3
……	……	……

所以,A 现象是 a 现象的原因(或结果)。

在上式中,A_1、A_2、A_3……表示 A 现象在量上的不同,a_1、a_2、a_3……表示 a 现象在量上的不同。在上式的各个场合中,其他现象或情况均保持不变,只有 A 现象和 a 现象发生共同变化。这种共同变化的情形可分为 3 种:第一种是同向共变,指如果作为原因现象的量一直递加,那么作为结果现象的量也随之一直递加,这也就是通常所说的成正比情形。例如,在其他条件不变的情况下,对一定质量气体加热,当温度不断升高时,它的体积就会不断膨胀。第二种是异向共变,指如果作为原因现象的量一直递加,那么作为结果现象的量随之一直递减,这就是通常所说的成反比情形。例如,一定质量的气体,在温度不变的条件下,如果所受的压力越大,则它的体积就越小。第三种是既同向又异向共变,指如果作为原因现象的量一直递加,那么作为结果现象的量并不是一直随之递加,而是中间发生有转折的情形。例如,多参加体育活动,在一定限度内可以增进人的身体健康,但是如果超出了这一限度,超大运动量的体育活动会损害人的身体健康。因此,在这种共变中,必须找出同向共变转化为异向共变的转折界限,这样才能准确揭示存在于原因与结果之间的规律性,以满足各种认识的需要。

2. 运用共变法的注意事项

共变法是以因果联系的量的确定性作为客观依据的,它不仅对因果联系进行定性描述,而且还进行定量描述,就此而言,它优于差异法。因此,在不能运用差异法的场合,可尝试运用共变法来探求现象间的因果联系。

为了提高共变法结论的可靠程度,必须注意以下三点:

(1) 要注意与被研究现象发生共变的情况是否为唯一的。

人们往往会遇到这种情形:某一情况与被研究现象的共变不过是偶然的巧合,在各场合中还隐藏着另一种尚未发现的变化着的情况,而它恰好就是被研究现象的原因(或结果)。例如,有的人认为,电闪和雷鸣之间具有一种共变的关系,电闪的光线越强,随之而来的雷声也就越大,电闪是雷鸣的原因,雷鸣是电闪的结果。实际上,这里忽略了一个情况:自然放电。电闪和雷鸣均是由地球大气自然放电引起的,引起大气自然放电的条件越强,电闪的光线也就越强,雷声也就越大。

(2) 要注意各场合中唯一变化的现象与被研究现象之间,究竟是一种不可逆的单向作用,还是可逆的双向作用。

不可逆的单向作用产生时,作为原因现象的变化引起作为结果现象的变化,但不能相反由果到因。可逆的双向作用产生时,作为原因现象的变化引起作为结果现象的变化,而后者又能引起前者的变化,前后两种现象互为因果。例如,热引起燃烧,而燃烧又反过来产生大量热;仇恨引起战争,战争又引发新的仇恨,等等。在研究现象间因果联系时,要尽可能分辨可逆的双向作用与不可逆的单向作用,以便明确研究对象,达到研究的目的。

(3) 要注意认识通过共变形式所表现的因果联系的条件性、有限性。

通过共变形式表现出来的现象间因果联系是在一定条件下才存在的,当条件变化或消失时,现象间的共变关系就会消失,或者产生一种反向的共变关系。例如,施肥会引起增产,在一定限度内多施肥料就多增产;但是如果超出了一定的条件和限度滥施肥料,就会引起减产,甚至颗粒无收。

六、剩余法

1. 剩余法的含义

剩余法是这样一种探求现象间因果联系的逻辑方法:如果已知某一复合的被研究现象是由某个复合的先行现象所引起的,同时,又知道这个复合的先行现象中的一部分现象是复合的被研究现象中一部分现象的原因,那么,这个复合的先行现象中的剩余部分就是复合的被研究现象剩余部分的原因。

例如：

⑥ 1781年，英国天文学家赫歇尔发现了天王星，但是以后对它运行轨道的实际观测却与根据牛顿万有引力理论所作的计算不符。当时已知的行星对天王星的影响只能解释部分情况，这时，英国的亚当斯和法国的勒维耶认为，天王星还受到一颗未知行星的影响。1846年9月23日晚，德国的加勒果然在勒维耶所指出的位置相差不到1°的地方找到了这颗行星，海王星就这样被发现了。

就例⑥所关涉的逻辑方法而言，海王星的发现显然是运用剩余法的结果。科学家们首先断定天王星附近星体对天王星运行轨道的万有引力影响，是造成天王星运行轨道实际情形的原因，这是断定"总原因"引起"总结果"；然后，科学家们根据已知几个行星对天王星的影响，解释了天王星运行的部分情况，但仍有一部分情况没有得到解释。于是，他们就大胆运用剩余法，提出还有一个未知的行星，正是它的万有引力作用，才导致天王星运行的那般结果。

剩余法的逻辑公式可表示为：

复合现象E(A,B,C,D)是被研究的复合现象F(a,b,c,d)的原因，
A现象是a现象的原因，
B现象是b现象的原因，
C现象是c现象的原因，
─────────────────────────
所以，D现象是d现象的原因。

在上式中，现象D可能是单一情况，也可能是复合情况，它是复合现象E中的未知部分和剩余部分，现象d是被研究的复合现象的剩余部分。

2. 运用剩余法的注意事项

为了提高运用剩余法所得结论的可靠程度，必须注意以下两点：

(1) 必须确认复合现象的一部分(a,b,c)是某个复合原因中的部分情况(A,B,C)所引起的，而且被研究的复合现象的剩余部分d，不可能是这些情况(A,B,C)引起的。否则，就无法断定现象D是现象d的原因。

例如：

⑦ 二战时期，英国伦敦的防空部队用4米雷达来搜寻德国射来的V_2火箭。在搜寻时，除了接收到火箭的回波以外，偶尔还发现可接收到距离差不多的另外物体的回波。当时人们已经知道，向空间发射电波后，回波的强度是由空间的反射电波的物体所决定的，现在已知回波中一部分强度是德国的V_2火箭引起的，那么回波中剩下的一部分强度，一定是由能反射电波的其他物质所引起的。后来，人们发现这些其他物体是流星。

(2) 成为先行复合现象剩余部分的原因D，不一定是单一情况，也有可能是复合情况。如果是后者，还需要对D作进一步分析。

例如：

⑧ 居里夫人观察到一定量的沥青矿石所发出的放射线要比它所含的纯铀所发出的放射线强许多倍，当时她推出在沥青矿石中一定还含有其他的放射性极强

的元素;而且,这种放射性极强的元素不一定只有一种。果然,居里夫人后来又从中发现了新的元素钋和镭。

第五节 概率归纳推理与统计归纳推理

一、概率归纳推理

1. 概率归纳推理的含义

在对 S 类部分对象的考察中,人们常常会遇到这种情形:在所考察的 S 类部分对象中,既有若干对象具有 P 的性质,也有若干对象不具有 P 的性质。在这种情形下,如果使用简单枚举归纳推理,推出"所有 S 都是 P"或推出"所有 S 都不是 P"作为结论,都是不妥当的,因为在枚举中已经出现了反例,这一点超出了简单枚举归纳推理的使用要求。就客观实际看来,任一 S 类事物中的个别对象是否具有 P 属性,常常是偶然的,有着多种可能的结果,比如,明天天气就包含着众多的可能性。像这样具有多种可能的结果,而对于究竟出现哪一种结果事先不能确定的现象,就叫做随机现象。可能发生也可能不发生的事件,称为这一随机现象的随机事件,如"明天天气"是一个随机现象,而"晴"、"多云"、"阴"、"雨"等就是这一随机现象的 4 个随机事件。

对于某一随机事件,人们虽不能事先确定其是否发生,但却可以对这一随机事件出现的可能程度作出估计。所谓概率,就是对于某一随机事件出现的可能性程度或可能性大小作出的数量方面的估计。这一估计的具体表述是借助频率来实现的。

如果我们重复进行同一个试验 N 次,而且设某一随机事件 A 在 N 次试验中发生了 V 次,那么事件发生次数与试验次数之比 V/N 便是事件 A 的频率。当试验次数越来越多,在某种收敛意义上原有上下波动的频率逼近某一定数 V/N,那么,我们便说事件 A 的概论是 V/N,记作:$P(A)=V/N$。其中,$P(A)$ 为事件 A 的概率,V 指事件 A 实际出现或发生数,N 指总试验数。

所谓概率归纳推理,就是由 S 类部分随机事件出现的概率推出该类所有事件出现的概率的推理。例如,在发射某种炮弹的试验中,就可运用概率归纳推理,推出发射某种炮弹有多大可能性命中目标。如果设射击次数为 N,命中目标次数为 V,其命中目标的频率则为 V/N,以 $S_1, S_2, \cdots, S_n$ 表示实际射击炮弹的数量,以 P 表示命中目标,则这种推理可用公式表示如下:

S_1 是(或不是)P
S_2 不是(或是)P
S_3 是(或不是)P
……
S_n 不是(或是)P
S 类被考察过的 N 个对象中有 V 个是(或不是)P,其频率为 V/N

所以,凡 S 都有 V/N 是 P

概率归纳推理的前提中包含了对反例的承认,并对被考察过的对象是(或不是)P 计算出概率,其结论是一概率判断,而不是全称判断,这些均不同于简单枚举归纳推理。但是,因为概率归纳推理的思维进程仍然是从个别到一般,所以,它仍属于归纳推理的范畴。实际上,它也是一种不完全归纳推理。概率归纳推理的用途很广,凡是涉及随机现象的科学研究及日常生活都可能会用到概率归纳推理,它能使我们的思维在概率基础上达到一种精确。

2. 运用概率归纳推理的注意事项

概率归纳推理是一种特殊的不完全归纳推理,其推理根据是不充分的,前提和结论之间的逻辑联系是或然性的。这是因为事件在某些观察场合出现的频率,与在另外一些场合出现的频率未必相同,从个别推到一般,常常存在着认识上的风险。人们在运用这一推理形式时,要注意防止"以偏概全"的错误,尽可能提高概率归纳推理结论的可靠性程度。具体来说,应当注意以下几点:

(1)观测次数要多,考察范围要广。人们求概率的方法是建立在对概率作频率解释基础上的,概率就是频率的稳定值。在观测次数越多、考察范围越广的情况下,频率就越加趋向于稳定,也就越接近于事件概率,这时人们就能通过频率更加准确地把握事件概率。由于部分事件的概率近似准确,因此,从部分推到一般所得的结论,其可靠程度也就相应能得到提高。

(2)要注意客观情况的变化,使得对概率的估计也随情况的变化而变化。概率估计并非是一劳永逸的,客观情况的变化发展一定会带来概率的变化,因此,常常需要对所考察对象适时进行新的考察。例如,对股市走向、股票行情的估计和预测就需要这样。

二、统计归纳推理

1. 统计归纳推理的含义

所谓统计归纳推理,就是指运用统计方法,从事物总体中抽选出一部分对象(样本),从样本具有或不具有某种属性,推出事物总体具有或不具有某种属性的推理。这里所说的统计方法,就是通过分析由计量得到的数据,从而对大量现象作出估计的方法。统计归纳推理是以各种统计方法为依据的,它是一种由特殊上升到一般的归纳推理。

统计归纳推理的逻辑公式可表示如下:

被考察的 $Z\%$ 的 S' 是 P

S' 是 S 类事物中的样本
_____

所以,$Z\%$ 的 S 是 P

例如:

① 某厂生产出 5 000 个零件,检查员对产品质量进行抽查。他们从各生产班组的产品中任意抽出 500 个。通过检查,他们发现在这 500 个零件中有 475 个是合格产品,有 25 个为不合格产品。于是,他们进行统计,计算出在抽查的 500 个产品中,有 95%是合格产品。最后他们作出结论:这一批产品的 95%是合格产品。

在例①中,该厂生产的 5 000 个零件就是全部的被考察对象,而抽出的 500 个产品则是样本。检查发现,500 个零件中 475 个产品合格,25 个不合格,即 500 个零件的产品合格率为 95%。于是,就由此推断:全部 5 000 个零件的产品合格率为 95%。显然,从思维进程上看,这是从特殊推到一般。在上式中,Z 在 0 和 100 之间变化,一般不包括 0 和 100。如果 Z 为 0,则结论为全称否定判断;如果 Z 为 100,则结论为全称肯定判断。这是统计归纳推理的极端情形。

统计归纳推理不同于简单枚举归纳推理。简单枚举归纳推理没有经过选样,仅仅是以同类事实的不断重复和数量积累为依据;而统计归纳推理的前提经过选样,对象如有不同层次,还要采用分层抽样法。所以,统计归纳推理考察的对象有一定的选择性和代表性,从这个意义上讲,其所得结论的可靠性程度要比简单枚举归纳推理结论的可靠性程度高。

2. 运用统计归纳推理的注意事项

在统计学上,可以运用统计归纳推理求总量、求算术平均数、求加权平均数等。在运用过程中,考虑到统计归纳推理尽管其结论比简单枚举归纳推理的结论可靠得多,但它毕竟还只是一种不完全归纳推理,因此,常常需要注意以下 3 点,以便用来提高统计归纳推理结论的可靠性程度:

(1) 在某类所考察的对象中选取的样本要尽可能多。样本数量越多就越具有代表性,结论也就越加可靠。

(2) 样本要从总体的各个层次中抽取。因为每层中对象的差异性比总体中对象的差异性要小得多,所以,从对象的各个层次中抽取样本(即分层抽样),就能使样本具有较好的代表性,使它们能够代表各层的情况,从而能够较好地代表总体的情况。

(3) 从各个层次中抽取样本应该是随机抽取,不能只取好的或只取坏的,不能只取满足自己主观想法的样本,偏取偏信。分层抽样再加上随机抽取,就能使得在各层中抽取的样本较好的代表各层的情形。

关 键 术 语 提 要

归纳推理就是以若干个个别性或特殊性知识作为前提,来推出一个一般性知识作为结论的推理。简单地说,就是从个别推出一般的推理。

完全归纳推理就是根据某类中每一个对象具有或不具有某种属性的前提,推出该类全部对象都具有或不具有该属性的结论的归纳推理。完全归纳推理又称完全归纳法,是一种必然性推理。

不完全归纳推理就是根据某类事物中的部分对象具有或不具有某一属性,推出该类全部对象具有或不具有该属性的结论的归纳推理。传统逻辑根据不完全归纳推理的根据有所不同,将其分为简单枚举归纳推理、科学归纳推理和求因果五法。不完全归纳推理是一种或然性推理。

简单枚举归纳推理是根据某类中部分对象具有或不具有某种属性,并且未遇反例的前提,推出该类全部对象具有或不具有该属性的结论。简单枚举归纳推理又称简单枚举法。

科学归纳推理是根据对某类事物中部分对象所具有属性原因的认识,从而推出有关该类对象的一般性结论。科学归纳推理又称科学归纳法。

因果五法源于英国的弗兰西斯·培根,后成于英国的穆勒,又称为"穆勒五法",主要包括契合法、差异法、契合差异并用法、共变法及剩余法。这些探求现象间因果联系的五种方法,是根据某个现象与其先行或后行的现象,在某些特定的场合中是否相伴出现所显示的若干例枚举特征,从而断定某个现象与另一现象间具有因果关系。求因果五法实际上也是一种不完全归纳推理,它是综合个别场合的相同或相似情况,从而得出一般性的结论。求因果五法与科学归纳推理互为前提,互相依赖。

概率归纳推理就是由 S 类部分随机事件出现的概率推出该类所有事件出现的概率的推理。概率归纳推理的前提中包含了对反例的承认,并对被考察过的对象是(或不是)P 计算出概率,其结论是一概率判断,而不是全称判断,这些均不同于简单枚举归纳推理。概率归纳推理是一种或然性推理。

统计归纳推理是指运用统计方法,从事物总体中抽选出一部分对象(样本),从样本具有或不具有某种属性,推出事物总体具有或不具有某种属性的推理。这里所说的统计方法,就是通过分析由计量得到的数据,从而对大量现象作出估计的方法。统计归纳推理是一种或然性推理。

进一步阅读指南

1. 陈晓平.归纳逻辑与归纳悖论.武汉:武汉大学出版社,1994
2. 王雨田.归纳逻辑导引.上海:上海人民出版社,1992
3. 李小五.现代归纳逻辑与概率逻辑.北京:科学出版社,1992
4. 江天骥.归纳逻辑导论.长沙:湖南人民出版社,1987
5. 北京市逻辑学会编.归纳逻辑.北京:中国人民大学出版社,1986

问题与思考

1. 什么是归纳推理?它和演绎推理有何区别和联系?
2. 完全归纳推理的逻辑特征是什么?有何作用?
3. 什么是不完全归纳推理?其特点是什么?
4. 简单枚举归纳推理与科学归纳推理有何区别和联系?
5. 因果五法有哪些类型?各有什么逻辑特征和作用?为什么说因果五法也是不完全归纳推理?应用时应注意些什么?
6. 概率归纳推理与统计归纳推理有何区别和联系?

练习题

一、下列推理属何种推理?请写出它的逻辑公式。

1. 南京的乌鸦是黑的,北京的乌鸦是黑的,东京的乌鸦是黑的,所以,天下乌鸦一般黑。
2. 对于一项提案,委员会中的张三表示赞成,李四也表示赞成,王五也表示赞成,赵六也表示赞成;又因为张三、李四、王五、赵六都是这个委员会中的成员,且该委员会只由这四人组成,所以,这个委员会中的所有成员都赞成这一提案。
3. 有人发现,狗是身上长毛的四条腿动物,猫是身上长毛的四条腿动物,猪是身上长毛的四条腿动物,牛也是身上长毛的四条腿动物,狗、猫、猪、牛等动物均是人可以饲养的动物,所以,所有人可以饲养的动物都是身上长毛的四条腿动物。

4. 有人想知道一盒火柴是否符合质量,即该盒中的火柴棍是否都能点燃,于是就开始检验。他有两种办法:一种办法是将一盒火柴中的所有火柴棍均擦划,看是否能够点燃;另一种办法是抽取一盒火柴中的几根火柴棍擦划,看是否能够点燃。

二、下列结论能否借助完全归纳推理得出?

1. 天鹅都是白的。
2. 所有大于6的合数都等于两个质数之和。
3. 某班所有同学的逻辑学考试成绩均在80分以上。
4. 所有事物都是可以变化的。

三、下列各题运用了何种探求现象间因果联系的方法?写出相关的逻辑公式。

1. 虹是如何形成的?科学家发现,雨后天空出现虹,太阳光线通过三棱镜也出现虹的各种颜色,晴天在瀑布的水星中,在船桨打起的水花中,都可看到虹的色彩。在这些不同的场合中,只有一种情况是共同的,即光线通过球形或棱形的透明体。于是,科学家认定这一点即是虹形成的原因。

2. 把一个带有火星的木片放在一个有氧气的玻璃瓶中,它就燃烧起来;把它放在没有氧气的玻璃瓶中,它就燃烧不起来。所以,氧气是木片燃烧的原因。

3. 有一组运动员,虽然他们从事的运动项目不同,但他们都积极从事体育锻炼,因而他们的身体十分健康;而另一组不爱从事体育锻炼的人,虽然他们的职业不同,但他们的身体状况都不很好。于是,可以得出结论:积极参加体育锻炼是使人身体健康的原因。

4. 科学家发现,地球磁场除了有规则的昼夜变化外,还有10年左右的周期性的磁暴发生;又发现,磁暴的周期性经常与太阳黑子的周期(即两次黑子出现达到高峰之间的时期)相合。同时,随着太阳上黑子数目的增加,磁暴的强烈程度也增高;当太阳黑子数目减少时,磁暴的强烈程度也随之减小。由此,科学家认为,太阳黑子的出现是磁暴的原因。

5. 当非典型肺炎刚刚流行的时候,科学家们对它的认识还不很清楚。他们仅仅发现,某些患有感冒、发烧、干咳、肺部有阴影直至呼吸衰竭等症状的人有强烈的传染性,这些患者的家人和医治他们的医护人员都相继被传染了。回顾历史,科学家们知道,某些细菌或病毒会导致传染病。但是,他们分析了已知的各种细菌和病毒,以及这些细菌和病毒所导致的传染病症状,发现它们都不是引发非典型肺炎的元凶。很快,科学家们找到了一种新的病毒——冠状病毒,发现带有这种病毒的人才会患有上述可怕的症状,引起轩然大波的非典型肺炎的元凶就这样被找到了。

四、请运用概率归纳推理和统计归纳推理,回答下列问题。

1. 某年12月,在开展一项对我国某省高校毕业生当年就业率的调查过程中,由于涉及毕业生人数太多,某部门就对全省高校毕业生进行了抽样调查,发现结果如下表:

抽查总数 N	50	100	200	500	1 000
已就业者数 V	40	82	158	388	815
已就业者频率 V/N	0.8	0.82	0.79	0.776	0.815

请问:运用什么推理形式可以推断出该省高校毕业生当年就业的总体情况?其情况

如何？

2. 目前，轿车正逐渐走入普通百姓的家庭。某一市场调查公司想了解某地区 5 000 个家庭拥有轿车的情况，分层随机抽查了 600 个家庭，发现其中有 60 个家庭拥有轿车，占抽查样本的 10%。请问：运用何种推理形式可推知该地区家庭拥有轿车的情况？其情况如何？

五、归纳知识在批判性思维中的运用。

1. 一位社会学家对两组青少年做了研究。第一组成员每周看暴力内容的影视的时间平均不少于 10 小时；第二组则不多于 2 小时。结果发现第一组成员中举止粗鲁者所占的比例要远高于第二组。因此，此项研究认为，多看暴力内容的影视容易导致青少年举止粗鲁。

以下哪项如果为真，将对上述研究的结论提出质疑？为什么？应采用什么归纳方法？

A. 第一组中有的成员的行为并不粗鲁。

B. 第二组中有的成员的行为比第一组有的成员粗鲁。

C. 第二组中很多成员的行为很文明。

D. 第一组中有的成员的文明行为是父母从小教育的结果，这使得他们能抵制暴力影视的不良影响。

E. 第一组成员中很多成员的粗鲁举止是从小养成的，这使得他们特别爱看暴力影视。

2. 为了估计当前人们管理基本知识掌握的水平，《管理者》杂志在读者中开展了一次管理知识有奖问答活动。答卷评分后发现，60% 的参加者对于管理基本知识掌握的水平很高，30% 左右的参加者也表现出了一定的水平。《管理者》杂志因此得出结论，目前社会群众对于管理基本知识的掌握还是不错的。

以下哪项如果为真，则最能削弱以上结论？为什么？

A. 管理基本知识的范围很广，仅凭一次答卷就得出结论未免过于草率。

B. 掌握了管理基本知识与管理水平的真正提高还有相当的距离。

C. 并非所有《管理者》的读者参加了此次答卷活动，其信度值得商榷。

D. 从发行渠道看，《管理者》的读者主要是高学历者和实际的经营管理者。

E. 并不是所有人都那么认真。有少数人照抄了别人的答卷，还获了奖。

3. 一项对某高校教员的健康调查表明，80% 的失眠病患者都有夜间工作的习惯。因此，夜间工作易造成的植物神经功能紊乱是诱发失眠病的重要原因。

以下哪项如果为真，将严重削弱上述论证？

A. 医学研究尚不能清楚地揭示失眠和神经系统的内在联系。

B. 该校的失眠病患者主要集中在中老年教师中。

C. 该校的失眠病患者近年来有上升的趋势。

D. 该校只有近五分之一的教员没有夜间工作的习惯。

E. 该校失眠病患者中有近 60% 患有不同程度的神经衰弱症。

> 每当理智缺乏可靠的思路时,类比这个方法往往能指引我们前进。①
> ——康德
>
> 假说是科学,尤其是科学研究所必需的,它能提供一种没有它便很难达到的严整性和单纯性。整个科学史都证明了这一点。②
> ——门捷列夫

第十一章 类比推理和假说

本章概述

本章主要内容包括类比和假说。其中类比包括类比推理的含义及逻辑特征、类比推理公式、类比的种类(关系类比、功能类比、性质类比),以及提高类比推理结论可靠性的条件等,进而为正确运用类比推理奠定逻辑理论基础。而假说则包括假说及其逻辑特征:具有事实和科学依据、具有推测性;假说的形成过程和提出假说的各阶段中所运用的主要推理形式,假说验证的要求以及假说的意义。如果说归纳推理逻辑美表现为是以综合美而达到创新美和超越美,那么类比推理则是在横向的比较中,举一反三、触类旁通,进而达到一种创新美和超越美。而假说更多地展示了预测美和探索美。

第一节 类比推理

一、什么是类比推理

人们在思维过程中除了应用演绎推理、归纳推理以外,还应用类比推理。从思维过程的方向来看,类比推理与从一般到个别的演绎推理、从个别到一般的归纳推理都不相同,它是从特殊推出特殊的推理形式。

类比推理是根据两个对象在一系列属性上相同,而且已知其中的一个对象还具有其他的属性,由此推出另一个对象也具有同样的其他属性的推理,也简称为类推。

类比推理可用以下公式表示:

A 对象具有属性 a、b、c、d,
B 对象具有属性 a、b、c,

所以,B 对象可能也具有属性 d。

---

① 康德:《宇宙发展概论》,上海人民出版社,1972年,第 147 页。
② 参见科普宁:《假设及其在认识中的作用》,上海人民出版社,1955年,第 3 页。

上式中，"A"和"B"可以指两个类，也可以指两个个体，还可以其中一个指类、另一个指异类的个体。例如：

① 17世纪荷兰物理学家惠更斯的光的波动说，就是通过光与声音进行类比提出来的。当时发现声音有直线传播、反射、折射等现象，同时又有波动性；光也有直线传播、反射、折射等现象，于是惠更斯提出，光也有波动性。其推理过程是：

声音具有直线传播、反射、折射等现象，
光也具有直线传播、反射、折射等现象，
声音具有波动性，
────────────────
所以，光也具有波动性。

在开发新产品中，类比推理也大有用武之地。有一位日本人叫铃木，他发现在合成树脂中加入发泡剂后，形成了既轻又省料且隔音隔热的泡沫塑料，他就运用类推：能不能在水泥中也注入一种发泡剂，使之产生一种新产品呢？结果他成功了，创造出气泡混凝土这一新的产品。

二、类比推理的客观依据

在客观现实中，事物所具有的各个属性并不是孤立存在的，而是互相联系、互相制约的。例如，绿色植物的光合作用，就是绿色植物和某些细菌利用叶绿素，在可见光的照射下，将二氧化碳和水转化为有机物（主要是淀粉），并释放出氧气的生化过程。不具备或不完全具备前述的几种因素，就没有光合作用。既然事物属性之间的互相联系、互相制约是普遍的，那么对象的a、b、c属性与d属性之间就可能存在这样或那样的内在的联系。因此，当B对象具有与A对象相似a、b、c属性时，便推断B对象也可能具有d属性。

类比推理把某对象所具有的属性d推广到与之相似的另一对象上去，使结论所断定的超出了前提所断定的范围。在这一点上，类比推理和不完全归纳推理是相同的，即推理的前提并不蕴涵它的结论，结论是或然的。例如，1845年法国天文学家勒维耶发现水星轨道近日点的进动现象，在所有的摄动影响都考虑进去以后，仍旧有无法解释的偏移，他根据以往从天王星轨道的摄动现象预言并发现了海王星的成功经验，将水星轨道的进动现象同天王星轨道的摄动现象进行了类比，认为可能又是一颗未知行星的摄动力作用的结果。于是，许多天文学家花费了几十年时间，寻找这颗猜想中的行星，有人还热情地预先将它命名为火神星。但是，经过反复探测，人们发现它并不存在。直到爱因斯坦的广义相对论建立以后，人们才发现水星轨道近日点的进动原来是一种广义相对论效应。

类比推理的结论是或然性的，还因为类比是以对象之间的某些相似的共有属性为根据的。但从两个对象之间在某些属性方面的相类似，并不能得出它们在其他方面必然相类似。这是由于客观事物之间不仅具有相似性，还具有差异性，况且类比推理是在未确定已知共有属性与推出属性之间的必然联系的情况下进行的。如果已经确定了二者的必然联系，人们就会应用演绎推理，而不用类比推理。由于在客观世界中，已知的共有属性与推出属性之间的联系有的有规律性，有的没有规律性，有的紧密些，有的则疏远些，因此，前提与结论的联系只能是或然的，其结论就不必然真实可靠。

三、如何提高类比推理结论的可靠性

1. 前提中确认的相同属性愈多,结论的可靠性程度就愈大

因为两个对象的相同属性愈多,意味着它们所属的类别就可能愈相近。这样,类推属性"d"就很可能为两个对象所共同具有。

例如,① 一种新药物在临床应用之前,总是先在动物身上进行试验,以此来类推人体对新药物可能引起的反应。由于高等动物在属性系统中比低等动物更接近于人类,所以,以高等动物做试验就比以低等动物做试验进行类推,其结论要可靠得多。

② 世界各国相互移植植物新品种,总是尽可能选择与原产地水、土、气候等条件大体相同的地区引种。因为,上述条件相同处愈多,移植成功率愈高。

但也须注意,在很多情况下,类比的对象之间的类似之点过多,就会影响类比的启示作用。

2. 前提中确认的相同属性愈是本质,相同属性与类推的属性之间愈是相关,结论的可靠性程度也就愈大

因为本质的东西是对象的内在规定,对象的其他属性大多是由对象的本质决定的。因而,如果两个对象的共有属性是本质方面的,那么它们就会有其他一系列的共有属性,因而,类推的属性"d"也就有较大的可能是它们共有属性之一。这样,推出结论的可靠性程度较高,否则其可靠性就较低。

例如,③ 以前有人将鲸和鱼相类比,看到它们有许多相同之处——它们都生活在水中,体形相似,因此,就错误地认为鲸也是鱼类。实际上,鲸和鱼有着本质的区别:鲸用肺呼吸,用乳汁哺育幼鲸,属于哺乳类;而鱼是用鳃呼吸的,属于鱼类。由于没有抓住本质,所以推论发生错误。

四、类比推理的作用

尽管类比推理的结论是或然的,但在科学研究和创造发明中则是必不可少的工具,这种推理形式有利于开发和培育人们的创造性思维,在日常的工作、学习中也广泛地运用类比推理。

1. 类比推理能促进人们进行创造性的思维

首先,类比推理可以启迪智慧。因为在类比推理过程中人们会调动多种思维方法,如观察、比较、联想与创造想象。通过细致地观察把两类(个)不同的事物联系起来;通过比较在异中求同;通过联想便思想进一步扩散,捕捉事物之间的相互联系;通过丰富的创造想象把联想的结果进行加工改造和筛选,从而把握两类(个)不同事物的相同属性,并类推属性之间的相关性。

例如:

① 我国古代的科学家宋应星在《论气·气势篇》中说:"钧之冲气也,如其激水然。……以石投水,水面迎石之位,一拳而上,而其文浪以次而开,至纵横寻文而犹而未歇,其荡气也赤是焉。"

在例①中,宋应星把击物的声音与投石击水的纹浪进行类比。既然水以波动方式传播开,那么声音也能以波动方式传播开,从而得出了声音在空气中是以波的形式传播的新结论。

② 我国地质学家李四光，通过对我国东北、华东等地区地质结构的观察、分析，与中亚地区地质结构加以类比。他发现两地区在地质结构上有许多相似之处，而中亚地区石油产量较多，为世界上的高产油区，从而推知我国东北、华东某些地区地层内也一定有大量油气存在。在这一理论指导下，我国经过勘探，先后在东北、华东、华北等地发现了几个大油田，从而摘除了我国"贫油国"的帽子。

其次，类比推理能发挥人们思维的能动性。虽然类比与归纳、演绎一样都是从已知前提推出结论的推论方法，但在结论受前提的制约方面它与后者有很大的差异。演绎的结论受前提限制最大，归纳的结论受前提的限制次之，而类比的结论受前提的限制最小，因而在科学探索中屡建奇功。类比推理特别适用于在旧理论解释不了，而事实又充分的情形中，尤其在科学发展的前沿阵地，探索性强且资料奇缺的情况下，应用类比推理尤其重要。康德曾说过，每当理智缺乏可靠的思想时，类比这个方法往往能指引我们前进。纵观科学史，科学上的许多理论最初往往是通过类比推理提出的。

例如：

③ 关于动物细胞结构的设想最早是通过类比提出的。德国动物学家施旺和德国植物学家施莱登发现动物和植物都是由细胞组成的。后来，施莱登又发现在植物细胞中有细胞核。施旺根据这一发现，提出一个设想：如果动物和植物都由细胞组成，这一相似不是表面联系，而是有本质上的联系，那么动物的细胞也会有细胞核。后来用显微镜观察，果然在动物细胞中发现了细胞核。

2. 类比推理是现代科学思维的一种重要方法

类比推理是一种较为开放性的思维过程，其思考所及往往不止一个学科或一个领域，其思路具有多样性，能横向、纵向、侧向地思考分析某一问题。因而，它能使我们跳出比较狭小的类属关系，在更为广阔的范围中寻求事物之间的联系，进行由此及彼的推演。因此，类比推理能帮助我们冲破学科界限和分工造成的束缚，促进不同学科的相互渗透以及不同研究领域所获成果的移植。尤其是在人类同生物打交道的过程中，从千姿百态的各种生物中发现了它们的独特构造和特异功能，使用人工的方法进行模拟，从而创造许多新的器械。

例如：

④ 人们从鱼和船的类比中得到启发：鱼因为有胸鳍、腹鳍，所以可以在水中自由平稳地游动；鱼的尾鳍控制着前进和方向，人们便模仿鱼的结构在船上设计了橹、舵和船桨；鱼通过鱼鳔的充气和排气可以随意地浮起或沉下，人们根据这一原理设计了潜水艇。

20世纪60年代开始，一门以类比推理为基础，专门研究生物系统的结构和功能，并创造出它们的模拟系统的科学即仿生学建立起来之后，仿生技术得到突飞猛进的发展。

例如：

⑤ 模仿昆虫的榍翅，造成了振动陀螺仪，用于高速飞行的火箭与飞机；

模仿蜜蜂的眼睛，造成偏光天文罗盘用于航海；

模仿蛙眼，制成电子蛙眼，用于机场监视系统；

模仿水母，制成自动漂流的浮标站，用于天气预测等等。

这种由自然生物原型向技术原型过渡的类比推理，其结构公式可表述如下：

已知自然原型：a、b、c、d
又知技术模组：a、b、c

所以，技术模型也具有 d

类比推理不仅在仿生学中得到运用，而且还在生理学、病理学的研究中得到运用；在植物优良品种的培育中也离不开类比推理。此外，类比推理在社会科学中也有着广泛的应用。例如，考古学家根据从地下发掘的史前社会的文物，运用类比推理，给人们描绘史前社会的大致轮廓。

在现代科学工程技术中的许多重大项目，如新型飞机、通讯卫星、大型水利电力工程、防震的高层建筑以及新型武器等，都是由模型试验类推到研制的原型，而且还从对自然原型的研究类推到人工模拟系统。

由模型向原型过渡的类比推理可用结构式表述如下：

已知试验模型：a、b、c、d
又知研制原型：a、b、c

所以，研制原型也具有 d

这种模型化方法，或叫模拟化方法，是类比推理的创造性运用，它在科学实验中也发挥了很大的作用。

类比推理运用于科学实验，便形成了一种重要的实验方法——模拟实验。所谓模拟实验就是在客观条件受限制而不能直接考察被研究对象时，就依据类比推理而采用间接的实验进行研究。

例如：

⑥ 地球上的生命是怎样起源的，这一直是科学家们不解的谜。由于生命起源的原始状态已时过境迁，因此无法直接考察。20世纪50年代初，米勒通过类比推理设计了一个生命起源的模拟实验。他在一个密封的容器里加上氢、氧、碳、氮等元素和甲烷、水，又模拟了风、雨、雷、电等原始大气环境。这样过了一个星期后，在容器里发现了已形成的苷氨酸、甲氨酸等生命所需要的氨基酸。以后，别人用紫外线作能源，也得到了氨基酸。1963年，波南佩鲁马用电子束也做了与米勒相同的实验，形成了腺膘呤核苷，为揭开生命起源的奥秘向前迈进了一步。

3. 类比推理在批判性思维和日常思维中也有重要的作用

（1）类比推理可以帮助人们举一反三，触类旁通。以下是一个使用批判性思维（MBA、MPA、GCT-ME 逻辑）的实例：

⑦ 世界级的马拉松选手每天跑步都不超过6小时。一名选手每天跑步超过6小时，因此他不是一名世界级马拉松选手。

以下哪项与上文推理形式相同？

A. 跳远运动员每天早晨跑步。如果某人早晨跑步，那么他是跳远运动员。

B. 如果每日只睡4小时，对身体不利。研究表明，最有价值的睡眠都发生在入睡后的第5个小时。

C. 家长和孩子一起做游戏时孩子更高兴。因此，家长应该多和孩子一起做游戏。

D. 如果某汽车早晨能启动，那么晚上也能启动。我们的车早晨通常能启动，同样,它晚上通常也能启动。

E. 油漆 3 小时内都不会干。某涂料在 3 小时内干了,所以它不是油漆。

解析:题干中的第一句话是一个全称否定命题,但我们可以将它作为一个充分条件的假言命题来看待,即"如果一个人是世界级的马拉松选手,则他每天跑步不超过 6 小时"。同样,选项 E 的第一句话也可以看成是一个充分条件的假言命题,即"如果一种涂料是油漆,那么它在 3 小时内不会干"。这样,题干和选项 E 的推理形式最为类似,即都属于充分条件假言推理的否定后件式,即

如果 p,那么非 q,

q,
————————
所以,非 p。

选项 A 是充分条件的假言推理的肯定后件式,是一个不正确的推理。选项 B、C 都属于归纳推理。选项 D 则是充分条件的假言推理的肯定前件式。所以,正确答案是 E。

(2) 在日常思维中,人们在掌握某一理论或某一方法时,一般都十分注重对范例的理解,因为人们可以在对范例分析理解的基础上分析解决其他类似的问题,从而进行知识的迁移。

这种学习的过程或知识迁移过程表现在 3 个方面:一是利用已有知识解决实际问题,如解题、实验等;二是利用已有知识发现和创造新知识;三是利用已有知识学习新知识。在这 3 个方面都有类比推理留下的思维轨迹。同样,人们学习和掌握新技术的过程也需要借助于类比推理来实现技术的迁移。

例如,在技术引进中要充分考虑到环境的因素:自然环境包括各种自然资源、能源、气候、土地及其他地理特征;经济环境包括市场需要的规模和特点、生产要素(生产资料、劳动力等)的数量、质量和成本、运输能力、资金条件及其他基础结构;社会文化环境包括劳动者的素质、消费者的爱好和习惯,以及社会体制等;政策环境包括有关开发的经济政策、法律法规等。只有在这样的基础上进行多方位的类比,才能考虑技术引进的现实性与可行性。

由此可知,在引进国外某种先进技术的过程中,若能恰当地运用类比推理,就可以减少盲目引进,或减轻由于不恰当引进而造成的负效应。当然,除了运用类比推理外,还需综合运用其他的推理形式,以确保技术引进的顺利进行。

(3) 类比推理是表达论证的方法之一。例如,"晏子使楚"的故事就是人们熟知的一个例子。

⑧ 作为出使楚国的齐国使臣晏子,在回答楚王的侮辱性问话:"齐人固善盗乎?"时,用类比推理给予了巧妙的反驳:"婴闻之,橘生淮南则为橘,生于淮北则为枳,叶从相似,其实味不同。所以然者何?水土异也。今民生于齐不盗,入楚则盗,得无楚之水土。便民善盗耶?"①

可见,尽管类比推理是一种或然性推理,它不能在逻辑上确证一个判断必然为真。但是,由于类比推理能把机智和生动融于论辩之中,收到特殊的效果,因此,它经常被人们用作论证的辅助手段。当然,类比推理也有其局限性。

———————————
① 《晏子春秋·内篇·杂下》。

4. 类比推理的局限性

（1）类比推理是发现真理的一种辅助方法，但是对于论证来说，它仅仅具有启发性而缺乏证明力。由于其结论是或然的，它在论证中也只能起一种辅助作用。在一个论证中，如果采用的论证方式是类比推理，那么论题没有得到充分的证明。

（2）必须防止"机械类比"的错误。所谓"机械类比"，是指把某对象的特有属性或偶有属性类推到其他对象。在历史事件中应用类比推理，尤其容易犯这种错误。

例如，⑩我国抗日战争时期的亡国论者以元灭宋、清灭明的事实同中日战争相类比，从而推出"抗战必亡"的结论。

从历史的发展来看，这种论调是错误的，而且从逻辑的角度看，他们的结论也是错误的。因为他们只抓住了表面现象，而忽略了其中最主要、最本质的时代特点，犯了"机械类比"的逻辑错误。

拓展讨论：类比在现代逻辑发展中的作用
——以逻辑学发展为案例

类比以其独特的思维方式在科学发展中发挥着重要的作用，因而许多有成就的科学家对类比方式分外推崇。天文学家开普勒说过："我珍视类比胜于任何别的东西，它是我最可信赖的老师，它能揭示自然界的秘密。"①德国著名的科学家、哲学家康德也说过："每当理智缺乏可靠的思路时，类比这个方法往往能指引我们前进。"②就现代逻辑发展而言，类比在其中所起的作用尤为明显，主要表现在以下三个方面。

一、类比促使数学与逻辑的沟通

数学与逻辑在近代以前一直按照各自的方向独立地发展。到了近代，随着数学方法日趋完善，加之当时特定的文化背景，即"文艺复兴"运动席卷欧洲，人们对中世纪遗留下来的知识与观念都产生了怀疑，占统治地位的宗教神学被否定，经院哲学受到批判，然而，数学在这一过程中经受住了考验，被人们认为是唯一的真理体系。因而，人们便开始以数学为典范从事其他各门科学的研究③。这便形成了数学与逻辑相沟通的文化氛围。

数学与逻辑相沟通不仅有一定的文化氛围，而且有一定的理论依据。首先为此作出贡献的是笛卡儿（1596—1650）。他认为在诸种学问之中最确实的乃是数学，因而必须将获取知识的方法求之于数学。他提出，可以结合逻辑的确定性、代数的普遍性和几何的充实性确立一种"普通数学"（"通用数学"）和真实的逻辑，在此基础上建立数学化的自然科学体系。与此同时，他还提出了"普通语言"（"通用语言"）的设想，为后人提供了思路。

如果说笛卡儿通过类比为数学和逻辑的沟通提供了一种设想，那么英国哲学家托马斯·霍布斯（1588—1679）则通过类比使数学与逻辑的沟通付诸实施。他说，"思维就是计算"，"借推理我意为计算。计算或者是汇集那被加在一起的许多事物的总和，或者是

---

① G. 波利亚：《数学与猜想》第1卷，科学出版社，1984年，第11页。
② 康德：《宇宙发展概论》，上海人民出版社，1972年，第147页。
③ 郑毓信：《现代逻辑的发展》，辽宁教育出版社，1989年，第3页。

知道当一个事物从一个事物中取走,什么仍然存留。因而推理同于相加和相减"①。尽管霍布斯的这一思想具有明显的机械论倾向,但对于人们确立起逻辑与演算合一、逻辑与数学相通的观念,促进逻辑的数学化具有重大的启示意义。

真正实现数学与逻辑沟通的是德国哲学家、逻辑学家莱布尼茨(1646—1716)。他指出,旧逻辑作为同数学并列的一门严格科学的形而上学是不够用的。因而,就需要建立一种逻辑使它同近代数学相媲美,其关键在于把握推理规则变为演算规则。他说:"我们要造成这样一个结果,使所有推理的错误都只成为计算的错误。"②为此,他提出利用符号字母表示思维,利用数学演算方法分析概念,用符号表示概念之间的关系,同时还要创造一套符号演算方法说明逻辑问题。他通过类比找到逻辑与数学之间的相似要素,如逻辑中的原始概念与数学中的素数(如1,2,3…)相似;复合概念人即有理性的动物,可以看作词与词的组合,这与数学中的算式的"和"或"积"相似;逻辑命题与数学中的等式、方程式或不等式相似;推理与数学中式子的转换相似。即使逻辑规律也可以用算式来表达。由此,莱布尼茨提出了"思想字母表",并想创立一种"通用语言"——一整套符号系统(符号语言)。他认为这种语言以其简单性和严谨性克服了已有自然语言的弊病及局限性(如不规则性和含糊性),为人们正确地进行思维和交流思想提供便利的条件。此外,他还进一步提出建立逻辑演算体系的设想,即把一般推理规则变为演算规则,使之精确化,从而大大简化推理程序。这后一种设想可以看作是莱布尼茨最伟大的发现之一,"并看作是一般人类精神的最精彩的发现之一"③,因为它揭开了现代逻辑发展的序幕,为数理逻辑的建立奠定了思想基础。

由上述可知,莱布尼茨在逻辑与数学的类比中,已由霍布斯那种简单的、外在形式上的类比上升为性质类比,即两个系统之间内涵的类比,从而在一定程度上揭示了逻辑与数学在本质上的相似性。然而,由于莱布尼茨仅仅停留在逻辑内涵的解释上,未能完全摆脱传统逻辑的束缚,因而在研究中困难重重,最终没有完成自己的两个设想。这在某种程度上说明,将数学与逻辑沟通并非易事。

在莱布尼茨以后,英国著名的数学家布尔(1815—1864)承担起架设数学与逻辑之桥的伟大使命。他在研究中不仅看到了逻辑的词项、命题及三段论与代数中的字母、方程式及其变形之间存在着形式上的相似性,而且还注意到逻辑规律与相应的代数法则的相似性。他将莱布尼茨用符号表示概念内涵的方法变为用符号表示概念的外延(类)。故而他将自己的逻辑演算称为"类演算"。通过比较,布尔发现在类演算和通用代数运算之间存在诸多的相似要素,如类演算中交运算与代数运算中的乘法相似,它们都有交换律;类演算中的并运算与代数的加法相似,它们都有分配律;逻辑基本规律与代数法则相似。与此同时,布尔还注意到类演算系统与通用代数系统的区别,因为类演算中有重言律 $X^2=X$(即一个类与自身的交显然就等于自身)。所以,解决重言律与数值运算之间的相似关系便成了沟通数学与逻辑的关键点。布尔经过艰辛的探索,终于在自然数中找到了0与1这两个特殊的数,发现它们的自身平方仍与自身相等,因而与重言律 $X^2=X$ 具有相同关系。布尔便参照0和1的运算建立起了他所希望的逻辑代数系统。布尔二值逻辑代数系统的建立在一定程度上

---

① 马玉珂:《西方逻辑史》,中国人民大学出版社,1985年,第254页。
② 江天骥:《西方逻辑史研究》,人民出版社,1984年,第209页。
③ [德]亨利希·肖尔兹:《简明逻辑史》,商务印书馆,1977年,第51页。

实现了逻辑的数学化,即对象的符号化及思维的演算化,从而架起了数学与逻辑之间的桥梁。

然而,逻辑代数系统的创立只是为数理逻辑的创建揭开了序幕,离莱布尼茨设想的目标逻辑的符号化和演算化还有较大的距离。因此,要把布尔的工作再向前推进,必须以数学的进一步发展为前提。

二、类比推动数学基础研究向逻辑演算化转移

19世纪70年代数学的基础研究取得了累累硕果。由于非欧几何的建立促使公理化方法进一步发展,即由实质公理化方法向抽象的公理化方法发展,从而使人类思维由对实物或经验的抽象达到了理论抽象的高度;数学分析的严格化和算术化,大大拓宽了数学家、逻辑学家的思路,从而为数学和逻辑进一步相互渗透提供了认识论和方法论基础。

在这一时期对数理逻辑发展作出杰出贡献的是德国数学家、逻辑学家弗雷格(1848—1925)。他较为完整地发展了逻辑演算系统,其研究成果主要发表在1879年出版的著作《概念语言——一种按算术构成的纯思维的符号语言》中。他在建立逻辑演算系统的过程中,首先在算术系统与逻辑演算系统的基本要素之间进行类比。他根据算术系统有函数和变元等要素,在逻辑演算系统中引进了"函项"与"变目"等要素,同时将数学中有关函数和变元的表达类推至系统中,用以说明函项与变目。这样,与莱布尼茨和布尔不同,弗雷格完全超越了传统逻辑的范围。因为,函项与变目的引进是实现逻辑符号化的关键性环节,在运作中,只需将它们与量词及命题联结词配合使用,就能表达出各种较为复杂的命题。

不仅如此,弗雷格还进一步通过类比,成功地将数学公理化方法推广到逻辑领域。在他之前,尽管有不少逻辑学家在逻辑演算化、符号化方面做了大量的探索和研究,但却没有考虑或极少考虑如何把逻辑也变成一个由公理和定理、规则构成的一个演绎体系,弗雷格则构造了一个严格的逻辑演算公理系统。弗雷格在逻辑研究中不像其他逻辑学家那样只注重有效的推理形式,而是十分注意如同排中律、矛盾律那样的逻辑真理(或曰逻辑规律),并希望将所有逻辑真理组成一个公理系统。于是他通过引进有关符号,给出了9条不加证明而直接予以断定的命题,实际上这便是他提出的逻辑演算公理。此外,为了由公理出发引出新的断言,弗雷格又提出了4条推理规则[①]。这样,他便建构了较为完整的一阶谓词演算系统。他的这一贡献正如逻辑史学家杜米特里乌所说的那样:"如果说布尔开创的时代(英国学派)标志着数理逻辑作为代表方法的象征,那么,弗雷格的时代就标志着由作为方法的逻辑向着作为公理系统、作为普遍数学系统的数理逻辑的过渡。"[②]

就弗雷格使用的类比方法而言,也比莱布尼茨和布尔前进了一大步。如前所述,莱布尼茨在提出两个设想时用了性质类比,布尔在创立类演算系统时用了关系类比,而弗雷格则用了模型类比。与性质类比和关系类比相比,模型类比不只是根据A系统(如数学)的性质或关系外推至B系统(如逻辑),它还要求从对象的整个系统结构、元素以及功能等多方面、多层次的将A系统与B系统(如逻辑演算系统)进行比较,推出B系统。因而,模型类比属于复杂类比,而关系类比、性质类比属于简单类比。弗雷格正是从数学公理系统出发,将

[①] 参见郑毓信:《现代逻辑的发展》,辽宁教育出版社,1989年,第51页。
[②] 《逻辑史》第4卷,英文版,第65页。

其与逻辑演算系统进行了模型类比,建构了一阶谓词演算系统,从而完成了数理逻辑发展的伟大转折。诚然,弗雷格的逻辑演算系统也存在着一些局限性,如其演算系统还不够简洁,有些公理可以由另一些公理推出,因而对他的系统可适当予以简化;又如,弗雷格虽然给出了4条规则,但都没有给予严格地表达;另外,就他的符号系统来说,虽然相当精确,但是由于是二维的,因而很难掌握,也不便于应用[①]。但是,这些缺陷经过诸多逻辑学家的努力终于被克服。数理逻辑在弗雷格以后又经皮亚诺、罗素、怀特海、希尔伯特和哥德尔等数学家、逻辑学家的不懈努力日臻完善。数理逻辑的建立不仅因其应用价值推进了计算机的发展,从而使人类步入自动化的时代,而且还有其理论价值。它已成为数学的基础,同时也为现代逻辑向深度及广度拓展提供了类比原型。

三、类比促进数理逻辑向各逻辑分支扩展

数理逻辑包括演绎方法及逻辑规律的系统研究,它经过了几代逻辑学家的不懈努力,最终建构成一个较完备的体系。数理逻辑的创立极大地鼓舞了数学家和逻辑学家,促使他们向其他逻辑分支进发,从而使现代逻辑的发展取得了一个又一个的突破。

1. 从数理逻辑到模态逻辑的现代发展

尽管人们很早就对模态逻辑进行研究(例如古希腊逻辑学家亚里士多德就明确指出,"必然"与"可能"这两者中的任何一个可以由另一个通过与否定词组合而得到定义;他还在他的(前分析篇)中以大量的篇幅讨论了模态三段论),但这种早期研究还属初步。威廉·涅尔和玛莎涅尔曾评论道:"亚里士多德的模态三段伦理论一般都认为是混乱的,不能令人满意的。"真正使模态逻辑取得进展的还是在数理逻辑建立以后。因为数理逻辑为模态逻辑的现代发展提供了新的研究途径和方法。在模态逻辑的发展中,起了开创性作用的是美国逻辑学家C.路易斯。他是通过对数理逻辑中"实质蕴涵"概念的分析开始模态逻辑研究的。由于他在分析"实质蕴涵"的概念时,发现了一些"蕴涵怪论",如"$p \rightarrow (q \rightarrow p)$即真命题为任一命题所蕴涵",这样就会出现许多诸如亚里士多德是古希腊的哲学家这一命题,为"$2+2=5$"这一命题所蕴涵的荒唐命题。为了消除蕴涵怪论,路易斯运用类比方法提出了"严格蕴涵"的概念"p严格蕴涵q"是指"p真且q假是不可能的"。在引进了模态概念以后,他应用模型类比,将数理逻辑的句法研究推广到模态逻辑的句法研究中。他首先引进了初始概念及相应的公理和变形规则,建立了由弱到强、依次包含的5个模态命题演算系统(S_1,S_2,S_3,S_4,S_5)。其次,他还从纯形式的角度对这些系统与标准命题演算系统(即数理逻辑命题演算系统)的关系进行深入研究,得出了标准命题演算系统是S_1模态系统的子系统的结论。此后,哥德尔、费斯等逻辑学家先后对模态逻辑做了进一步的研究,建立了为众多逻辑学家所公认的T系统。T系统之所以能为大家确认,是由于通过类比,以标准命题演算系统为基础并扩充模态命题演算的有关要素。如在原有初始命题的基础上,增加了"必然"这一模态词;在公理中增加了必然性公理;其他如从属概念、变形规则也以此类推。由于模态逻辑的T系统是由标准命题演算系统推演而出的,因此在进行模态推理时,可以将模态命题演算向标准命题演算"化归",从而使推理过程大大简化。

模态逻辑的现代发展推动了道义逻辑与时态逻辑的研究。逻辑学家们分别把时态词

---

① 参见郑毓信:《现代逻辑的发展》,辽宁教育出版社,1989年,第52页。

和道义词与模态词相类比,然后根据模态逻辑演算系统分别建构了时态逻辑演算系统和道义逻辑演算系统,故而人们称时态逻辑和道义逻辑为广义的模态逻辑。

2. 从二值逻辑到多值逻辑

如果说模态逻辑的现代发展是从句法学入手,与标准逻辑演算系统进行类比,取得了重大的进展,那么多值逻辑则从语言学的角度与二值的标准逻辑演算系统进行类比,取得了可喜的突破。首先研究多值逻辑并系统地发展了多值逻辑理论的当推波兰逻辑学家卢卡西维茨,他于20世纪20年代起就将数理逻辑的方法推广至多值逻辑研究。他的多值逻辑理论是通过对未来偶然事件的分析发展起来的。他在分析未来偶然事件的过程中,引进了第三个真值(记为"I"),这样就必须对原来二值系统中各个命题联结词重新定义。在下定义时,他以二值系统中各个命题的定义为类比原型,在原定义中增加了"I"值,从而得到了新的定义。因此三值逻辑是在二值逻辑基础上的扩展。卢卡西维茨还进一步通过类比把三值逻辑方法推广至n值逻辑的研究之中,使多值逻辑研究领域不断扩展。

从以上对类比在现代逻辑发展中作用的考察,可以看到,现代逻辑在发展中的每一个阶段都应用了类比,由此我们可获得如下启示:

(1) 在科学发展中使用类比,往往不是一次性完成的,而是分几个阶段层层深入;在每一阶段使用类比时,必须尽量汲取当时科学发展的最新成就,这样不仅能使该理论内容不断增值,而且能促使该科学向更高的层次递进,也能使其向其他学科拓展。

(2) 在科学发展中使用类比,既可以将同一类比在各个阶段都使用,也可以是多种类比在同一阶段交替使用,这样更能揭示事物或现象之间的相互联系和相互渗透,促使科学更快地发展。

(3) 类比应用的深度与广度总是与一定时代的文化氛围、科学发展水平和人类认识水平相适应。

当代,由于信息量的增长及传播手段的多样化,生命科学、生物工程和遗传工程发展迅猛,进而形成了强大的类比文化氛围,科学发展出现了多学科、多种领域的交叉渗透,人类认识水平也有了空前提高,这样就为更广泛、多层次地使用类比提供了一个契机。从实际情况来看,类比现在不仅用于逻辑及自然科学领域,而且在技术科学、社会科学中也得到了广泛应用。此外,类比还被应用于市场开发、产品开发、技术开发以及日常思想教育之中。可以说,类比无论是在科学发展还是在社会生活中都发挥着重要的作用。只要我们善于使用类比,正确应用类比,就一定能抓住科学发展的契机,将科学进一步向前推进。

第二节 假 说

一、什么是假说

1. 假说的定义

假说是根据已有的事实或知识,对所研究的事物的存在状况及其规律作出推测性的解释。

2. 假说的逻辑特征

(1) 假说必须有可靠的事实作基础,以科学原理为依据。因此,假说不是没有根据的胡思乱想。例如16世纪波兰的天文学家哥白尼提出太阳系的假说"哥白尼体系",虽然其中的有些基本观念,如太阳是宇宙的中心、地球和其他行星是按正圆形轨道绕太阳运行的等,有不切合实际的内容,但是"哥白尼体系"是以当时观测的天文资料为基础的,如关于行星的顺行和逆行等现象,而不是无根据的任意猜测。

(2) 假说具有推测性。已被实践证明过的,并取得了确定的知识,不属于假说的范畴。

(3) 假说的内容不能同确实可靠的科学理论相矛盾,如有矛盾,则必须修正假说。

(4) 假说必须能够充分地解释它所要了解的特定现象,如有解释不了的情况,则要修正或补充假说。

3. 假说与科学理论的关系

(1) 科学理论是已被证实的定律和原理;而假说虽然是以事实和科学知识为根据,但是具有推测性质。因为假说都是对某种现象及其规律性的猜想,是尚未达到确切可靠的认识,因而有待于验证。

例如,膨胀宇宙假说与宇宙大爆炸假说的提出,是以观察到的河外星系的普遍"红移"事实和物理学上的"多普勒效应"[①]为根据的,但它们还有待于进一步验证。

(2) 科学理论是人们在某一时代某一阶段掌握的客观真理;而假说虽然是人的认识接近客观真理的方式,但假说作为对各种事实的假定解释,是否把握了客观真理则有待于证实。然而,从发展的眼光来看,假说经过不断修改、补充和更新,就会更多、更正确地反映客观现实。

假说与科学理论虽有区别,但它们又是相互联系的。在科学认识活动过程中,假说处于这一活动的初级阶段,当假说在实践中被验证便可转化为科学理论,就达到了科学认识活动的高级阶段。

4. 假说的作用

假说在人们认识过程中有着重要的作用。

(1) 假说在科学发现中的作用

在科学史上,科学的发现往往通过假说来揭示事物发展的客观规律。哥白尼的太阳中心说、牛顿的光的微粒说、惠更斯的光的波动说、爱因斯坦的广义相对论、卢瑟福的原子结构说和哈维的血液循环学说等,在开始提出时都是科学研究中的假说。

例如:

① 1844年德国天文学家培塞尔研究天狼星在天空位置的变化,发现天狼星的位移具有周期性的偏差度,忽左忽右地摆动。为什么会这样呢?在当时是一个自然之谜。为了揭开这个谜底,培塞尔根据有关天狼星的观测资料和万有引力定律,对未知的光度较弱而质量很大的伴星进行观察,发现两者围绕着共同的引力中心运行,这个伴星的引力使天狼星的位置忽左忽右,具有周期性的摆动现象。1862年,新的大望远镜制造出来了,天文学家发现天狼星果然有个伴星。以后,根据星光的光谱分析,又进一步证实了培塞尔关于天狼星摆动现象的假说。

由例①可见,假说是人类认识客观世界的重要手段,是科学理论的助产士。恩格斯曾

---

① "多普勒效应"是说,当波源和观察者有相对运动时,观察者按收到的频率和波源发出的频率不同的现象,两者相互接近时,接收到的频率升高,相互远离时则降低。

说过,假说是自然科学发展的一种形式。"一个新的事实被观察到了,它使得过去用来说明和它同类的事实的方式不中用了。从这一瞬间起,就需要新的说明方式了,它最初仅仅以有限数量的事实和观察为基础。……如果等待构成定律的材料纯化起来,那么,这就是在此以前要把运用思维的研究停下来。而定律也就永远不会出现。"①

在社会科学的研究中,有时也运用假说。

例如:

② 列宁在《什么是"人民之友"及他们如何攻击社会民主主义者》一书中,曾说明唯物主义历史观如何由假说变成了科学原理。列宁指出,马克思在19世纪40年代提出关于社会经济形态发展的自然历史过程的基本思想时,还只是假说。然后花了25年的时间实际地研究了商品经济体系,从分析这些材料中揭示了资本主义发展的规律。自从《资本论》问世以后,唯物主义历史观就不再是假说,而是科学原理了。

总之,假说无论在自然科学还是在社会科学中都起着重要的作用。假说是科学认识的重要步骤,也是科学发展的形式。一般说来,科学理论的发展,都要经过假说的阶段,都是以假说的形式向前推进,并发展为科学理论。正如恩格斯所说:"只要自然科学在思维着,它的发展形式就是假说"②。

(2) 假说是经济预测的重要工具

随着社会化生产的发展、分工协作的深化,各个企业、各个行业和各个部门之间的经济联系越来越广泛、复杂,从而使每个企业、每个行业、每个部门都面向着广阔的商品交易市场和复杂多变的国内外环境。在这样的条件下,任何一个经济单位如果没有深谋远虑,就难以作出正确的决策,因而经济预测便应运而生。经济预测实际上是假说这一思维方法在经济领域的应用。它是指利用所取得的经济统计资料和情报,对未来的经济前景作出的推测和展望。如对工农业生产、市场供求、消费者购买力等的预测。

二、假说的形成过程

假说作为一个思维过程,包含两个阶段:第一阶段是假说的酝酿;第二阶段是假说的提出。

1. 假说的酝酿

假说的酝酿是假说提出的最初阶段,一般表现为,当人们在实践中发现了新事实,而且新事实与原有的事实材料及其背景知识即人们所处的那个时代的各种科学理论构成的知识体系,对出现的新事实作出新的推测或称初步假定。其中搜集到的事实材料是初步假定的经验基础,背景知识为初步假定的理论指导。

在这一阶段,研究者的注意力集中于分析最主要的事实。

例如:

① 1912年,德国气象学和地球物理学家魏格纳提出了大陆漂移学说。一方面是由于他注意到了这样一个事实,即南美洲东岸与非洲西岸的边沿能够很好地

---

① 《马克思恩格斯全集》第20卷,人民出版社,1971年,第553-554页。
② 《马克思恩格斯选集》第3卷,人民出版社,1972年,第561页。

吻合;另一方面,也是与当时的知识背景密切相关。进入20世纪以来,矿物资源和能源需求急剧增长,各门科学技术发展迅猛,从而使地质科学活动的规模空前扩大,探测手段不断更新,其理论性也更为加强,人们的观念也随之变化。19世纪人们深信不疑的大陆固定论的观点受到了怀疑,而对原来曾被否定过的大陆活动说发生了兴趣。

魏格纳正是在这样的背景下,将观察到的事实和已掌握的有关的地球物理学理论与气象学理论,分析了各大洲的地质构造、古气候和古生物等情况,提出如下假定:现在的大陆是由一整块原始大陆分裂、漂移之后才形成的。他在《海陆的起源》中指出:

> 任何人观察南大西洋的两对岸,一定会被巴西与非洲间海岸线轮廓的相似性所吸引。不仅圣罗克角附近巴西海岸的大直角突出和喀麦隆附近非洲海岸线的凹进完全吻合,而且自此以南一带,巴西海岸的每一个突出部分都和非洲海岸的每一个同样形状的海湾相呼应。反之,巴西海岸有一个海湾,非洲方面就有一个相应的突出部分。如果用罗盘仪在地球仪上测量一下,就可以看到双方的大小都是准确地一致的。
>
> 这个现象是关于地壳性质及其内部运动的一个新见解的出发点,这种新见解就叫做大陆漂移说,或简称漂移说。因为,这个学说最重要的部分是设想在地质时代的过程中,大陆块有过巨大的水平移动,这个运动即在今日还可能在继续进行着。①

照此分析,不仅南美洲和非洲可以拼合,而且北美洲与欧洲可以拼合,印度、澳大利亚、南极洲也可以拼合,如今的几块大陆都是原始古陆破裂后漂移而成的。

在这一阶段,假说还具有明显的尝试性和暂时性。由于研究者从不同的研究角度出发,因而对同一个问题可能有好几种假说同时并存。有些假说是互相排斥的,例如,地球中心说与太阳中心说;有些是互相补充的,例如牛顿的光的粒子假说与惠更斯的光的波动假说。这种局面使每一种假说都具有某种不确定性,如果在对同类现象提出的众多假说中,一个假说比另外的假说更能说明已知事实或能说明更多的事实,那么这个假说就比另外的假说更易于为人们所接受。

例如:

② 关于脉冲星的辐射机制问题,天文工作者最初就曾提出过三种可能的设想:脉动、双星作轨道运动和自转。后来经过反复考察,天文工作者才确认:如果是脉动作用,那就不可能维持脉冲周期的极端稳定性;只有自转(天文工作者把它形象地比喻为灯塔),才能维持脉冲周期的稳定性。而脉冲周期的稳定性则是脉冲星最明显的特性。正是由于自转辐射机制或称灯塔辐射机制最能说明脉冲星具有辐射周期的极端稳定性的这一事实,因而,这一假说就比另外的假说更易于为人们所接受。研究者也可将这一种设想作为初步假定。

以上事例说明假说酝酿阶段常常需要运用类比推理,此外,还需要运用归纳推理等几种逻辑形式。

首先,假说是把已发现的事实进行概括与系统化,所以在假说中包含着归纳推理。

---

① (德)阿尔弗雷德·魏格纳.《海陆的起源》,商务印书馆,1979年,第5页。

其次，提出假说的过程并不仅仅是根据某一事实的比较、类比，还要依靠大量事实、材料的研究，从中找出共同的、一般性的东西。如判明现象因果联系的归纳方法之一——求同法，常常在科学实验的第一阶段被用来提出假设。

例如：

③ 解释梦的产生：外部的刺激能引起梦。睡时阳光照在脸上就可能梦见熊熊大火；双足露在被外，也许会做在冰雪中奔跑的梦。有人曾做过这样的试验，在睡着的人的面前放了一瓶香水，那人醒后说他梦中到了大花园，觉得到处都是"花香"。一本古老的著作也提到：轻轻加热熟睡者的手，他在梦中觉得自己穿过了火丛。

著名的哥德巴赫猜想就是根据不完全归纳推理提出的一个假说。为什么在假说提出的初始阶段类比和归纳的作用比演绎更突出呢？这是因为研究者总是要根据已知的图景去设想、推出未知的图景，否则就可能导致纯思辨的虚构。

在这一阶段，"顿悟"等是一种特殊的思维活动。它既有一定的事实根据，又有高度的抽象性，是直觉的延伸。

例如：

④ 德国化学家凯库勒描述自己发现苯的环状结构的过程时说："事情进行得不顺利，我的心想着别的事了。我把座椅转向炉边，进入半睡眠状态。原子在我眼前飞动：长长的队伍，变化多姿，靠近了，连接起来了，一个个扭动着、回转着，像蛇一样。看，那是什么？一条蛇咬住了自己的尾巴，在我眼前轻蔑地旋转。我如从电闪中惊醒。那晚我为这个假说的结果工作了整夜。"

可见，科学需要"顿悟"和想象，甚至数学这样精确的科学也需要它。列宁说，否认幻想也在最精确的科学中起作用，那是荒诞的。罗巴切夫斯基就曾把自己创立的非欧几何称为"想象的东西"。

2. 假说的提出

这一阶段是指从已确立的初步假定出发，经过事实材料和科学原理的广泛论证，充实为一个结构稳定的系统。

在这一阶段中，研究者以确立的假定观念为中心，一方面运用已有的科学理论对它进行论证，另一方面寻求经验证据的支持。如果解释的事实越多，那么支持假说的证据也就越充分。例如，以大陆漂移的观念为中心，能够圆满地解释以下各组事实：

——各个大陆块可以像拼板玩具那样拼合起来，大陆块边线之间的吻合程度非常高，这是大陆漂移的几何（形状）拼合证据。

——大西洋两岸的古生物种（植物化石和动物化石）几乎是完全相同的。还有大量的古生物种属（化石）是各大陆都相同的。这是大陆漂移的古生物证据。

——留在岩层中的痕迹表明，在 3.5 亿年前到 3.5 亿年之间，今天的北极地区曾经一度是气候炎热的沙漠，而今天的赤道地区曾经为冰川所覆盖，这些陆地古时所处的气候带与今日所处的气候带恰好相反，这是大陆漂移的古气候证据。60 年前，当魏格纳提出大陆漂移的设想时，曾经系统地解释了以上各组事实。

在假说的提出阶段，演绎推理的作用较为突出。这是为什么呢？一方面，在这一阶段必须圆满地解释有关事实，即从已经确立的假定出发，通过演绎推理，引申出关于事实的结论；另一方面，在假说的酝酿阶段的初步假定还是个简单的观念，必须联系多方面的知识进行推演，充实其理论内容，才能使它发展成为一个完整的学说。例如，仅有大陆漂移这个简单的想法还不算是一个严谨的学说，必须进一步论证大陆漂移的原动力、方向、速度等，这就需要运用多方面的知识成果进行演绎推理。

在假说提出阶段中，研究者还要根据假说理论内容预言未知的事实。例如，魏格纳根据大陆漂移的设想，预言大西洋两岸的距离正在逐渐增大；格陵兰由于继续向西移动，因此它与格林威治之间的经度距离正在增大。

3. 提出假说的注意点

提出假说的过程虽然没有固定的机械程序，但根据假说最根本的特点，在提出假说时仍须注意以下几点。

（1）假说必须以事实作为根据。在科学史上，即使那些错误的假说，也是以一定的事实材料作为出发点的。例如，17世纪德国化学家史塔尔对于燃烧的本质提出燃素说，他错误地认为，任何能燃烧的物体都包含有一种叫做"燃素"的特殊物质。燃烧就是失去燃素的现象。这是由于他是从一些观察的事实出发的，如木材灰烬等。燃素说提出后能够解释当时的一些化学现象，化学借助于燃素说提出后能够解释当时的一些化学现象，化学借助于燃素说从炼金术中解放出来。事实上，燃烧不是放出什么燃素，而是物质和氧的化合反应，是吸收了氧气。在科学研究中，总有一些推测是不切实际的。但它们与无事实根据的迷信预测有着根本的不同。

虽然事实是提出假说的根据，但是，人们也不必等事实材料全部系统积累后再提出假说。众所周知，19世纪60年代门捷列夫提出元素周期律的假说时，已知的元素只有63种。但门捷列夫并不是等化学元素都被发现后再探索周期律，而是先建立元素周期律，然后根据这一规律在周期表上留出空白，预言未知元素的存在及其性质。在此之前，大部分元素的发现都是偶然的、盲目的。自1869年门捷列夫提出元素周期律以后，化学工作者才开始系统地探索新元素，从而大大推进了元素的发现工作，也给化学的发展带来极为深远的影响。

（2）必须运用已有的科学原理，但也不要被原有观念束缚。提出假说的过程是认识逐渐扩大与深化的过程。假说的提出不能与科学中已经证实的定律相矛盾，而应当遵守和运用已有的科学原理。然而，我们也要看到，认识本身是一个不断深化、不断发展的辩证过程，现有的科学原理并不是完美无缺的。特别是当它与事实发生矛盾时，就需要加以修正或推翻。例如，燃素说在化学界统治达100年之久，直到18世纪，随着各种气体的相继发现，法国化学家拉瓦锡通过反复实验和研究进一步发现燃烧的秘密——有氧气，物质才能燃烧。物质燃烧的时候吸收了氧气，所以燃烧后的产物变重了，增加的重量等于氧气的重量。这样，拉瓦锡创立了科学的氧化学说，推翻了燃素说。

又如，20世纪初爱因斯坦提出相对论的假说。他认为，在高速运动的系统中，长度会缩矩，时间会变慢。这与人们的常识相去甚远。然而，相对论假说是运用了科学原理，又不被人们的传统观念所束缚的产物。正如德国著名的理论物理学家普朗克所说："广义相对论和狭义相对论所包含的相对概念刚向物理学家提出时，诚然是十分新奇而富于革命性的。但有一个事实始终没有变，即它所提出的论断和批驳都不是为了反对显著的、公认的和已经证实的物理定律，而只是反对某些观点。这些观点虽然是根深蒂固的，但除开习惯以外并没有得到更有凭据的承认。"①

（3）不仅要圆满地解释已有的事实，而且还包含在实践中检验的新结论。建立假说的重要意义就在于对各种有关的事实予以正确地解释。如果一个假说无法解释有关的事实，那么这个假说就没有什么意义，因为它对科学的发展起不了作用。虽然假说对有关事实的解释要做到完满无缺是很难的，但是，应当对某些奇妙的现象力求做出成功的、完满的解释。例如，像阿尔卑斯山、喜马拉雅山、落基山、安第斯山等屹立在世界上的大山脉怎样形成的呢？这是一个古老的疑难问题。因为这些山脉的巨厚地层从前大部分沉积在海底，说明这些山脉是在海底受到某种隆起作用而形成的。现今的大山脉所在地是从前能够沉积万米厚地层的深海，这件事本身的确令人惊奇。大陆漂移说对此能作出有说服力的解释。魏格纳认为：当大陆移动时，前缘如果受到阻力就可能发生褶皱，就好像船在水面行驶时，在船头前面产生波浪那样。向西推进的南、北美大陆，一方面在其东面形成了大西洋，另一方面由于以上的理由，在其西岸形成连绵不断的落基山和安第斯山脉。另外，随着原始古陆的分裂而向北推冲的印度大陆和亚洲大陆相撞，形成了喜马拉雅山脉。

假说能推出被实践检验的新结论的事例也是不胜枚举的。例如，达尔文的进化论认为，人类是由类人猿进化而来的。他还由此推断地层里有类人猿的遗骸。1881年荷兰医生杜步亚果然在爪哇岛的地层中，发现了类人猿的一副头盖骨、大腿骨和几枚牙齿，证实了达尔文关于类人猿遗骸的推断。又如门捷列夫根据元素周期律大胆地预言了一些尚未发现的元素的存在及其性质，后来果然发现了这些元素。

另外，假说应用简明的语言表达，正如列宁所说的那样："人的思维在正确地反映客观真理的时候才是'经济的'。"②

因为从提出假说的过程来看，假说的内容是一个不断扩充的过程，其中往往容易掺杂许多无关的材料，也可能有些环节缺乏有机的联系，所以，应该注意提炼内容，力求其结构简明严整。

三、关于假说的验证

假说的提出是探寻事物产生的原因及其规律性的第一步。要使假说转化为定型的科学理论，必须通过实践的检验和科学论证。

对假说的验证，实际上并不是从假说创立之后才开始的。研究者们往往在酝酿某一个或几个尝试性的简单设想时就着手进行评价或做实验或亲临实地考察，即对假说的个别内容的局部验证，许多假说之所以能够包含真理性的认识，与上述这些活动密切相关。然而，假说提出后的验证却是决定性的。因为只有在整个假说创立后，人们才能对假说的真理性给予全面的严格的验证。正如毛泽东在《实践论》中所说的："许多自然科学理论之所以被称为真理，不但在于自然科学家们创立这些学说的时候，而且在于为尔后的科学实践证实的时候。"③

1. 假说的验证

一般可以通过以下途径验证假说的真理性。

---

① （德）马克斯·普朗克：《从近代物理学来看宇宙》，商务印书馆，1964年，第40—41页。
② 列宁：《唯物主义和经验批判主义》，人民出版社，1960年，第164页。
③ 《毛泽东选集》1～4卷，人民出版社，1969年合订本，第269页。

（1）逻辑论证

首先，由假说的基本观念推导出某一个或某一些事实结论。接着再把这些结论同现实相对照。如果现实中未产生这种结果，则表明该假说虚假。论证假说的虚假性过程表现为如下的推理形式：

如果 p，则 q，非 p；所以 p 假。

在这个形式中，"p"表示假说，"q"表示从假说中引出推断。

例如拉瓦曾经提出假说："氧是一切酸类不可缺少的组成部分。"这个假说后来被演绎推理所推翻，因为事实上有些酸里不含氧。

与验证假说的虚假性相比，验证假说的真理性工作要复杂得多。其证实过程如下：如果假说是真实的则会产生某些结果，如果实际产生了某些结果，没有发现反例，那么通常认为这个假说有一定程度的可靠性；如果推出的结果愈多并且验证得愈多，那么假说的可靠性程度愈高，但是该假说仍然没有得到逻辑上的证明，因为充分条件假言推理的肯定后件式，没有必然性。对假说的推断证实的次数无论有多多，只能使假说得到更多的支持，却不能证明假说，最终的真实性仅仅具有或然性，一旦发现反例，该假说就会被认为是虚假的。但是许多情况并不都是这样简单的、具体的假说，而是涉及许多复杂的因素，对此需要更为慎重的处置。

（2）实践验证

通过社会实践检验假说的可靠性，可以采用经验的直接对照方式，也可以采用经验的间接对照方式。例如，根据人类居住的大地是球形的假说，必然引申出下面的结论：人们从某一地点出发，保持同一方向往前旅行，总会回到当初的出发点。要检验这一结论是否可靠，只需作一次世界旅行，就可在经验中直接验证。人类历史上第一次完成这项活动的是麦哲伦及其同伴。但有些假说的验证只能通过间接的方式。如刻卜勒关于行星轨道形式的假说，当它从已为实践所证实的万有引力定律中用演绎推理推出后，就成为定律。逻辑学主要研究逻辑验证。

2. 验证假说的要求

（1）不但要注意由假说引申出对已知事实进行解释性的结论，更要注重由假说引申出对未知事实进行预言性的结论

例如，牛顿当时用万有引力的假说，圆满地解释了长期以来被认为是神秘的涨潮和退潮现象。但是，这并不能有力地证实万有引力假说。直到18世纪法国数学家克雷洛根据万有引力假说计算出哈雷彗星的轨道，预告它将要出现的日期并最后得到证实，牛顿万有引力的可靠性才为人们所公认。

（2）假说验证的完成是一个历史过程

假说不是通过个别的实践活动就能完全验证的，它的真理性必须在人类实践中长期考验，逐步判定。如前面所述，由假说的基本观念引申出关于某个事实的推断，虽然关于事实的推断被证明是真的，但不能从逻辑上证明假说一定为真。因而只有通过反复实践，使假说的可靠性增强，因为任何一次检验活动都不是绝对精确和严格的，而且可以有不同的理解。例如，17世纪的化学家波义耳，曾以这样的实验去"证实"燃素说。他把容器里的金属加热，经过测定，金属加热后的重量加重了，似乎这就表明金属增加了。波义耳当时没有估计到瓶里的一部分气体和炽热的金属化合，而打开瓶塞时，外界的空气又补充进去了。直

到18世纪,拉瓦锡、罗蒙诺索夫等化学家又校验了波义耳的这个实验,他们把放进金属的容器密封,在加热后不打开瓶塞就称重量。结果发现重量没有变化,并没有什么"燃素"钻进瓶中与金属化合,"燃素说"才被淘汰了。

(3) 假说的验证具有相对性

人类的具体实践总是不完备的,具有历史的局限性。因而对假说的验证不可能是绝对的、完全的。科技史上常有这样的情形,某些假说的基本观念包含有局部的真理,或者说,其中部分内容是正确的。然而,由于那个时代的生产技术水平的局限性,这些假说所包含的局部真理也曾一度(或不止一次的)被人们判定为错误的思想。它们的局部真理性,只有在后来更高的生产技术水平上才重新被证实。例如,关于一种化学元素可以转变为另一种化学元素的思想,早先的化学家和物理学家鉴于中世纪炼金术士长期的失败经验,就认为这是个既荒谬又可笑的想法,以为一种元素不可能转变为另一种元素。然而,当人类进入原子时代,一种元素可以转变为另一种元素的思想却在核物理实验中被证实了。

总之,假说的检验过程是一个极其复杂的过程,也是一个不断实践、认识、再实践、再认识的过程。一个假说常常不是很完善的,有时它包含有个别错误,有时它能解释一些事实,可是对另外一些事实则又不能解释,因此,它不能简单的被推翻或者被证实,而是要经历一系列的修正和补充,最后才能转化为科学理论。例如,哥白尼的太阳中心说的基本内容是正确的,但是其中也有不精确的方面,如他认为天体运行的轨道是圆形的。后来刻卜勒根据许多观察材料,证明行星运行的轨道是椭圆形的,从而修正了哥白尼学说的不精确部分。在科学史上常有这样的情形:同类现象有两种或几种假说并存,这种并存局面会随着科学的发展而得到澄清。有时两个或几个假说在科学的发展过程中互相补充、吸收,最后形成一个较正确的假说,并由此发展为科学的理论。例如,现代物理学中关于光具有波动和粒子的二相性理论,就是吸取了历史上波动说和微粒说的合理内核,使波动说和微粒说在更高一级的实践和理论的基础上统一起来了,发展为科学理论,从而较好地揭示了光的本质。

另外,假说得到验证也需以一定背景知识为基础,有时一时无法验证的假说并非是错误的,只是验证的条件不成熟。例如在19世纪,唯物进化论和热力学在各自的领域内都解释了广泛的现象,建立了严密的体系。但是,在它们的基本原理之间无法作出统一的说明。从热力学第二定律可以推导出:在物质系统发展的演化过程中,随着这一系统有序化和组织化程度的不断提高,系统的熵不断地减少,这样所提供的世界时间箭头就是不断衰退的。然而,进化论却提供了一个相反的时间箭头,它表明我们所处的世界是一个不断由低级向高级发展的进化过程。这是不是它们的推断有误呢?在长达一百多年的时间里,科学家们对此问题几乎束手无策。直到20世纪70年代,随着耗散结构理论的出现,这一问题才得到初步的合理解答。

这里,如果用 c 代表背景知识,p 代表假说,前件是 p 与 c 的合取,才推出了关于事实的结论 q。于是,假说的否证过程表现为如下的推理形式:

如果(c 并且 p),那么 q

非 q

所以,并非(c 并且 p)

用符号可以写成:

$$(c \wedge p) \to q$$
$$\neg q$$
$$\therefore \neg(c \wedge p) \text{（或} \neg c \vee \neg p\text{）}$$
$$\because \neg(c \wedge p) \leftrightarrow \neg c \vee \neg p$$

这就是说，在一个特定的时代，实践证明当时的 q 为假，未必一定导致 p 为假，有可能某些背景知识有误。

但是一个假说能否转化为科学理论，归根结底要靠实践的检验。如果在实践中证实了一些假说，证伪一些与其相反的假说，那么被证实的假说转化为科学理论，从而取得社会的公认。

例如：

① 关于原子假说，早在公元前 5 世纪希腊哲学家德谟克里特就提出来了，作为对物质世界的微观结构推测，这个结构性假说可以比较圆满地解释许多物质现象。但一直没有得到实践的证实，同时还存在着许多别的假说来解释物质的微观结构，在相当长的一段时间内，又未能充分地证伪其他种种的推测。直到 19 世纪，从道尔顿到卢瑟福，先后测量出原子的重量，并发现了原子内部也有复杂的结构。经过这一番科学实验的检验，原子假说才正式成为举世公认的科学理论原子论。

由例①可见，如果把人类向未知领域的探索看作一项系统工程，那么，由假说向科学理论的转化过程，就相当于最佳方案的选择，其间一定包含着对它的审定、评价、实施、反馈等，实际上这就是假说的验证过程和证实过程，以及相反情况的证伪过程。

关键术语提要

类比推理就是由两个或两类对象在某些属性上相同推出它们在另一属性上也相同的推理。它是个别到个别或一般到一般的推理，由于前提不蕴涵结论，结论具有或然性。

假说是根据已有的事实或知识，对所研究的事物存在状况及其规律作出推测性的解释。假说与科学理论的关系主要表现为，科学理论是已被证实的定律和原理；而假说虽然是以事实和科学知识为根据，但是具有推测性质。

进一步阅读指南

1. 普通逻辑编写组. 普通逻辑. 上海：上海人民出版社，2011
2. 苏越等. 思路·逻辑·创造方法. 北京：中央广播电视大学出版社，1992
3. 郁慕镛等. 形式逻辑纲要. 南京：江苏科学技术出版社，1992
4. 王球，崔文琴等. 逻辑学导论. 北京：中国广播电视出版社，1991
5. [美]R.J.克雷切. 大学生逻辑. 宋文淦等译. 北京：北京大学出版社，1989
6. 郑毓信. 现代逻辑的发展. 沈阳：辽宁教育出版社，1989
7. 马玉珂. 西方逻辑史. 北京：中国人民大学出版社，1985
8. 江天骥. 西方逻辑史研究. 北京：人民出版社，1984

9. 朱志凯.形式逻辑基础.上海:复旦大学出版社,1983
10. 杜国平.普通逻辑.北京:高等教育出版社,2010

问 题 与 思 考

1. 什么是类比推理？试述类比推理的种类。
2. 类比推理在科学研究、日常生活中有何作用？
3. 如何提高类比推理的可靠性？
4. 什么是假说？试述假说提出的过程。
5. 假说在科学发展的过程中有何作用？试以本学科的发展，举例说明之。

练 习 题

一、下列推理是什么推理？是否正确？如不正确,请指出其逻辑错误。

1. 太阳是被上帝创造用于照亮地球的。我们总是移动火把照亮房子,决不会移动房子去被火把照亮。因此是太阳绕地球转,而不是地球绕太阳转。

2. 人们看到,白垩（碳酸钙）放入水中相当时间后取出,再把它放在火上烤或日晒雨淋,甚至用碱液处理,它的性质及其重量都不起什么变化,这是因为碳酸钙分子的各原子之间具有强大的吸引力的缘故。由此设想带色衣服经过日晒雨淋、肥皂水洗后常有褪色现象。怎样才能使衣服永不褪色呢？是否可使染料与纺织物间结成牢固的分子链,比如用活性氯原子的染料把纺织物中的氢原子拉出来,这样,染出来的纺织物也许能够经得起日晒、雨淋、肥皂水的作用而永不褪色。

3. 生活在奥古斯都王朝的克里欧默狄,观察到放在一只空容器中的一个指环刚刚为容器边缘所阻,因此不能看见,但把水注入容器后就能看见了。他根据这个现象提出我们所看到的将落未落的太阳可能已经在地平线以下。

二、下列假说是根据哪些推理形式提出的？

1. 传说蔡伦以前,西汉时,我国劳动妇女在生产中已发明了最原始的纸。当时,妇女们把蚕茧煮熟以后,铺在席子上,浸到河里去,用棍子捣烂成丝绵,把丝绵取下之后,在帘子上留有一层薄薄的纤维,把它剥下来晒干就成了一张纸。以后人们就正式把废丝绵放在水中捣烂,用同样的方法做成丝绵纸。丝绵纸造价昂贵,蔡伦想,能不能用一些低廉的原料做纤维来造纸呢？他找来许多树皮、麻头、破布、废渔网等原料,把这些东西铡破、捣烂成浆状物,然后把浆状物薄薄地平摊在细帘子上,它们干燥后,变成薄层纤维,就是纸张了。他在总结前人经验的基础上,经过反复的研究和多次实验,终于成功地制成了比较早的植物纤维纸。

2. 1893 年,英国物理学家瑞利在测定气体重量时,发现从空气中得到的氮比其他氮化物中制得的氮要稍微重一点,每升体积大约差 6 毫克,差不多是一个跳蚤的重量。为了说明这个现象,瑞利设想了 5 种可能:第一,由空气中得到的氮可能含有微量的氧;第二,由氮化物中制得的氮可能混杂了氢;第三,由空气中得到的氮可能含有密度较大的 N_3 分子;第四,由氩中制得的氮可能有一部分已经分散,所以密度减小了;第五,由空气中得到的氮中可能含有一种较重的未知气体。为了找到未知的气体,瑞利重复了卡文迪什的实验:使氧和氮在电火花作用下生成氧化氮,再用苛性钠吸收,剩下的未被吸收的就是所要寻找的未知气体。这种气体,不与其他物质化合,所以取名为氩。希腊文是"懒惰"的意思。

3. 有些鸟类有惊人的飞行和导航的本领。例如,有一种鸟叫极燕鸥,它筑巢北极而在南极越冬,每年来回飞行4万多公里,却能准确地找到自己的越冬地和筑巢地。

为什么这些鸟类飞行与导航的本领如此之大?近年来,一些科学工作者把揭示这个秘密的希望转向天空,或许太阳和星星是有些鸟类飞行和导航的定向标吧。

我们知道,候鸟迁徙时有一种迁徙兴奋现象。当迁徙时间来到时,鸟类开始表现出强烈的焦躁不安,好像被炽热的、急不可耐的情绪笼罩着。此时,即使它们因禁在笼中,也会把头转向迁徙时的飞行方向,振翅欲飞。它们不时地在这一方向上完成短暂的飞行,而后返回。这时,它们兴奋异常,以致常常用头或身体撞击它的越冬的笼壁。

研究太阳对候鸟的作用的实验是这样进行的:在下雪天建造一座中心对称的六角亭,每壁都开设一个窗户。把玻璃底圆柱铁丝笼置于亭内,将处于迁徙兴奋状态的椋鸟(候鸟的一种)放在其中。受试的椋鸟只能透过亭窗看到不大的一块天空。人躺在亭下专门的房内,透过玻璃底观察椋鸟的行为。当阳光透过亭窗时,椋鸟几乎立刻将头转向通常的迁徙方向,振翅飞翔。如果用镜子将阳光折转60°,则椋鸟的飞行方向也随之调转60°。再用镜子将阳光折转90°,椋鸟的飞行方向又随之调转90°。总之,不管是真实的太阳,还是镜子中的阳光,椋鸟总是随着太阳光的方向飞行的。

这个实验又在阴雨天进行过多次。阴天或雨天,云遮住了太阳,笼中的椋鸟当即迷失了方向,在六角亭的笼壁上乱撞。而一旦强风吹散了乌云,太阳重又露脸,椋鸟则又复取正确的方向。从这一系列的实验中,科学家们得出一个结论:有些候鸟是以太阳作为定向标的。

三、类比知识在批判性思维中的运用。

1. 如果学校的财务部门没有人上班,这些支票就不能入账;这些支票未能入账,因此,学校的财务部门没有人上班。

请在下列各项中选出与上句推理结构最为相似的一句,并说明理由。

A. 如果太阳神队主场是在雨中与对手激战,就一定会赢。现在太阳神队主场输了,看来一定不是在雨中进行的比赛。

B. 如果太阳晒得厉害,李明就不会游泳。今天太阳晒得果然厉害,因此可以断定,李明一定没有去游泳。

C. 所有的学生都可以参加这次决赛,除非没有通过资格赛的测试。这个学生不能参加决赛,因此他一定没有通过资格赛的测试。

D. 倘若是妈妈做的菜,菜里面就一定会放红辣椒。菜里面果然有红辣椒,看来是妈妈做的菜。

E. 如果没有特别的原因,公司一般不批准职员们的事假申请。公司批准了职员陈小鹏的事假申请,看来其中一定有一些特别的原因。

2. 在当前的音像市场上,正版的激光唱盘和影视盘销售不佳,而盗版的激光唱盘和影视盘却屡禁不绝,销售异常火爆。有的分析人员认为这主要是因为在价格上盗版盘更有优势,所以在市场上更有活力。

以下哪项是这位分析人员在分析中隐含的假定？应用了什么方法？

A. 正版的激光唱盘和影视盘往往内容呆板,不适应市场的需要。
B. 与价格的差别相比,正版盘与盗版盘在质量方面的差别不大。
C. 盗版的激光唱盘和影视盘比正版的盘进货渠道畅通。
D. 正版的激光唱盘和影视盘不如盗版的盘销售网络完善。
E. 加强对知识产权的保护和对盗版行为的打击使得盗版盘的价格上涨。

3. 环境污染已经成为全世界普遍关注的问题。科学家和环境保护组织不断发出警告：如果我们不从现在起就重视环境保护,那么人类总有一天将无法在地球上生存。

以下哪项解释最符合以上警告的含义？为什么？

A. 如果从后天而不是从明天起就重视环境保护,人类的厄运就要早一天到来。
B. 如果我们从现在起开始重视环境保护,人类就可以在地球上永久地生活下去。
C. 只要我们从现在起就重视环境保护,人类就不至于在这个地球上无法生存下去。
D. 由于科学技术发展迅速,在厄运到来之前人类就可能移居到别的星球上去了。
E. 对污染问题的严重性要有高度的认识,并且要尽快采取行动做好环保工作。

> 辩者,求人心也,非屈人口也。
> ——王充
>
> 道虽迩,不行不至,事虽小,不为不成。
> ——荀子

第十二章 证明与反驳

本章概述

本章主要内容包括证明与反驳,其中证明包括直接证明与间接证明、演绎证明与归纳证明等;反驳包括直接反驳与间接反驳等。在论证过程中,必须遵守论证规则,如论题明确并保持同一、论据须真实、论证方式正确等。论证的目的在于引导人们运用概念、判断、推理、规律等逻辑知识和方法获得真知,驳斥谬误。通过揭露诡辩中的逻辑谬误,能澄清事实真相,使人们明是非、辨真伪、识美丑、知善恶,使正气得以弘扬,使正义得以伸张。与此同时,还能使人鉴赏论证的逻辑美,它突出的表现为求真美和自洽美。

第一节 证明概述

一、什么是证明

所谓证明就是用某个(或一些)真实判断确定另一判断真实性的思维过程。

例如:

① 喜马拉雅山脉从来就是世界屋脊吗?不。在27亿年前,这里是茫茫一片汪洋大海。地质学一再证明:凡是有水生物化石的地层,都是地质史上的古海洋地区。喜马拉雅山系的地层遍布了珊瑚、苔藓、海藻、鱼龙、海百合等化石。可见,喜马拉雅山在过去的地质年代里,曾经被海洋淹没过。

例①用一个(或一些)真实判断确定另一判断——"喜马拉雅山脉并不是从来就是世界屋脊"真实性的思维过程。

1. 证明的构成

证明由论题、论据和论证方式三个要素构成。例如:"吸烟有害,因为,凡能产生有害物质的都有害,而吸烟能产生有害物质。"在这个论证中,"吸烟有害"是其真实性需要加以确定的判断,叫做论题;"凡能产生有害物质的都有害"、"吸烟能产生有害物质"是用来作为论题真实性的根据的判断,叫做论据;把论题和论据联系起来的方式,叫做论证方式。

所谓论题既可以是科学上已证明的判断,也可以是科学上未证明的判断。前者着重于说理、论述;后者着重于探索、创新。论题既是文章、说话、议论的开端又是终结。就开端而言,它是文章、说话、议论所要解决的问题;就终结而言,它是所要解决问题的结论。可见,论题在文章、说话、议论中居重要的地位,因此,我们必须慎重地选择论题。

所谓论据是支持论题真实性的根据,它以判断形式出现。如,例①中的"地质学一再证明:凡是有水生物化石的地层,都是地质史上的古海洋地区。喜马拉雅山系的地层遍布了珊瑚、苔藓、海藻、鱼龙、海百合等化石"、"吸烟能产生有害物质"等,都属于论据。

一篇文章或议论可以有许多论据。但任何文章或议论都有基本的论据,其他论据是由基本论据引申出来的。

例如:

② 研究人员认为,园丁鸟的建筑风格是一种后天习得的,而不是先天遗传的。因为在观察雄性园丁鸟所构筑装饰精美的巢时发现,同一种类的不同园丁鸟群建筑的巢具有不同的建筑和装饰风格。而年轻的雄性园丁鸟在开始筑巢时却是很笨拙的,很显然要花许多年来观察年长者筑的巢才能成为行家能手。

显然,例②中作为论题"园丁鸟的建筑风格是一种后天习得的,而不是先天遗传的"之基本论据是"年轻的雄性园丁鸟在开始筑巢时却是很笨拙的",其他论据是由这一基本论据引申出来的。

一般来说,作为支持论题真实性的论据,是已被证明的事实判断、科学和哲学中的一般原理以及科学中的公理和基本定义,或是实践提供的事实判断,这是支持论题真实性的重要论据。论据涉及的事实很多,而事实之间是有客观联系的。列宁说:"如果从事实的全部总和,从事实的联系去把握事实,那么,事实不仅是'胜于雄辩的东西',而且是证据确凿的东西。如果不是从全部总和,不是从联系中去掌握事实,而是片断的和随便挑出来的,那么事实就只能是一种儿戏,或者甚至连儿戏也不如。"①因此,以事实判断作为论据时,必须全面研究事实,从事实的客观联系中来选择论据。如果以个别的、孤立的事实作论据,那就不能支持论题的真实性。当然,一篇文章或议论仅有事实论据是不够的,还必须用科学公理、定义、原理和哲学(已由实践检验为真的)理论作论据,进而使其既有普遍性又有特殊性。

所谓论证方式是建立论据与论题之间联系的推理形式。在文章中,论题的真实性是由论据真实性合乎逻辑地推演出来的;从论据到论题有一个逻辑推演过程,论据与论题之间的逻辑联系借助于一定的推理形式。

例如:

《世说新语》中有一则记载"竹林七贤"之一王戎的故事:

③ 王戎七岁,尝与诸小儿游,道边李树多子折枝,诸儿竞走取之,唯戎不动。人问之,答曰,"树在道边而多子,此必苦李。"取之信然。

"此必苦李"是王戎提出的论题,其论证方式是演绎推理充分条件假言推理否定式。完整形式为:

"此必苦李"。

因为,如果路边李子是甜的,那么就不会"多子折枝",

这棵李树"多子折枝",

---

① 《列宁全集》第23卷,人民出版社,1990年第279页。

所以,"此必苦李"。

我们可以将上述的讨论作如下的小结:

(1) 论题:是通过论证确定其真实性的判断。
(2) 论据:是被引用来作为论题真实性根据的判断。
(3) 论证方式:是把论题与论据联系起来的形式。

2. 证明与推理的联系与区别

以王戎的故事为例:

推　理	证　明
如果路边李子是甜的,那么就不会"多子折枝", 这棵李树"多子折枝", 所以,"此必苦李"。	"此必苦李"。 因为,如果路边李子是甜的,那么就不会"多子折枝", 这棵李树"多子折枝", 所以,"此必苦李"。

从上例中可以看出证明与推理的联系与区别:

(1) 证明与推理的联系性论证和推理的联系密切。论证总要借助于推理来进行,论据相当于推理的前提,论题相当于推理的结论,论证方式则相当于推理方式。

(2) 证明与推理的区别又有一定的:一般来说,推理是根据若干判断(前提)而得出另一个判断(结论);论证则是由断定若干判断(论据)的真实性,进而断定另一个判断(论题)的真实性。一个论证必然是一个或一系列推理,但一个推理却未必是一个论证。证明和推理的区别主要表现为:

(1) 思维进程不同。推理:前提→结论;论证:论题→论据→论题。
(2) 逻辑结构不同。论证比推理复杂。
(3) 功能不同。推理在于:断定前提与结论的逻辑关系;论证在于:由论据的真实性断定论题的真实性。

二、证明与实践检验的关系

为了弄清逻辑论证与实践检验的关系,我们必须了解逻辑证明在揭示或发现真理、宣传真理和传授科学知识过程中都具有重要的作用。

1. 证明的作用

证明作为思维活动的一种形式,无论是在揭示或发现真理的科学研究过程中还是在宣传真理和传授科学知识的过程中都具有重要作用。

例如:

① 哈雷彗星也是通过论证发现的。牛顿在发现万有引力之后,曾经从事天体运行研究,关于彗星他曾说过:"如果说,有两颗彗星,经过一定的时间间隔后出现,描绘出相同的曲线,那么就可以下结论说,这先后两次出现的实质上是一颗彗星。这时候我们就从公转周期本身决定轨道特性,并求圆的轨道。"牛顿通过论证发现的"同一颗彗星",为哈雷所证实。哈雷指出:"相当多的事情使我想到,1531年阿比安所观察的彗星,跟1607年刻卜勒和朗格蒙丹所描述的是同一颗,也就是

1682年我自己观察的那一颗。全部轨道根数却是完全一致的,只有周期不等,其中第一颗周期是七十六年两个月,第二颗周期却是七十四年十个半月。大概这里有问题,但是它们的差是这样小……因而我坚决预言,这颗彗星于1758年还要回来的……"哈雷的预言后来得到了证实。现在知道哈雷彗星绕太阳运动的周期大约是76年。继1910年5月它回到太阳附近之后,1986年它将再次回到太阳附近,同我们相见。

在科学中运用演绎推理来发现和论证新的现象、揭示事物规律的事例是不胜枚举的,如高斯算出谷神星的轨道、麦克斯韦预言电磁波、狄拉克论证电子的存在等,这些是众所周知的事实。

逻辑证明的作用还表现为,在理性认识范围内,逻辑证明是验证理论正确性的普遍原则。一切理论结论都必须遵守逻辑规律和规则,都必须通过逻辑证明。如果一个理论系统,一个判断的真实性,经不起逻辑证明,违反逻辑规律和规则,那么就会不攻自破,就站不住脚。一般来说,证明的前提不正确,证明过程失去逻辑的必然性,违背逻辑规律,结论不可能正确。

例如:

② 有人认为,动物实验有损对生命的尊重。如果不尊重生命,就可能越来越容忍诸如战争及杀人等暴力行为。那么,社会将很快就会沦为战场,人人都会时刻担忧自己的生命。这将是文明的末日。为了防止出现这种可怕结果,应当立即宣布动物实验为非法。

实际上,由于动物实验作为合法存在已有相当时日,上例中所述的这一系列事件之间并不具有逻辑必然性。即使认同动物实验的确危及对生命的尊重,而不尊重生命也许会导致容忍暴力,但是不一定导致"文明的末日"。因此,这一逻辑证明并没有充分的理由让我们接受"必须宣布动物实验为非法"的结论。

总之,证明作为思维活动的一种形式,无论是在揭示或发现真理的科学研究过程中,还是在宣传真理和传授科学知识的过程中,都具有重要作用,但证明不能代替实践作为检验真理的标准。

2. 证明与实践检验的关系

(1) 证明是实践检验的反映

列宁指出,逻辑的"格"正由于千百万次的重复"才有着先入之见的巩固性和公理的性质"①。由此可见,在实践基础上形成的逻辑证明的"格"才可能作为证明理论正确性的原则。

(2) 证明的真实性须经过实践检验

逻辑证明作为一种理性认识是对客观存在的反映。但逻辑证明的真实性不能在理性认识范围内最终得以解决。正如毛泽东指出的那样,"许多自然科学理论之所以被称为真理,不但在于自然科学家创造这些学说的时候,而且在于为尔后的科学实践所证实的时候……人类的认识历史告诉我们,许多理论的真理性是不完全的,经过实践的检验而纠正

---

① 《列宁全集》第38卷,人民出版社,1986年,第186页。

了它们的不完全性。许多理论是错误的,经过实践的检验而纠正其错误。"①因此,逻辑证明虽然能揭示真理,但这种真理是否具有客观真理性,则须经过实践检验。例如,前面所说的牛顿关于彗星的论断,其真理性如果没有哈雷进行的实践观察,就不可能转化为客观真理。

(3) 证明运用的推理形式的正确性,只有通过实践才能检验

例如,"所有物体摩擦都会生热。因为石头摩擦会生热,木棒摩擦会生热,铁块摩擦会生热,所以,所有物体摩擦都会生热。"这一逻辑证明运用的推理形式是归纳推理,其正确与否必须根据精确的观察和实验,即通过实践才能检验。

总之,证明和实践(检验)既有区别又有联系:一方面,逻辑证明是主观思维的活动,实践(检验)是客观的物质活动;另一方面,实践(检验)是逻辑证明的前提,逻辑证明又为实践检验做理论准备。逻辑证明只是验证理论正确性的原则,而实践是检验真理的唯一标准。

第二节 证明方法

所谓证明就是用某个(或一些)真实判断确定另一判断真实性的思维过程。

依照不同的根据,证明可以分为不同的种类。根据证明所运用推理形式的不同,可分为演绎证明与归纳证明;根据证明的方法不同,可分为直接证明和间接证明。

一、演绎证明与归纳证明

1. 演绎证明

所谓演绎证明就是运用演绎推理形式所进行的证明。其特点是:论题往往是对某种特殊事实的论断,而论据则往往是关于一般性知识的原理,其证明过程体现了由一般到个别的思维过程。

例如:

① 价值规律具有客观性。因为价值规律是经济规律,而一切经济规律都具有客观性。

例①是根据"一切经济规律都具有客观性"证明"价值规律具有客观性",其中运用了三段论。这就是一个演绎证明。由于演绎推理是必然性推理,因此演绎证明能由论据的真必然的推出论题的真。

2. 归纳证明

所谓归纳证明就是运用归纳推理形式所进行的证明,即用关于个别、特殊事物的判断作为论据来证明一般性的论题。由于完全归纳推理与不完全归纳推理的逻辑性质不同,因此,完全归纳证明能够确定论据与论题间的必然联系,即由真实论据能够确定论题为真;不完全归纳证明只能确定论据与论题间的或然联系,即由真实论据只能确定论题可能真实。

例如:

② 马克思指出:"火药、指南针、印刷术——这是预告资产阶级社会到来的三大发明。火药把骑士阶层炸得粉碎,指南针打开了世界市场并建立了殖民地,而印刷术则变成新教的工具,总的来说变成科学复兴的手段,变成对精神发展创造

---

① 《毛泽东选集》1~4卷合订本,人民出版社,1964年,第265页。

必要前提的最强大的杠杆。"①

在例②中马克思用的归纳证明中所包含的归纳推理为完全归纳推理,即以火药、指南针、印刷术这三大发明对瓦解封建制度所起的革命作用,进而证明了论题"火药、指南针、印刷术——这是预告资产阶级社会到来的三大发明"。

③ 所有的菌类植物都没有叶绿素。因为木耳没有叶绿素,香草没有叶绿素,蘑菇没有叶绿素,木耳、香草、蘑菇是菌类植物(的一部分),所以,菌类植物都没有叶绿素。

例③中"所有的菌类植物都没有叶绿素",就可通过考察"木耳没有叶绿素,香草没有叶绿素,蘑菇没有叶绿素"等来加以证明,但这一证明只具有或然性。归纳证明要得到可靠的结论,必须根据已有的科学知识对现象作出正确的分析,必须与演绎相结合,还必须根据精确的观察和实验。

二、直接证明与间接证明

1. 直接证明

所谓直接证明,就是从论据的真实性中直接推出论题的真实性的证明。直接证明的特点是:它从论题出发,为论题的真实性提供正面的理由。

例如:

① 广告宣传具有倾向性。因为一切宣传都是有倾向性的,广告宣传是宣传,所以,广告宣传也具有倾向性。

例①根据"一切宣传都是有倾向性的"和"广告宣传是宣传"这两个论据直接证明"广告宣传具有倾向性"。

2. 间接证明

所谓间接证明,就是通过确定其他判断的虚假来确定论题的真实性的证明。间接证明通常有两种方法,即反证法和选言证法。

(1) 反证法

所谓反证法,就是通过确定与论题相矛盾的判断(即反论题)的虚假来确定论题真实性的间接证明。

其证明过程是:

论题:P

反论题:非 P

证明:"非 P"虚假

根据排中律,"非 P"虚假,故 P 真。

例如:

② 我们在证明三段论第一格的规则——"小前提必肯定"时,就设了反论题:"小前提否定","如果小前提否定,则大前提必肯定,因为根据三段论的前提规则,两个否定前提不能得结论。大前提肯定,则大前提中的谓项不周延,而大前提中的谓项在此格中是大项,因此,大项在大前提中不周延。如果小前提否定,根据三

---

① 《马克思恩格斯全集》第 3 卷,人民出版社,1960 年,第 20 页。

段论的前提规则,则结论必否定。而结论否定,则结论中的谓项即大项必周延。如此,大项在前提中不周延,而在结论中周延,这就犯了大项扩大的错误。这种错误是由于小前提否定造成的。根据排中律,'小前提肯定'与'小前提否定'两者之间必有一真,既是'小前提否定'虚假,所以,小前提必肯定"。

例②就运用了反证法。请注意:在进行反证中,只有与论题相矛盾的判断才能作为反论题,论题的反对判断是不能作为反论题的。

(2) 选言证明

选言证明就是通过确定除论题所指的那种可能外,选言判断所包含的其余可能都是虚假的,从而推出论题的真实性的间接证明。

其证明过程是:

为了证明论题 p,先将与论题 p 及与之有可能同时成立的其他判断 q、r 构成一个选言判断。

或 p 或 q 或 r,然后再确定 q、r 为假,即非 q 且非 r,最后根据选言推理否定肯定式的规则,由否定其余各肢(q、r)就可肯定另一选言肢(p),从而推出 p,证明了论题 p 的真实性。

例如:

毛泽东在《中国革命战争的战略问题》一文中深刻地证明了"中国革命战争应该由中国无产阶级及其政党中国共产党来领导"这个论题。他的证明方法,就是选言证法。

③ 毛泽东同志说:"中国革命战争的主要敌人,是帝国主义和封建势力。中国资产阶级虽然在某种历史时期可以参加革命战争,然而由于它的自私自利性和政治上经济上的缺乏独立性,不愿意也不可能领导中国革命战争走上彻底胜利的道路。中国农民群众和城市小资产阶级群众,是愿意积极地参加革命战争,并愿意使战争得到彻底胜利的。他们是革命的主力军,然而他们的小生产的特点,使他们的政治眼光受到限制(一部分失业群众则具有无政府思想),所以,他们不能成为革命战争的正确的领导者。因此,在无产阶级已经走上政治舞台的时代,中国革命战争的领导责任,就不得不落到中国共产党的身上。"①

毛泽东在这段论述过程中,首先指出中国革命战争的敌人是帝国主义和封建势力(即指出了该证明的历史语境)。接着提出了作为中国革命战争的领导阶级的几种可能的假定(即全部的可能情况),中国革命战争或者由中国资产阶级领导,或者由中国农民和城市小资产阶级领导,或者由中国无产阶级及其政党中国共产党领导。然后证明中国资产阶级不可能领导中国革命战争(主要论据是,由于它的自私自利性和政治上经济上缺乏独立性);中国农民和城市小资产阶级也不可能领导中国革命战争(主要论据是,他们小生产的特点,使他们的政治眼光受到限制,一部分失业群众则具有无政府思想);这样,只剩下一种能够成立的可能性即论题:"中国革命战争应该由中国无产阶级及其政党中国共产党来领导",而这就是所要证明的论题。

运用选言证明时,应注意把除论题以外的其余一切可能情况都一一加以排除,不能有所遗漏。选言证明是方案制订、理论探讨、科学实验、医学诊断、侦察破案等活动中广泛运用的一种证明方法。

---

① 《毛泽东选集》1～4 卷合订本,人民出版社,1964 年,第 167 页。

例如：

④ 王某是自己误杀致死。因为一个人被枪杀，或者是被人谋杀，或者是用枪自杀，或者是被人误杀，或者是自己误杀。现已查明，王某不是被谋杀，不是自杀，也不是被人误杀，所以，王某是自己误杀致死。

例④也是运用了选言证明。选言证明过程可用公式表示如下：

或p或q或r，
非q且非r，
所以，p。

第三节 反　　驳

一、什么是反驳

反驳同证明是统一的。不过，反驳是一种特殊的证明。所谓反驳，是确定某一证明的论题虚假或证明不能成立的思维过程。由于证明由论题、论据和论证方式三个要素构成，因此反驳的方式就有以下三种：反驳论题、反驳论据（就是证明对方支持论题的根据、理由的虚假性）和反驳论证方式（也是反驳论据的方法）。

二、反驳的种类

反驳的种类根据反驳的方式可以分为直接反驳和间接反驳；根据运用推理的方式可以分为演绎反驳和归纳反驳。

1. 直接反驳和间接反驳

（1）直接反驳是引用真实的判断直接确定某一判断的虚假性。

例如：

① 有人认为，有时为了医治一些危重病人，医院允许使用海洛因作为止痛药。其实，这样做是应当禁止的。因为，毒品贩子会通过这种渠道获取海洛因，对社会造成严重危害。实际上，医院允许用于止痛的海洛因在数量上与用作非法交易的比起来是微不足道的。

在例①中，作者以"实际上，医院允许用于止痛的海洛因在数量上与用作非法交易的比起来是微不足道的"这一真实的判断，说明由于用于止痛的海洛因在数量上"微不足道"，因此即使毒品贩子通过这种渠道获得海洛因，数量上十分有限，不至于"对社会造成严重危害"，从而直接反驳了作为"应当禁止"医院在医治一些危重病人时"允许使用海洛因作为止痛药"的论据。

（2）间接反驳是通过论证另一个与被反驳的判断具有矛盾关系或反对关系的判断的真实性，从而确定原来被反驳判断是虚假的。

例如：

② 有人认为"人的素质主要是由遗传决定的"。其根据是某特别咨询委员会的调查报告声明："在选择了大量的研究对象进行对比实验后，发现在名人家族中才能出众者是普通人家族中才能出众者人数的23倍。"而大量事实表明，一个人的

才能培养、后天接受教育的程度,与他的成长环境之间有很强的正相关性。

在例②中,作者以"一个人的才能培养、后天接受教育的程度,与他的成长环境之间有很强的正相关性"指出了名人家族名人比例高的"遗传"以外的原因,即与论题具有矛盾关系的真实判断——名人家族中的人后天接受教育和培养才能要比普通人好得多(正相关性),所以容易成为名人,而不是遗传。这样就反驳了论题"人的素质主要是由遗传决定的"。

间接反驳与间接证明既统一又相区别。其区别在于:间接反驳是通过证明矛盾论题的真而驳倒原论题的,间接证明是通过证明矛盾论题的假而断定原论题的真。

2. 演绎反驳和归纳反驳

(1) 演绎反驳就是运用演绎推理所进行的反驳,归谬法是演绎反驳常用的方法。

归谬法就是通过从一个判断导出荒谬的结论而否定该判断的一种方法。为了反驳判断 p,可先假定判断 p 是真实的,并从这种假定中推理出一个(或一系列)显然荒谬的判断 q,然后从判断 q 的虚假必然推出判断 p 是荒谬的(运用充分条件假言推理的否定后件式)。其类型有:

a. 从被反驳的判断中引申出假判断。

例如:

① 斯大林在反驳"语言能够生产物质资料"这一论题时就运用了归谬法:"假如语言能够生产出物质资料,那么夸夸其谈的人就会成为世界上最富的人了。"①

例①就是从被反驳的判断"语言能够生产物质资料"中引申出假判断"夸夸其谈的人就会成为世界上最富的人"。

b. 从被反驳的判断中引申出两个互相矛盾的判断。如伽利略对亚里士多德论断,物体从高空下落,"其重量与快慢成正比"的反驳,就是运用了这种方法。

② 伽利略作了这样的推导:设物体 A 比 B 重,按照亚里士多德论断,A 比 B 先落地。但把 A 与 B 捆在一起,成为 A+B,这样,就引申出两个互相矛盾的判断:一方面因 A+B 比 A 重,所以,A+B 比 A 先落地;另一方面因 B 要减慢 A 下落的速度,所以 A+B 又比 A 后落地。即 A+B 既比 A 先落地,A+B 又比 A 后落地。因此,有力地反驳了亚里士多德论断"物体从高空下落,'其重量与快慢成正比'"。

c. 从被反驳的判断中引申出与其矛盾的判断。在反驳中,归谬法是直接反驳的方法,即由所反驳的判断直接推出蕴涵在其中的假判断,从而直接断定被反驳判断的虚假。

例如:

③ 中世纪神学家荒谬地宣称:"上帝是全能的。"有人对此驳斥说:"如果上帝能创造一块他自己举不起来的石头,那么上帝就不是全能的;如果上帝不能创造出一块他自己举不起来的石头,那么上帝也不是全能的。或者上帝能创造一块他自己举不起来的石头,或者上帝不能创造一块他自己举不起来的石头,总之,上帝不会是全能的。"该例就是从被反驳的判断"上帝是全能的"中引申出与其矛盾的判断——"上帝不会是全能的"。

(2) 归纳反驳就是运用归纳推理进行反驳。

---

① 《斯大林选集》下卷,人民出版社,1979 年,第 525 页。

例如：

④ 有人认为业余研究很难出成果。请看以下事实：

被称为科学巨人的达·芬奇，是弗朗西斯一世的臣仆。他的业余研究无所不包，他不仅是画家、雕塑家，而且也是工程师、建筑师、物理学家、生物学家和哲学家。哥白尼是波兰大主教的秘书和医生，天文学是他的业余爱好，他临终时出版的《天体运行论》是具有划时代意义的天文学著作。开普勒是天体力学和现代实验光学的奠基人，他提出的行星运动三定律，成了牛顿天文学的基础，但他的正式职业却是个编辑。伽利略的职业起初是大学教员，后来任佛罗伦萨大公爵的首席供奉，他首次提出了"质量"的概念，并创立了"电"这个名称。军官笛卡儿把变量引入数学，提出了运动守恒。外交家莱布尼茨发现微积分，在哲学、物理学、化学、机械、生物、医学等领域都有不少创见。

从以上的事实，我们可以得出这样的结论：业余研究也能出第一流的科学成果，出第一流的人才。

⑤ 过去，人们常常认为，肉会自己生蛆。而意大利医生雷地做的一个实验则证明事实并非如此。他把一块块的肉分别放进一个个容器里，一部分容器盖上了细布，一部分不盖，苍蝇能自由进出。结果，盖了细布的容器里的肉没有生蛆，而不盖细布的容器里的肉生了蛆。

例④、⑤反驳都运用了归纳推理。

第四节　证明与反驳的规则

证明和反驳密切相连、相辅相成。因此，其规则既是证明的规则，也是反驳的规则。论证规则有5条。

一、论题明确

论题明确就是指论题应当清楚、确切，不应含糊其辞，不应有歧义。论题明确是论证和反驳的前提。只有论题明确，论证才能展开。如果论题不明确，导致论题的歧义，在辩论过程中就会使辩论双方争论不休，浪费时间；或者文不对题，离题万里，达不到论证的目的。反驳对方的论题，也必须排除主观片面性，如实地了解对方论题，如果不明确对方的论题，就无法进行反驳。

违反"论题明确"就犯了论旨不明的逻辑错误。

例如：

以下是在一场关于"安乐死是否应合法化"的辩论中正反方辩手的发言：

① 正方：反方辩友反对"安乐死合法化"的根据主要是在什么条件下方可实施安乐死的标准不易掌握，这可能会给医疗事故甚至谋杀造成机会，使一些本来可以挽救的生命失去最后的机会。诚然，这样的风险是存在的。但是我们怎么能设想干任何事都排除所有风险呢。让我提出一个问题，我们为什么不把法定的汽车时速限制为不超过自行车，这样汽车交通死亡事故发生率不是几乎可以下降到零吗？

反方：对方辩友把安乐死和交通死亡事故做以上的类比是毫无意义的。因为不可能有人会做这样的交通立法。设想一下，如果汽车行驶得和自行车一样慢，那还要汽车干什么？对方辩友，你愿意我们的社会再回到没有汽车的时代吗？

这里反方没有弄清正方提问的目的——试图说明"安乐死合法化"的风险是存在的，但是不能因为有风险就不实行，反而让正方的提问牵着鼻子走——让正方设想汽车如果行驶得像自行车一样慢，说明这样的汽车就毫无意义。这样，反方的这一观点不但没有论证自己的观点，反而支持了正方所认为的不能设想干任何事情都排除风险。

二、在论证过程中，论题应当保持同一

论题应当保持同一，这是同一律的要求。如果在写文章、演讲、论辩过程中出现论题不一贯，就会转移论题，或偷换论题。转移论题或偷换论题，常常是由论题不明确所致。如上例中，反方在论辩的过程中，没有坚持自己的论证的论题："反对'安乐死合法化'"——由于回答正方的提问而转移了论题，让正方设想汽车如果行驶得像自行车一样慢，那么这样的汽车就毫无意义。这样，关于是否"安乐死合法化"的论辩，变成为关于"汽车行驶速度与汽车存在价值"的论辩。这是由反方在论辩的过程中论题不明确所致。

转移论题或偷换论题的手法常常表现为以下几种：

1. "诉诸个人"（或曰"以人为据"）

即以某个人的言行作为某个论题真伪的标准，转移论证中的论说对象，为个人的谬误辩护。

例如：

② 父：吸烟有害无益，你年纪轻轻的一定要把烟戒掉！

子：爸爸，您说吸烟是有害无益而自己却吸烟。您不带头戒烟，又怎能叫我一定把烟戒掉呢？

例②中的"子"就是犯了"诉诸个人"的逻辑错误。

2. 诉诸无知

即以无知为论据偷换论题。如有人说："海市蜃楼的现象是不存在的，因为我从来没见过"；"外星人是存在的，因为没有人能证明没有外星人"。这些说法都是"诉诸无知"。因为某一个人不知道这件事，未必这件事就存在或一定不存在。在论辩中，诉诸无知往往把某一现象或事物的存在与否偷换成"我是否知道"。

3. 诉诸怜悯

即以怜悯为论据转移论题或偷换论题。例如，某律师在法庭上为被告辩护，他不是根据事实和法律说明被告人无罪，而是以被告的家里有老母、妻子和年幼的儿子等以此求得人们对被告人的怜悯和宽容。实际上，这位律师将"被告人是否有罪"的论题偷换为"被告的家里有老母、妻子和年幼的儿子"这一论题。

4. 诉诸私利

即把论题的真假与听众的利益混为一谈。例如，在论辩或演讲中，有的辩手或演讲者将自己的论题或论据说成是符合听众的利益的，以此求得听众对自己论题或论据的信任和支持。

5. 诉诸权威

即在论辩中,不是依靠有说服力的论据,而是以某人的威望、资历、品德或者与听众的密切关系,要求听众无条件的相信自己的论点。例如:"小王的话是可信的,因为这个消息是他听他的爸爸所说,而他的爸爸是一位德高望重的教授。"

6. 诉诸习俗

即在论证中,不是以真实事实为论据,而是以某些习俗为依据,转移人们的注意力。例如,"'常在河边走,哪能不湿鞋'。搞财会工作的,都免不了有或多或少的经济问题,特别是在当前市场经济条件下,更是如此。"这里就犯了"诉诸习俗"的逻辑错误。

此外,还有诉诸听众,即在论证中,不是以真实的论据、合乎逻辑的推导来论证论题,而是用激动的感情、煽动性的言辞去哗众取宠或迎合某些人的心理,使之支持自己的观点。这就犯了"诉诸听众"的逻辑错误。人身攻击,即反驳别人的观点,不是针对对方的观点发表意见,而是针对提出该种观点的人的出身、职业、长相、地位、道德品质等与论题无直接关系的方面进行攻击,这就犯了"人身攻击"的逻辑错误。

由于论据是用以支持论题的、确实可靠的依据,因此它是论证的基本因素之一,也是充足理由律的要求。如果一个判断是虚假的,就不能以此作为论据;如果论据不真实,就不能由此推出论题的真实性。

在论证过程中,作为论据必须真实,但是,论据虚假并不一定论题虚假。论据虚假只表明论据的真实性没有得到证明,用不真实的论据支持论题的真实性是反逻辑的。

三、论据的真实性不能依赖于论题的真实性来证明

在论证中,论题的真实性是有待证明的。如果以一个真实性尚待证明的判断为论题来证明另一个判断论据的真实性,那么这样的论据仍然是一个未确定为真的判断。而用一个未确定为真判断作为论据,是达不到证明论题的真实性的目的的。这样的论证叫循环论证。

例如:

③ 科学发展史上,曾经有人反对哥白尼关于地球与太阳系其他行星围绕太阳运转的学说,他们主张宇宙是有限的。在证明"宇宙有限"这个论题时,所依据的是:宇宙在一昼夜之间绕地球这一不动的中心运转一周。而当他们证明这个论据的真实性时,其依据是"宇宙有限"(因为如果宇宙是无限的,就不能够解释为什么无限的宇宙能在一昼夜之间绕自己的中心运转一周)。

这样,用来证明论题"宇宙有限"的论据"宇宙昼夜绕地球这一中心运转"的真实性,又是依赖于论题"宇宙是有限的"来证明的,这就导致循环论证的错误。

四、论据应该正确地推出论题

论题的真实性不仅要求论据真实,而且要求由论据正确地推出论题。这是对论证方式正确的要求,即由论据到论题必须建立在正确的推理形式上,应当遵守推理的规则。如果论证方式不正确,违反推理的规则,就犯推不出的逻辑错误。推不出的逻辑错误一般有两种情况:一种是论证方式违反推理规则;另一种是论据不足。

例如：

④ 李玟一定能成功。因为如果缺乏奋斗精神，就不可能有较大成就。李玟有很强的奋斗精神，所以他一定能成功。

假定例④的论题和论据都是真实的，但论证方式不正确。因为其推导过程运用的是充分条件假言推理，根据充分条件假言推理的规则，否定前件，不必然否定后件。因此，该论证的论证方式违反推理规则，犯了推不出的逻辑错误。

例如：

⑤ 人们可以食用一种转基因大豆加工成的产品。尽管转基因食品可能带来副作用，但这种转基因大豆含有有益于人体健康的微量元素，因此，人们可以食用这种转基因大豆加工成的产品。

例⑤的论据是真实的，论证方式也符合逻辑规则。但是，论据不足，因而推不出论题："人们可以食用一种转基因大豆加工成的产品"。要证明这一论题还需要提出有关论据，"临床试验表明，这种微量元素对人体健康的益处大于转基因食品副作用所带来的害处"，这样，由此论据推出论题，其可靠程度较原来有所提高。

总之，以上五条规则是我们进行论证和反驳过程中必须遵守的。如果论证和反驳违反这些规则，就不正确，就会犯论题模糊、转移论题、论据虚假、预期理由、循环论证、推不出等逻辑错误，达不到论证目的。

上述各章节介绍形式逻辑的基本内容，为我们研究辩证逻辑和非形式逻辑奠定了基础。

关 键 术 语 提 要

证明是用一个或几个已知为真的判断确定另一个判断的真实性的思维过程。它由论题、论据和论证方式所组成。

反驳是用一个或几个已知为真的判断，确定另一个判断为假或对它的论证不能成立的思维过程。反驳通常有反驳论题、反驳论据、反驳论证方式3种途径，其中反驳论题是主要的。

论证规则包括论题明确并保持同一；论据须真实；论证方式须正确。违反上述规则，就要犯论题模糊、转移论题、论据虚假、预期理由、循环论证、推不出等逻辑错误。

进 一 步 阅 读 指 南

1. 郁慕镛，张义生等.逻辑·科学·创新.长春：吉林人民出版社，2002
2. 普通逻辑编写组：普通逻辑.上海：上海人民出版社，2011
3. 苏越等.思路·逻辑·创造方法.北京：中央广播电视大学出版社，1992
4. 郁慕镛等.形式逻辑纲要.南京：江苏科学技术出版社，1992
5. 王球，崔文琴等.逻辑学导论.北京：中国广播电视出版社，1991
6. [美]R.J.克雷切.大学生逻辑.宋文淦等译.北京：北京大学出版社，1989
7. 朱志凯.形式逻辑基础.上海：复旦大学出版社，1983
8. 杜国平.普通逻辑.北京：高等教育出版社，2010
9. MBA联考综合能力测试辅导材料·逻辑.北京：机械工业出版社，2012

10. 陈爱华.2002MBA 逻辑.北京:清华大学出版社,2001

问 题 与 思 考

1. 什么是论证？论证和推理有何区别和联系？
2. 逻辑论证的作用是什么？逻辑论证与实践检验有什么关系？
3. 什么是直接论证？其特点是什么？
4. 什么是反证法？什么是选言证法？
5. 为什么说仅仅归纳论证(指不完全归纳论证)不足以完全确定论题的真实性？为了提高归纳论证的可靠性和说服力,需要注意些什么？
6. 论证有哪些规则？违反这些规则会犯什么逻辑错误？
7. 什么是反驳？为什么说反驳是论证的一种特殊形式？
8. 什么是归谬法？它与反证法有何区别与联系？

练 习 题

一、分析下列论证的结构,指出其论题、论据和论证方式。

1. 竞争是市场经济的特征之一,社会主义市场经济也不例外。因为商品价值的形成和实现都是在竞争中完成的。只要存在商品生产和商品交换,就会有商品生产者在共同市场上的相互较量,择优汰劣。

2. 如果人们滥用滴滴涕,那么它就向周围的地面和大气扩散开。如果它向周围的地面和大气扩散开,那么它就随雨水降流到江、河、湖、海中。如果它随雨水降流到江、河、湖、海中,那么浮游生物吞食后就积蓄在体内。如果浮游生物吞食后积蓄在体内,那么吞食浮游生物的鱼类就在体内积蓄较高浓度的滴滴涕。如果吞食浮游生物的鱼类在体内积蓄较高浓度的滴滴涕,那么长期食用这些鱼类的人体会发生病变(水鸟、海鸟也是如此)。所以,如果人们滥用滴滴涕,那么长期食用某些鱼类的人体就会发生病变。

3. 18 世纪以后,自然科学进入日趋专业化和精密化的大发展时期。但是,这一时期,一大批科学家却是在业余研究中作出了重要的贡献。请看以下事实：

19 世纪三大发现之一的能量守恒和转化定律,是由四个人各自独立地提出来的。他们在这个问题上都是业余研究者：焦耳是酿酒商,迈尔是医生,赫尔姆霍茨是生物学教授,格罗夫是律师。生物进化论的先驱者之一拉马克开始时是军官,后来又是银行职员。达尔文开始时学医,以后又学神学。现代遗传学的奠基人孟德尔的职业是牧师,最后又当了修道院院长。乡村教员道尔顿把原子论的观念应用到化学研究上,取得了科学史上的重大进展。氧的发现者和现代化学的奠基人拉瓦锡,学历上得到的却是法学学位。发现了磁能生电,从而使人们进入电力时代的,是曾经在印刷厂当学徒的法拉第。功勋卓著的化学家戴维,也是学徒出身,业余起家。这些伟大的科学家的伟大成果,都是在业余研究中获得的。

由此可见,业余研究也能出一流的科学成果和一流的人才。

4. 先天的遗传因素和后天的环境影响对人的发展所起的作用到底哪一个更重要？双胞胎的研究对于回答这一问题有重要的作用。唯环境影响决定论预言,如果把一对双胞胎完全分开抚养,同时把一对不相关的婴儿放在一起抚养,那么,待他们长大成人后,在性格等内在特征上,前两者之间决不会比后两者之间有更多的类似。实际的统计数据并不支持这种极端的观点,但也不支持另一种极端观点,即唯遗传因素决定论。由此可见,环境影响和遗传因素对人的发展都起着重要的作用。

5. 生物是发展变化的。因为,如果生物不是发展变化的,那么,古生物和今天的生物必然一样。但实际情况并非如此,古生物和今天的生物在形态、结构等方面都有很大的差异,所以,生物是发展变化的。

6. 信息化是我国加快实现工业化和现代化的必然选择。我们要坚持以信息化带动工业化,以工业化促进信息化,走出一条科技含量高、经济效益好、资源消耗低、环境污染少、人力资源优势得到充分发挥的新型工业化路子。

二、指出下列论证有什么逻辑错误。

1. 铜是金属。因为:凡金属都是导电的,铜是导电的。

2. 昆剧《十五贯》中记载,无锡知县过于执断定苏戌娟是杀父凶手,过于执的理由是"看她艳桃如李,岂能无人勾引？年正青春,怎会冷若冰霜？她与奸夫情投意合,自然要生比翼双飞之意,父亲拦阻,因此杀其父而盗其财,乃人之常情"。

3. 市民:"专家同志,你们制定的市民文明公约共15条60款,内容太多,不易记忆,可否精简,以便直接起到警示的作用。"

专家:"这次市民文明公约,是在市政府的直接领导下,组织专家组,在广泛听取市民意见的基础上制定的,是领导、专家、群众三结合的产物。"

4. 有这样一道考试题:"请以三段论的一般规则为依据构造一个正确的三段论形式,它的结论为特称肯定判断,并请详细写出构造的过程。"

甲、乙两人是这样回答并论证的:

甲答:因为它的结论为特称肯定判断,所以根据三段论中的"前提中有一个是否定判断,结论为否定判断",推出前提不可能是否定判断,那么,前提只能是肯定判断;另外,根据三段论中的"前提中有一个是特称判断,结论为特称判断",由此可得一个正确三段论式是:

MAP
MIS
─────
SIP

乙答:结论为特称肯定判断,这就是说,前提中一定有特称判断,所以,小前提只有是特称肯定判断,即MIP……

5. 某人的话是不会错的,因为据说他是听他叔叔说的,而他叔叔是一个治学严谨、受人尊敬、造诣很深、有突出贡献的中青年专家。

6. 某学院将举行秋季运动会,院长办公室在布告栏里张贴了一个通知:本院全体师生员工必须参加运动会的开幕式。

看了布告后,小富发表议论说:我院的运动会是一个学院的运动会,如果一个学院的运动会要一个学院的全体人员参加开幕式,那么,奥林匹克运动会是全世界的运动会,就该让全世界所有的人都参加开幕式,而这是不可能的,因此,我们学院的全体人员都参加开幕式也是没有必要的。

7. 老张一定是合格的市场营销经理。因为只有精通市场营销理论,才是一个合格的市场营销经理,而老张精通市场营销理论。

三、分析下列反驳的结构,指出其中被反驳的论题以及用来反驳的论据和反驳的方法。

1. 恩格斯在《反杜林论》中论述关于世界统一性原理时,对杜林的唯心主义统一观作了深刻的驳斥。杜林认为,"……被思考的存在,世界概念是统一的,所以现实的存在、现实的世界也是不可分割的统一体。"针对杜林的这个观点,恩格斯作了深刻的揭露和驳斥。恩格斯指出:思维,如果它不做蠢事的话,只有把思维的统一体看作是现实统一体的反映。"因此,存在的统一性,关于把存在理解为一个统一体的根据,正是需要加以说明的;当杜林先生向我们保证,他认为存在是统一的而不是两重性的东西时,他无非是向我们说他个人的无足轻重的意见罢了。"①

2. 某法院受理了起诉黄某拦路抢劫案。被告人黄某强调自己家庭生活困难,连买盐的钱都没有,爱人生病没有钱治疗;同时,所在村不发口粮才起意去抢劫的。
承办本案的工作人员深入调查。查明他家连续两年人均年收入1 500元,村组织也未扣发过口粮,他家人均年口粮600斤。因此,被告说由于生活困难才抢劫纯属无理狡辩。

四、试以有关论证规则分析下列案例。

1. 以下是《吕氏春秋·淫辞》中记载秦国与赵国在空雒订约的情况:
空雒之遇。秦、赵相与约。约曰:"自今以来,秦之所欲为,赵助之;赵之所欲为,秦助之。"居无几何,秦兴兵攻魏。赵欲救之。秦王不悦,使人让赵王曰:"约曰'秦之所欲为,赵助之;赵之所欲为,秦助之。'今秦欲攻魏,而赵欲救之,此非约也。"赵以告平原君,平原君以告公孙龙。公孙龙曰:"亦可以使而让秦王曰:'赵欲救之,今亲王独不助赵,此非约也'。"

2. 人类所认识的客观事物,从宏观天体到微观粒子,都具有一定的结构。太阳系的九大行星和小行星,为什么都在自己固定的轨道上运动,每时每刻,每个星体都各处于一定的位置上?这是因为由它们所组成的太阳系的整体是一个有序结构。而在银河系中,太阳系又是这个大系统中的一个要素。银河系是一个约有1 500亿颗恒星和大量星云所组成的恒星系,各层次之间同样不是杂乱无章,而是有其一定结构的。银河系中心区的球形部分称为银核,周围有旋臂,是一个由恒星组成的扁平圆盘,所有恒星都按照自己的轨道和速度运动着。

不仅宏观天体存在一定的结构,而且微观物质也有其内部结构。原子也是一个系统,它包含着复杂的内部结构,是系统的无限层次中的一级结构。原子中又存在着质子、电子、中子,这些并称为基本粒子。在宇宙射线和高能原子实验中发现的各种基本粒子达300多种。现代基本粒子的研究又表明基本粒子确实不"基本",同样是有结构的,故不再称"基本粒子",而只称"粒子"。

处于宏观天体与粒子中间的地球、生物以至分子等这些不同层次的系统,都无例外地存在着一定的结构。

五、证明与反驳知识在批判性思维中的运用。

1. 某公司多年来实行一套别出心裁的人事制度,即每隔半年就要让各层次的干部、职工实行一次内部调动,并将此称为"人才盘点"。
以下哪项对这种做法的必要性提出质疑?试分析之。

---

① 《马克思恩格斯选集》第3卷,人民出版社,1972年,第81页。

A. 这种办法破除了职位高低的传统观念,强调每一项工作都重要。

B. 人才盘点使技术人员全面了解生产流程,利于技术创新。

C. 以此方式培养提拔的管理干部对公司的情况了如指掌。

D. 干部、职工相互体会各自工作的困难,有利于团结互助。

E. 工作交换时,由于情况生疏会出现不必要的失误。

2. 母亲要求儿子从小就努力学外语。儿子说:"我长大又不想当翻译,何必学外语。"

以下哪项是儿子的回答中包含的论据?为什么?

A. 要当翻译,需要学外语。

B. 只有当翻译,才需要学外语。

C. 当翻译没什么大意思。

D. 学了外语才能当翻译。

E. 学了外语也不见得能当翻译。

3. 我们学校的贫困生通常学习比较努力。因为,据我所知,在公共管理系里,贫困生考试成绩常常名列前茅。

以下哪个命题如果是真的,将有力地削弱上述论证?

A. 李军是贫困生,他学习并不努力。

B. 在公共管理系里,贫困生只占全系学生的7%。

C. 公共管理系的贫困生只占全校贫困生的8%。

D. 并非所有考试成绩好的人学习都很努力。

E. 学习努力的人并不一定考试成绩好。

六、运用逻辑知识进行事件排序。

1. ①赶到现场;②接到报案;③抓住了嫌疑犯;④进行调查;⑤发现了疑点。

A. ⑤—③—①—④—② B. ②—①—④—⑤—③

C. ②—④—①—③—⑤ D. ⑤—②—④—①—③

2. ①给居民生活造成损害;②工厂开工;③环保部门出面干涉;④严重污染水源和空气质量;⑤工厂被勒令停工。

A. ⑤—③—①—④—② B. ②—①—④—⑤—③

C. ②—④—①—③—⑤ D. ⑤—②—④—①—③

3. ①甲方支付违约金;②乙方提起诉讼;③法庭判决;④甲乙双方商谈签订合同;⑤甲方单方违约。

A. ⑤—④—③—①—② B. ⑤—②—④—①—③

C. ④—①—②—③—⑤ D. ④—⑤—②—③—①

七、运用有关论证知识分析以下案例。

1. 案例一:驳福尔逊[①]

一次,林肯的一个老朋友的儿子小阿姆斯特朗被人指控谋财害命,原告收买了福尔逊

[①] 《驳福尔逊》是亚伯拉罕·林肯(1809—1865)任律师时为一个老朋友的儿子遭指控时所作的辩护词。林肯是共和党人,1860年就任美国第16任总统。他出生于一个普通的拓荒者家庭,曾当过雇农、船夫和律师等。林肯不仅是一位杰出的政治家,还是美国历史上不可多得的演说家。

作证人。福尔逊赌咒发誓说他亲眼看到被告开枪击中被害人,被告有口难辩。林肯主动担任了小阿姆斯特朗的辩护律师。他仔细研究了全部案卷,调查了现场,掌握了全部事实,然后,要求开庭复审。

开庭时,林肯首先向福尔逊发问,问他是否亲眼看见被告开枪杀人。

林肯:"你认清是小阿姆斯特朗吗?"

福尔逊回答:"是的。"

林肯问:"你在草堆后面,小阿姆斯特朗在大树下,相距有二三十米,你能看得清楚吗?"

福尔逊说:"看得很清楚,因为当时月光很明亮。"

林肯又一次强调地问:"你肯定不是从衣着等方面认清的吗?"

福尔逊再一次回答:"不是从衣着方面看清楚的,我肯定是看清了他的脸,因为月光正照在他脸上。"

最后,林肯问证人:"具体时间也能肯定吗?"

福尔逊说:"完全可以肯定,因为我回到屋里时,看了时钟,那时是 11 点 1 刻。"

说完这些,福尔逊松了一口气,因为林肯不再提问。

"这个证人是一个彻头彻尾的骗子!"林肯不容置疑的口气使举座皆惊。林肯接着说:"他一口咬定 10 月 18 日晚上 11 点他在月光下认清了被告人的脸。请大家想一想,10 月 18 日那天是上弦月,到了晚上 11 点,月亮早已下山了,哪里还有月光? 退一步说,也许他时间记得不十分精确,时间稍有提前,月亮还没有下山,但那时月光应是从西边向东边照射,草堆在东,大树在西。如果被告脸朝大树,月光可以照到脸上,可是证人就根本看不到被告的脸。如果被告脸朝草堆,那么月光只能照在被告的后脑勺上,证人又怎么能看到月光照在被告的脸上呢? 又怎么能从距离二三十米的地方看清被告的脸呢?"

2. 案例二:如何在原子时代谋求和平?①

我感谢你们给我机会,让我在这个最重要的政治问题上表述我的主张。

愚见以为,以现阶段的军事技术而言,想用全国武装以获得安全的想法,是一种会招来灾祸的错误想法,尤其是在美国首次制造出第一枚原子弹之后,各国更会产生此种不对的想法,人们都在想,我们最后可能会获得绝对性的军事优势。

用这种方法,我们任何潜在的敌人就不敢轻举妄动,这样,我们大家所热切盼望的安全就会降临给我们以及全人类了。我们就会在最近的 5 年内,把下列的原则奉为不变的箴言,不论什么代价,也要由绝对的军事力量来确保安全。

美国和俄国的武器竞赛,原因在于彼此都想防备对方,双方似乎都患有歇斯底里症。双方对于杀伤力大的武器无不热衷,秘密赶造。现在双方所追求的目标——氢弹,制造方面已不成问题了。

假使制造成功的话,那么,在技术的范围内,使大气布满辐射层,使全球人口灭绝,那是很有可能的。这种令人恐怖的研究发展就在于彼此都受到压迫,骑虎难下了。完成了第一

---

① 《如何在原子时代谋求和平?》是阿尔伯特·爱因斯坦(1879—1955)关于原子时代战争与和平问题的政治性论辩演讲。爱因斯坦是世界著名的物理学家。他的《狭义相对论》发表后,震撼了世界。爱因斯坦不仅是一位卓越的自然科学家,而且还是一位为争取世界和平的社会活动家。1939 年,他和一些科学家联名写信给美国总统罗斯福,建议加紧研制原子弹。但后来发生在日本广岛和长崎的惨剧,却给他以极大的刺激,他几乎自以为是人类的罪人。他致力于国际和平事业,关心人类文化和道德的发展,发表过许多精辟的见解。

步骤,无可避免的得再向前推进另一步骤,最后人类的末日就愈来愈明显了。

　　人类是否能在这个自作孽的僵局中自谋出路呢?我们所有的人,特别是那些把美国和苏联弄到今天这种骑虎难下情况的人,都应当知道我们可以征服任何外来的敌人,可是我们仍无法避免战争的心理。

　　我们只要采取每一种会使得未来冲突更为明显的行动,那我们就休想有和平。因此,任何政治行动,首先要考虑的一点就是,我们要怎样做才能和平共存,才能促使各国坦诚合作呢?要达成相互合作的第一个问题,就是要弥补彼此之间的恐惧和不信任的心理。因此必须放弃暴力,当然,杀伤力大的武器得加以废止。

　　然而,要达到这种有效的废止,最好是能设立超国际的裁判和执行机构,并授权其决断各国安全的迫切问题,甚至各国在宣告愿与这个"小规模的世界政府"坦诚合作时,也必须先了解"小规模的世界政府"是可大量降低发生战争的危险的。

　　总而言之,人们要达成诸项和平合作的首要条件是互信,第二就是要有正义和机警的法庭组织。这两项原则对个人适用,对各国也适用,在互信的基础上,就不会发生是非之争了。

> 一个民族想要站在科学的最高峰，就一刻也不能没有理论思维。①
>
> ——恩格斯

第十三章 辩证逻辑

本章概述

本章主要内容，一是辩证逻辑的发展，其中包括辨析辩证思维与辩证逻辑的内涵，阐述马克思、恩格斯、列宁对辩证逻辑发展的贡献；二是辩证思维形式与规律，其中辩证思维形式主要包括具体概念、辩证判断和辩证推理3种类型，辩证思维规律包括具体同一律、转化发展律、递进深化律；三是辩证逻辑的方法与运用，其中辩证逻辑的方法包括辩证分析与综合法、辩证归纳与演绎法、辩证抽象与具体法、逻辑与历史相统一的方法。拓展讨论是"近代辩证逻辑的发展与特征"。

第一节 辩证逻辑的发展

一、辩证思维与辩证逻辑

辩证思维不同于一般的抽象思维。在谈到什么是抽象思维和具体思维即辩证思维的问题时，黑格尔曾在《谁在抽象地思维》的随笔中，十分风趣地描述了这样一件事情：

> 市场上，一位女顾客对卖蛋的女商贩说："喂，你卖的是臭蛋呀！"这个女商贩可恼火了！连珠炮似的骂道："什么，我的蛋是臭的？我看你才臭呢！你敢这样说我的蛋？你？要是你爸爸没有给狮子吞掉，你妈妈没有跟法国人跑掉，你奶奶没有在医院里死掉，你就应该为你花里花哨的围巾买件称心的衬衫呀。谁不知道，这条围巾和你的帽子是打哪儿搞来的；要是太太们多管家务，你们这班人都该蹲班房了。还是补补你袜子上的窟窿吧！"②

随后，黑格尔指出，脱离特定环境，不着边际地、毫无内在联系地胡扯一气，这就是抽象思维，它是与具体思维即辩证思维不相容的。而要学会并达到具体思维即辩证思维，就要掌握和运用辩证逻辑。具体说来，需要在知性分析的基础上，扬弃知性分析的抽象同一性、确定的分离性（区别性），达到抽象与具体的统一。

辩证思维在黑格尔看来，是正确地认识并掌握辩证法进行思维的能力。辩证思维是反

---

① 《马克思恩格斯全集》第20卷，人民出版社，1971年，第384页。
② 转引自苏越等：《思路·逻辑·创造方法》，中央广播电视大学出版社，1992年，第155页。

映客观事物辩证规律的理性认识,是对客观思维及其辩证规律反映的过程和成果。由于"辩证法是现实世界中一切运动、一切生命、一切事业的推动原则",同时"辩证法又是知识范围内一切真正科学认识的灵魂"①,因而,辩证思维运用了辩证法,便超越知性思维阶段概念、判断、推理的固定界限,从而使概念本身成为多种规定性的统一,判断则是概念的展开,推理则是概念的实现和发挥,进而更能真实地反映事物之间的联系、变化和发展的规律。

马克思(1818—1883)从唯物辩证法的角度论述了辩证思维。他在《1857—1858年经济学手稿·导言》中,将研究政治经济学的特殊思维方式发展为一般的思维方式。这种思维方式可以表达为这样的公式:"从抽象上升到具体"。其内容是:"具体之所以是具体,因为它是许多规定的综合,因而是多样性的统一。因此它在思维中表现为综合的过程,表现为结果,而不是表现为起点。虽然它是现实中的起点,因而也是直观和表象的起点。在第一条道路上,完整的表象蒸发为抽象的规定;在第二条道路上,抽象的规定在思维行程中导致具体的再现。"②这里,马克思把辩证思维的过程分为两个相互联系又相互区别的阶段。第一个阶段,经过更切近的规定之后,就会在分析中达到越来越简单的概念;"从表象中的具体达到越来越稀薄的抽象,直到我达到一些最简单的规定。"③进而从分析中找出一些有决定意义的抽象的一般的关系。第二个阶段的行程是从抽象上升到具体,但是这个具体已不是一个整体的浑沌表象,"而是一个具有许多规定和关系的丰富的总体了"④,这是通过综合达到的。由于具体是许多规定的综合,因而是多样性的统一。马克思认为这种辩证思维的方法是科学研究的方法。

恩格斯在批判杜林的形而上学的思维本质论的过程中,论述了分析与综合的对立统一是辩证思维的本质。他指出:"思维既把相互联系的要素联合为一个统一体,同样也把意识的对象分解为它们的要素。没有分析就没有综合。"

辩证逻辑是从思维形式的联系和发展方面研究辩证思维形式、规律和方法的学科。亚里士多德开始对辩证逻辑进行研究,但未把它与形式逻辑区分开来;黑格尔系统地论述了它与形式逻辑的区别,其辩证逻辑体系虽建立在唯心主义基础上,但具有许多合理因素;马克思主义哲学的产生,唯物辩证法的创立,辩证逻辑才真正成为一门科学。

二、马克思与辩证逻辑的创立

马克思是历史上第一个运用唯物辩证法创立辩证逻辑的人⑤。尽管马克思没有一部专门的辩证逻辑著作,但他的《1857—1858年经济学手稿》和巨著《资本论》都是应用辩证逻辑的典范。马克思在《1857—1858年经济学手稿·导言》中阐述了他所应用的政治经济学的方法是一种"具体—抽象—具体"的辩证方法。马克思在从政治经济学方面观察某一国家的时候,不是从抽象的经济学概念或从在经济学上作为全部社会生产行为的基础和主体的人口出发,而是从该国的人口、人口的阶级划分、人口在城乡海洋的分布、在不同生产部门的分布,输出和输入,全年的生产和消费,商品价格等出发,即从实在和具体开始,从现实的

---

① 黑格尔:《小逻辑》,商务印书馆,1980年,第177页。
② 《马克思恩格斯全集》第12卷,人民出版社,1962年,第751页。
③④ 《马克思恩格斯全集》第12卷,人民出版社,1962年,第750页。
⑤ 参见李廉:《辩证逻辑》,安徽人民出版社,1982年,第53页。

前提开始。因为马克思认为,假如抛开了构成人口的阶级,人口就是一个抽象。如果不知道这些阶级所依据的因素,如雇佣劳动、资本等,阶级又是一句空话。而这些因素是以交换、分工、价格等为前提的。又如资本,如果没有雇佣劳动、价值、货币、价格等,它就什么也不是。因此,如果"从人口着手,那么这是整体的一个浑沌的表象,经过更切近的规定之后,我就会在分析中达到越来越简单的概念;从表象中的具体达到越来越稀薄的抽象,直到我达到一些最简单的规定。于是行程又得从那里回过头来,直到我最后又回到人口,但是这回人口已不是一个整体的浑沌表象,而是一个具有许多规定和关系的丰富的总体了"。马克思在谈到其《资本论》中的逻辑方法时指出:"正当我写《资本论》第一卷时,愤懑的、自负的、平庸的、今天在德国知识界发号施令的模仿者们,却已高兴得像莱辛时代大胆的莫泽斯·门德尔森对待斯宾诺莎那样对待黑格尔,即把他当作一条'死狗'了。因此,我要公开承认我是这位大思想家的学生,并且在关于价值理论的一章中,有些地方我甚至卖弄起黑格尔特有的表达方式。"但是"我的辩证方法,从根本上来说,不仅和黑格尔的辩证方法不同,而且和它截然相反。在黑格尔看来,思维过程,即他称为观念而甚至把它变成独立主体的思维过程,是现实事物的创造主,而现实事物只是思维过程的外部表现。我的看法则相反,观念的东西不外是移入人的头脑并在人的头脑中改造过的物质的东西而已"[①]。

三、恩格斯对辩证逻辑发展的贡献

恩格斯在《反杜林论》、《自然辩证法》、《路德维希费尔巴哈和德国古典哲学的终结》等著作中,对辩证思维的发展、辩证思维的本质和辩证思维的思维形式进行了深入的探索。就辩证思维的发展而言,它经历了朴素的辩证思维—形而上学的思维—科学的辩证思维的发展历程。正是在考察辩证思维发展历程的过程中,恩格斯提出了"辩证思维"、"辩证逻辑"等概念。关于辩证思维的本质,如前所述,恩格斯曾指出,分析与综合的对立统一是辩证思维的本质。关于辩证思维的形式即辩证逻辑的思维形式,恩格斯探讨了概念的辩证运动、判断的辩证运动和推理的辩证运动。

1. 关于概念的辩证运动

恩格斯在阐述时特别强调,概念是随着现实世界的运动而运动的。在他看来,在辩证逻辑中没有什么绝对分明和固定不变的界限,"整个逻辑都只是从前进看的各种对立中发展起来的",它使固定的形而上学的差异互相过渡。除了"非此即彼",又在适当的地方承认"亦此亦彼",并且使对立面互为中介、互相转化。恩格斯指出,"头脑的辩证法只是现实世界(自然界和历史)的运动形式的反映"[②],因而,概念的辩证运动是现实世界辩证运动的反映。

2. 关于判断的辩证运动

恩格斯指出,辩证逻辑的判断是从个别判断—特殊判断—普遍判断的辩证运动过程,在《自然辩证法》中,恩格斯以人们对"摩擦生热"这一现象认识的历史过程说明判断从个别判断—特殊判断—普遍判断的辩证运动过程。在史前,人们通过实践已经知道"摩擦生热"事实。但是,在人们的脑子里形成这样一个判断——摩擦是热的一个源泉这一实在的肯定

[①]《马克思恩格斯全集》第23卷,人民出版社,1972年,第24页。
[②]《马克思恩格斯全集》第20卷,人民出版社,1971年,第545页。

判断，不知道经过了多少千年。以后，又经过了几千年，到1842年迈尔、焦耳和柯尔丁才根据这个特殊过程和同时发现的其他类似过程的关系，即根据它的最接近的一般条件来研究这个特殊过程，并且作出了这样的判断："一切机械运动都能借摩擦转化为热"这个全称的反省的判断。而后来，只过了三年，迈尔就能够（至少在实质上）把反省判断提高到概念的必然判断："在每一情况的特定条件下，任何一种运动形式都能够而且不得不直接或间接地转变为其他任何运动形式。"这是判断的最高形式。恩格斯分析道："我们可以把第一个判断看作个别性的判断：摩擦生热这个单独的事实被记录下来了。第二个判断可以看作特殊性的判断：一个特殊的运动形式（机械运动形式）展示出在特殊情况下（经过摩擦）转变为另一个特殊的运动形式（热）的性质。第三个判断是普遍性的判断：任何运动形式都证明自己能够而且不得不转变为其他任何运动形式。到了这种形式，规律便获得了自己的最后的表达。由于有了新的发现，我们可以给它提供新的证据，提供新的更丰富的内容。"[①] 这种从历史与逻辑的统一来分析判断的辩证运动，突现了个别判断—特殊判断—普遍判断之间的关联性。

3. 关于推理的辩证运动

恩格斯着重分析了归纳与演绎的辩证关系，他指出："我们用世界上的一切归纳法都永远不能把归纳过程弄清楚。只有对这个过程的分析才能做到这一点。——归纳和演绎，正如分析和综合一样，是必然相互联系着的。不应当牺牲一个而把另一个捧到天上去，应当把每一个都用到该用的地方。而要做到这一点，就只有注意它们的相互联系、它们的相互补充。"[②] 因为按照归纳派的意见，归纳法是不会出错的方法。而事实上，用归纳得出的结论，甚至似乎是最可靠的结论，都会被新的发现所推翻。恩格斯列举了如热素说、脊椎动物的界定等事例，尽管这些曾是归纳法的成果，但后来均受到新事实的挑战。这就说明，归纳法不是万能的。同样，作为演绎的前提也是通过归纳得出的。仅仅通过演绎也不足以推出必然的结论。

四、列宁对辩证逻辑发展的贡献

列宁对于辩证逻辑曾经进行过系统的研究，为我们留下了一系列关于辩证逻辑的重要论述。

1. 关于辩证逻辑的研究对象

列宁指出："逻辑不是关于思维的外在形式的学说，而是关于'一切物质的、自然的和精神的事物'的发展规律的学说。换句话说，逻辑是对世界的认识的历史的总计、总和、结论。"[③] 接着，列宁进一步强调说："逻辑学是关于认识的学说，是认识的理论"，"逻辑学＝关于真理的问题"。[④] 可见，列宁十分强调辩证逻辑是关于认识论的学说。

2. 关于辩证逻辑的研究内容

列宁认为，包括以下几个方面："要真正地认识事物，就必须把握、研究它的一切方面，

---

① 《马克思恩格斯全集》第20卷，人民出版社，1971年，第568页。
② 《马克思恩格斯全集》第20卷，人民出版社，1971年，第570-571页。
③ 《列宁全集》第38卷，人民出版社，1972年，第89-90页。
④ 《列宁全集》第38卷，人民出版社，1972年，第194、186页。

一切联系和'中介'我们绝不可能完全做到这一点,但是,全面性的要求可以使我们防止错误和防止僵化。这是第一。第二,辩证逻辑要求从事物的发展、'自己运动'(像黑格尔有时说的)、变化中来观察事物。……第三,必须把人的全部实践——作为真理的标准,也作为事物同人需要它的那一点的联系的实际确定者——包括到事物的完满的'定义'中去。第四,辩证逻辑教导说,'没有抽象的真理,真理总是具体的……'"①因此,在列宁看来,辩证逻辑是通过研究作为真理的概念的矛盾运动,进而全面地认识事物。然而,真理是反映"由现象、现实的一切方面的总和以及它们的(相互)关系构成的"概念关系。列宁指出:"概念的关系(=转化=矛盾)=逻辑的主要内容,并且这些概念(及其关系、转化、矛盾)是作为客观世界的反映而被表现出来的。事物的辩证法创造观念的辩证法而不是相反。"②

3. 关于思维规律

列宁指出:"总的说来,在逻辑中思想史应当和思维规律相吻合。"③由于人类对客观世界的认识总是从低级到高级,从感性到理性,从抽象到具体,进而不断接近客观实际的历史发展过程,而思维规律则寓于认识运动发展的过程之中,因而,列宁称辩证逻辑是"思想史的精华"、"思想史的结果和总结"。

4. 关于思维形式

列宁批判地继承了黑格尔的有关思想,认为辩证逻辑的思维形式是具有活生生的实在内容的形式,是和内容密切联系的形式。列宁在谈到概念时指出,概念必须是经过琢磨的、整理过的、灵活的、能动的、相对的、相互联系的、在对立中是统一的,运用这样的概念才能把握世界。同时,概念、判断等思维形式之间又是相互联系、相互转化和对立统一的④。此外,列宁十分重视辩证逻辑的研究与实际的联系,进而为我们从事辩证逻辑的研究指明了方向。

尽管经过经典作家、哲学与逻辑学界学者们近一个世纪的探索,辩证逻辑仍然是一门正在创立中的思维科学,目前尚无成熟统一的体系。下面我们试图将学界的有关探索作一归纳,介绍给读者。

第二节 辩证思维形式与规律

一、辩证思维形式

关于辩证思维形式,主要包括具体概念、辩证判断和辩证推理3种类型。这3种思维形式既相互区别又相互联系。

1. 具体概念

所谓具体概念,是相对于形式逻辑的抽象概念来说的。它是一定的认识主体在一定的时期或阶段反映一定的思维对象各种本质、非本质的规定及其概念间的各种关系、联系之

---

① 《列宁全集》第32卷,人民出版社,1972年,第83—84页。
② 《列宁全集》第38卷,人民出版社,1972年,第210页。
③ 《列宁全集》第38卷,人民出版社,1972年,第355页。
④ 《列宁全集》第38卷,人民出版社,1972年,第154、188、208页。

总和的思维形式。这种具体概念综合了一定时期或阶段人们对一定的思维对象的各种内外矛盾及其矛盾诸方面的性质或规定,其中包含了一般、特殊、个别三个环节的丰富内容。具体概念依其辩证内容可分为简单的具体概念和复杂的具体概念。简单的具体概念是依矛盾对立的压缩形式反映一定思维对象的各种规定或丰富的辩证内容;复杂的具体概念则是以展开了的形式反映一定的思维对象丰富的辩证内容[①]。如马克思在《1857—1858年经济学手稿》中对"消费"概念作了如下的规定:"消费直接也是生产。这正如自然界中的元素和化学物质的消费是植物的生产一样。人也需要通过吃喝这一种消费形式生产自己的身体。而对于以这种或那种形式从某一方面来生产人的其他任何消费形式也都可以这样说是消费的生产。"[②]其中第一句:"消费直接也是生产"是从消费与生产的对立统一的关系中反映"消费"作为认识对象及其辩证内容。马克思还引用了斯宾诺莎的命题:"规定即否定"对消费与生产概念的辩证内涵进行了概括。而后一段话则以展开了的形式反映消费与生产概念丰富的辩证内容。又如,毛泽东在《矛盾论》中指出,"矛盾存在于一切事物发展过程中","每一事物发展的自始至终都存在矛盾运动",论述了矛盾的普遍性;进而又深入分析了矛盾的特殊性;再通过列举有关具体事例分析其中蕴涵的矛盾。因而使我们能够从一般、特殊、个别三个环节上把握"矛盾"这一概念复杂的规定性。

无论是简单的具体概念还是复杂的具体概念都具有以下三个特征:

(1) 能反映一定的思维对象本身所具有的矛盾及其在各个发展阶段上的规定性。

(2) 蕴涵丰富的辩证内容(这不是仅靠具体概念自身实现的,而是靠这一概念为中心的辩证判断或辩证判断群即辩证推理甚至更复杂的思想体系实现的)。

(3) 能再现思维对象的整体性,能够反映思维对象在运动发展过程中的内在与外在的矛盾及其各种规定性和相互联系性,形成了一种立体式的思维形式结构,进而使认识不断深入。

2. 辩证判断

所谓辩证判断,是从内容和形式的结合上反映自然、社会和思维矛盾本质的判断。这种判断既反映思维对象的矛盾对立,又反映思维对象的矛盾运动与普遍联系。恩格斯在《反杜林论》中指出:"任何一个有机体,在每一瞬间都是它本身,又不是它本身;在每一瞬间,它同化着外界供给的物质,并排泄出其他物质。"[③]恩格斯在这里所作的断定,从内容上看,它反映了认识对象的内在矛盾;从形式上看,它具有"是"和"不是"对立统一的结构形式。尽管这种形式与形式逻辑的联言判断极为相似,然而却有着本质的区别。因为联言判断中的"既是又是"强调的是反映思维对象情况的各联言肢之间具有并列关系,因而这些联言肢所反映的思维对象情况可以相对独立的存在;而辩证判断中的"既是又是"强调的是反映思维对象内在矛盾具有对立统一的关系,这里的思维对象的"是"和"不是"不是相互分离的,而是相互联系、相互依存的对立统一关系。因此,辩证判断是在联言判断的基础上深入到思维对象的内部揭示其内在的矛盾及其相互联系。正是在这一意义上,我们说辩证逻辑的辩证判断是形式逻辑的判断或联言判断的升华。

---

① 参见苏越等:《思路·逻辑·创造方法》,中央广播电视大学出版社,1992年,第225页。
② 《马克思恩格斯全集》第46卷(上),人民出版社,1979年,第27-28页。
③ 恩格斯:《反杜林论》,人民出版社,1970年,第20页。

(1) 辩证判断基本形式有以下几种：

① 主项谓项的对立统一式。

如"失败是成功之母"、"生产是消费，消费是生产"等。在这些判断中，主项和谓项既是对立的，又是统一的，并且可以相互转化。如"失败"与"成功"在一定的条件下是可以相互转化的；"生产"与"消费"也是可以相互转化的。对于生产来说，生产的目的是为了消费，消费能促进生产；对于生产者来说，消费也是生产（即生产出生产者），生产也是消费（消费生产资料）。

② 共谓项的对立统一式。

如"真理是确定的，又是不确定的"，这一判断反映了真理是确定与不确定（或相对性）的辩证统一。又如，"光具有微粒性，又不具有微粒性"，这一判断反映了光是微粒性和非微粒性（或波动性）的辩证统一。

③ 谓项的对立统一式。

如"运动的基本形式都是接近与分离，收缩与膨胀——一句话，是吸引与排斥这一古老的两极对立"，这一判断揭示了主项"运动的基本形式"所具有的"接近与分离，收缩与膨胀，吸引与排斥"的矛盾性，正是这种矛盾与对立，推动了事物的运动与发展。

(2) 由辩证判断基本形式可以归纳出辩证判断有以下特点：

① 辩证判断是辩证内容与辩证形式相统一的判断，不仅其内容会随着人们认识的发展而深化，而且其形式也会发生转化和变更，肯定会变成否定，否定会转化为肯定。

② 辩证判断没有如同形式逻辑判断的那种典型结构，它不仅反映了思维对象内在的矛盾及其对立统一，进而揭示了思维对象运动的内在动力、发展的主流与本质，而且反映了思维对象到运动状况和运动形态，进而揭示了思维对象运动变化的状况与发展过程。

3. 辩证推理

所谓辩证推理，就是通过对思维运动中的内在矛盾或内在层次的辩证分析，推出某个辩证结论的推理。如，马克思在提出生产和消费相互媒介的思想时指出："生产直接是消费，消费直接是生产。每一方直接是它的对方。可是同时在两者之间存在着一种媒介运动。生产媒介着消费，它创造出消费的材料，没有生产，消费就没有对象。但是消费也媒介着生产，因为正是消费随产品创造了主体，产品对这个主体才是产品，产品在消费中才得以最后完成。一条铁路，如果没有通车、不被磨损、不被消费，它只是可能性的铁路，不是现实的铁路。因此，一方面没有生产，就没有消费；另一方面，没有消费，也就没有生产，因为如果没有消费，生产就没有目的。"①这段论述就是一个辩证推理。在这段论述中，其前提是"生产直接是消费，消费直接是生产。每一方直接是它的对方。可是同时在两者之间存在着一种媒介运动。"马克思通过抽象到具体的深入分析，揭示了生产和消费的相互媒介性，进而有力地反驳了那种把生产和消费孤立和对立起来的观点。

(1) 辩证推理根据不同的依据可以进行不同的分类。

① 根据思维进程

个别→一般，或一般→个别，可以分为两种基本形式：辩证的归纳推理和辩证的演绎推理。就辩证的归纳推理而言，它是从一些个别性的对立统一的辩证判断，推出一个新的一

---

① 《马克思恩格斯全集》第46卷（上），人民出版社，1979年，第28页。

般性的对立统一的辩证判断的思维过程。辩证的归纳推理与人的认识从个别到一般的认识过程相适应,它与形式逻辑的归纳推理同属于一个认识过程中两种不同层次、不同性质,但又相互关联的认识阶段的推理形式。就辩证的演绎推理而言,它是以某个一般性的对立统一的辩证判断,推出一个或几个个别性的对立统一的辩证判断的思维过程。如马克思在揭示生产和消费相互媒介性的过程中,就运用了辩证的演绎推理。辩证的演绎推理与人的认识从一般再回到个别的过程相适应,它与形式逻辑的演绎推理同属于一个认识过程中两种不同层次、不同性质,但又相互关联的认识阶段的推理形式。

② 根据认识对象和认识自身发展层次递进的辩证关系

这种辩证推理是以思维对象或思维运动内在的矛盾分析,根据思维对象或思维运动自身发展的层次,揭示或推出思维对象或思维过程矛盾运动的发展过程或发展趋势。

③ 根据思维对象自身的对立统一性

通过对矛盾的综合分析了解矛盾双方的各自特性及其相互转化的推理,其中包括矛盾分析综合辩证推理、矛盾综合分析辩证推理、矛盾双方相互转化辩证推理等基本形式。

(2) 由辩证推理的形式,可以归纳出辩证推理具有以下几个特点:

① 辩证推理必须依据思维对象的内在矛盾进行推理,其推理的前提必须是反映思维对象内在矛盾或思维对象发展、运动本性的判断。

② 辩证推理的系列是根据思维运动的深化和层次的展开所确定的,即根据思维运动的先后相继、互为因果的发展的环节来确定的,而不是人为的加以确定。这样,才能体现逻辑与历史的一致性。

③ 辩证推理是以具体概念、辩证判断为基础,同时又是具体概念、辩证判断运动发展的产物,是具体概念、辩证判断所含矛盾运动的进一步展开和深化。

由上述对具体概念、辩证判断和辩证推理的考察可知,具体概念、辩证判断和辩证推理之间存在着相互联系转化的辩证关系。一方面,可以由具体概念组成辩证判断,又由具体概念、辩证判断构成辩证推理;另一方面,也可以由辩证推理导出辩证判断,获取新的具体概念。总之,它们之间的关系不是僵死的、凝固不变的,而是相互推移转化,形成思维的辩证运动。

尽管具体概念、辩证判断和辩证推理有着内在的相互联系和辩证运动,但就其形成而言,都必须以实践作为基础。虽然具体概念、辩证判断和辩证推理是辩证思维的重要形式,其形式是主观的,但是就其反映的内容来说是客观的。这些辩证思维形式本身是主观与客观的辩证统一。因此,我们可以运用这些辩证思维形式,在实践中把握认识对象的各种矛盾及其矛盾之间的相互关系,断定客观事物矛盾运动的发展趋势,并制定出相应的对策指导我们的实践,使实践和认识不断地深化。

二、辩证思维规律

关于辩证思维规律,哲学界和逻辑学界的学者们进行了长期的探索,作出了诸多的概括。如有的学者将辩证思维规律概括为具体同一律、能量转化律、周期发展律;有的则认为辩证思维规律有对立统一思维律、质变量变思维律、否定之否定思维律等;也有的将辩证思维规律归纳为同异对立统一律、认识层次递进律、认识反复深化律①。这里将上述各种观点加以概括,介绍具体同一律、转化发展律、递进深化律三种辩证思维规律。

1. 具体同一律

具体同一律作为辩证思维的基本规律之一,表明辩证思维是一种具体的同一性思维②。具体同一律反映了客观世界存在的对立统一关系及其相互联系性。具体同一律与形式逻辑的同一律有着本质的区别。形式逻辑的同一律反映的是客观事物在相对稳定和相对静止状态中的特性,而辩证逻辑的具体同一律反映的是客观事物运动变化既相互矛盾又相互依存的对立统一的特性。前者属于思维的知性阶段,后者属于思维的理性阶段。因而,前者是后者的基础,后者是前者的深化和发展。如马克思在《资本论》中,从抽象劳动与具体劳动对立统一的关系中揭示了劳动概念的辩证内涵,在马克思看来,具体劳动创造使用价值,抽象劳动创造价值,进而提出了商品具有价值和使用价值的二重价值说。这样,就突破了亚当·斯密和李嘉图的抽象同一的劳动概念。

具体同一律作为辩证思维的基本规律,它通过具体概念、辩证判断和辩证推理表现出来并发生作用。

(1) 具体同一律在具体概念中表现为两个方面:

① 对于某一具体概念而言,必须反映一定的思维对象本身所具有的矛盾及其在各个发展阶段上的规定性。

② 对于不同的具体概念而言,不是把它们相互孤立的并列起来,而是根据它们所反映的不同的思维对象之间的矛盾、差异及其相互联系,将它们联系起来。

如"自由"与"必然"就是具有对偶关系的两个具体概念;"生产"与"消费"是具有内在联系的两个具体概念;"时间"与"空间"也是具有内在联系的两个具体概念。

(2) 具体同一律在辩证判断中表现为两个方面:

① 辩证判断是辩证内容与辩证形式相统一的判断。

② 辩证判断是从个别判断—特殊判断—普遍判断的辩证运动过程。

(3) 具体同一律在辩证推理中表现为两个方面:

① 辩证推理必须依据思维对象的内在矛盾进行推理,其推理的前提必须是反映思维对象内在矛盾或思维对象发展、运动本性的判断。

② 辩证推理与具体概念、辩证判断不是相互排斥、相互孤立的,而是相互联系、相互依存的。

如上所述,辩证推理是以具体概念、辩证判断为基础,同时又是具体概念、辩证判断运动发展的产物,是具体概念、辩证判断所含矛盾运动的进一步展开和深化。

2. 转化发展律

转化发展律作为辩证思维的基本规律之一,表明在辩证思维中,每一个具体概念、辩证判断和辩证推理,由于反映了客观事物的差异与矛盾,因而其自身包含着差异或矛盾,随着客观事物的发展和矛盾运动,必然会向另一具体概念、辩证判断和辩证推理转化和发展。

转化发展律作为辩证思维的基本规律,它是通过具体概念、辩证判断和辩证推理的转

---

① 参见苏越等:《思路·逻辑·创造方法》,中央广播电视大学出版社,1992年,第172-173页。
② 参见张巨青等:《辩证逻辑》,吉林人民出版社,1981年,第29页。

化发展表现出来的。

(1) 转化发展律在具体概念中的转化发展表现在两个方面：

① 由内容不太丰富的具体概念向内容较为丰富的具体概念转化发展，如马克思关于"国家"概念的内涵就是一个不断丰富发展的过程，在《共产党宣言》中，仅仅是"无产阶级用暴力推翻资产阶级而建立自己的统治"，因此，无产阶级的国家即是"组织成为统治阶级的无产阶级"。经过1849—1851年革命，马克思总结了当时的经验，进行了新的概括。他指出，必须打碎、摧毁资产阶级的旧的国家机器。在经历了1871年巴黎公社的实践以后，马克思进一步明确指出，在摧毁了资产阶级现成的官僚军事国家机器以后，必须用巴黎公社式的无产阶级政权来代替。后来，列宁又根据1905年和1917年革命的新鲜经验，进行理论概括，进一步丰富了马克思主义的国家概念的内涵。现在，随着革命实践的发展，马克思主义的国家概念的内涵还不断地得到丰富和发展。

② 原有的旧的具体概念向新的具体概念转化。这种转化之所以发生，并不是因为旧的具体概念是一个错误概念或它的内容不够丰富，而是因为旧的具体概念已经不能反映变化了的客观对象，因此，我们必须随着客观事物的发展变化，将旧的具体概念转化为新的具体概念。

(2) 转化发展律在辩证判断中的转化发展表现为两个方面：

① 辩证判断由个别向特殊转化发展，再由特殊向一般转化发展。如上述列举的恩格斯关于"摩擦生热"这一辩证判断的辩证运动及其转化。

② 辩证判断由肯定向否定的转化，或由否定向肯定的转化。因为肯定中包含着否定的要素，否定中包含着肯定的要素。转化发展律把肯定的辩证判断和否定的辩证判断看成是有条件的、相对的、相互依存、相互渗透的。一旦条件变化了，肯定的辩证判断和否定的辩证判断便会向各自的对立面转化发展。转化发展律在辩证推理中的转化发展表现为各种推理之间的转化发展。

3. 递进深化律

递进深化律表明，人的认识总是按照由浅入深的层次不断递进、反复深化的过程。因此，人们对于思维对象的认识，或形成一个科学思想（或科学概念），不能一蹴而就，而是经过多层次地反复、不断地深化，才能达到。这种不断递进、反复深化的过程也不是直线式的上升，而是通过螺旋式的过程逐步向前推进①。

递进深化律作为辩证思维的基本规律，它通过具体概念、辩证判断和辩证推理的交互作用，进而使认识不断递进深化。如在哲学史上，人们对于事物的辩证本性的认识就经历了肯定—否定—否定之否定的过程。在古希腊，就出现了像赫拉克利特这样的辩证法家，这时，无论他应用的具体概念（活火）、辩证判断（"世界是一团永恒的活火"）还是辩证推理（"这个世界，对于一切存在物都是一样的，它不是任何神所创造的，也不是任何人所创造的；它的过去、现在、未来永远是一团永恒的活火，在一定的分寸上燃烧，在一定的分寸上熄灭"）都具有直观性和质朴性。这是对事物的辩证本性的认识的肯定阶段。近代以后，随着实证科学的发展，孤立的、分门别类的观察问题的方法与形而上学的思想占了上风，这是对事物的辩证本性的认识的否定阶段。之后，经过康德、黑格尔对这种形而上学的思想与方

---

① 参见苏越等：《思路·逻辑·创造方法》，中央广播电视大学出版社，1992年，第190页。

法的批判,提出了辩证法的思想并建构了辩证法体系。但是这种辩证法及其体系是建立在唯心主义的基础上的。马克思通过对黑格尔哲学的批判改造,建立了真正科学的辩证法学说。

递进深化律具有以下三个特点:

(1) 递进深化的反复性

由于认识对象内在的矛盾或本质不是仅凭感官就能把握的,它需要对各种现象进行细致的科学分析、综合概括,才能逐步深入到事物的内部,进而认识事物的本质。而事物的本质不是单一的,而是蕴涵着多重复合的要素,这就决定了认识不可能一次性完成,而是需要不断地层层递进和反复,逐步深化。

(2) 递进深化的曲折性

就人类的认识能力而言,尽管在其整体上人类的认识能力的发展是无止境的,但是作为一定历史时代的个体或群体,其认识能力总是受其所处的时代的科学技术的水平、个人的知识修养和实践经验等因素的影响与限制。这就决定了认识过程不是直线式向前推进,总是会在前进中伴随着倒退,成功与失败相随。科学技术的正负两重效应充分说明了这一点。

(3) 递进深化的扬弃性和创新性

由于在认识的递进深化过程中充满了反复和曲折,因而对于已经形成的认识成果要采取一种扬弃态度,即既要批判又要继承。因为不批判就不会有新的突破和创新。然而,全盘否定也会导致虚无主义。只有通过扬弃即批判地继承,才能吸收人类思想和文化发展中的一切有价值的东西,"推陈出新",同时为创建新的思维成果开辟道路。

第三节 辩证逻辑的方法与应用

辩证逻辑的方法是辩证逻辑思维形式及其规律的具体体现。应用辩证逻辑的方法对思维对象进行考察和研究,作出辩证的概念和判断,进行辩证的推理,依据观测到的事实并深化已有认识成果,建立假说与理论,从而如实地反映客观事物运动和发展的辩证法。通过应用辩证逻辑方法,可以培养和锻炼人们的辩证思维,提高人们尊重客观事物的辩证法的自觉性,反对形而上学,批驳诡辩论。为此,首先必须对辩证逻辑的方法作一探讨。

一、辩证逻辑的方法

辩证思维方法是进行辩证思维的有力工具。根据不同思维的目的或要求,就需要应用不同的辩证思维方法。辩证思维方法主要有辩证分析与综合法、辩证归纳与演绎法、辩证抽象与具体法、逻辑与历史相统一的方法。

1. 辩证分析与综合法

作为辩证思维方法之一的辩证分析与综合法,不同于形式逻辑的分析与综合。辩证的分析,不是把事物的整体简单地分成各个互不相连的部分,而是对事物进行矛盾分析。在分析的过程中,它把事物看作一个矛盾的统一体,在此基础上,区分基本矛盾和非基本矛盾,主要矛盾和次要矛盾;了解事物发展各个阶段的矛盾及各个方面,其中包括矛盾的主要方面与次要方面及其特性,各个矛盾方面之间的相互联系、相互制约与相互渗透。简言之,是在事物发展变化的过程中把握事物内在的种种特性。这样,就为辩证的综合奠定了基础。辩证的综合是在辩证的分析基础上,把事物的基本矛盾和非基本矛盾、主要矛盾和次要矛盾等综合为一个整体,把握和揭示事物发展的矛盾运动的规律和发展趋势。

(1) 辩证分析与综合法的三大原则

① 客观性原则。在辩证分析与综合的过程中,要坚持一切从实际出发,实事求是,而不是闭门造车、主观臆断。

② 全面性原则。要了解事物的矛盾发展的各个环节与全过程,不能断章取义。

③ 实践性原则。既要以实践为基础,又要在实践中检验辩证分析与综合的结果,决定取舍。如在分析考察人—社会—自然的系统时,必须应用这种辩证分析与综合法,才能了解保持这一系统的生态平衡的各个矛盾的方面,探讨使其具有可持续发展性的方略。

在应用辩证分析与综合法时,要注意把分析与综合结合起来,不仅要对事物进行辩证的分析,而且更要注重对分析结果的辩证综合。就认识过程而言,稍微复杂一点的认识对象都包含着多样的规定,只有对它的多样的规定加以综合才能全面、完整地把握它。例如,生物运动的实质是蛋白体的新陈代谢、自我更新,这是生物运动区别于其他运动形式的根本特点。但在生物运动中也包含着力学、物理学、化学的运动形式。只有把力学、物理学、化学的运动形式的规律综合地运用到对生命运动的研究,才可能深刻地理解生命。

(2) 辩证分析与综合法应该注意的问题

① 思维对象对于思维活动的优先性。恩格斯指出:"思维,如果它不做蠢事的话,只能把这样一种意识的要素综合为一个统一体,在这种意识的要素或它们的现实原型中,这个统一体以前就已经存在了。"[①]辩证分析与综合不是凭着主观愿望对思维要素进行随心所欲的加工。思维对象有什么,我们才能在思维中分析什么、综合什么,即我们是本着实事求是的态度对思维对象进行辩证分析与综合。

② 思维对象性质的统一性。辩证分析与综合不是把分析获得的事物的各个部分、各个方面机械地组合在一起,而是在思维中把对象的各个要素按其原有的内在联系"还原"成有机的整体。马克思说:"研究必须充分地占有材料,分析它的各种发展形式,探寻这些形式的内在联系。只有当这项工作完成之后,现实的运动才能适当地叙述出来。"[②]占有材料,就是占有观察、实验等获得的调查材料;分析它的各种发展形式,就是了解对象在各种不同条件下多种多样的运动;探寻这些形式的内在联系,就是要对这些发展形式加以分析,区别在先的与在后的、偶然的与必然的、本质的与非本质的、典型的与非典型的。只有做了这些工作,材料的生命才能被发现,对象的现实运动才能被适当地叙述出来。

③ 思维目标的主体性。辩证分析与综合不可能是脱离主体活动和主体需要的纯客观的描述。认识是为了实践。就人类的实践活动而言,既需要辩证分析,又需要系统的综合。辩证分析与综合不仅分析、综合了物的、客体的各方面的因素,而且把主体的、人的内在尺度以及主客体相互关系、人的活动过程都渗透于其中。辩证分析与综合需要弄清系统的本质及其内在结构,各子系统之间的相互关系,某问题与其他问题的关系,解决问题的必要和充分条件,影响问题解决的各种社会政治、经济因素等。显然,只有通过这样的辩证分析与

---

① 《马克思恩格斯选集》第3卷,人民出版社,1972年,第81页。
② 《马克思恩格斯选集》第2卷,人民出版社,1972年,第217页。

综合，才能给我们的行动以科学的指导。

2. 辩证归纳与演绎法

辩证归纳与演绎法是建立在个别与一般的矛盾基础上，进行辩证的推演。其中辩证的归纳就是从某个具体事物所含的矛盾的分析出发，进而推出某种矛盾普遍性的思维过程。辩证的演绎则与辩证的归纳进程相反，它是借助矛盾的普遍性与矛盾的特殊性或个别性相互联系的矛盾分析，推出特殊性或个别性结论的思维过程。

应用辩证归纳与演绎法时必须注意以下几点：

(1) 注重辩证归纳与演绎的结合

进行辩证归纳时，要自觉地以演绎提供的结论为指导，因为演绎推出的结论具有必然性。同样，在进行辩证演绎时，要以归纳的结论为大前提。因为没有归纳提供的普遍本质，就无从进行演绎推理。因此，当我们应用辩证归纳与演绎法认识和分析思维对象的内在矛盾时，不能把归纳与演绎孤立起来，而是将它们结合起来。

(2) 注重辩证归纳与演绎的区别

辩证归纳与演绎的区别仅仅在于归纳是从分析矛盾的特殊性或个别性出发，进而以推出矛盾的普遍性或同一性为归宿；演绎则是从分析矛盾的普遍性或同一性本质出发，进而以推出矛盾的特殊性或个别性本质为终结。

(3) 注重以实践为基础

为了有效地进行辩证归纳与演绎，还应将实践纳入归纳与演绎的过程中，做到归纳、演绎每前进一步都有实践作为基础，以便将推演出的结论及时的用实践加以检验。

3. 辩证抽象与具体法

为了弄清辩证抽象与具体法，首先必须了解什么是思维的抽象和思维的具体。所谓思维的抽象是指从事物纷繁复杂的现象中抽出事物的一般本质的逻辑方法。思维的抽象是感性认识的巨大飞跃。思维的抽象又是思维的具体的起点。所谓思维的具体是在抽象认识的基础上，把抽象过程中舍弃的各种认识对象的属性、关系或联系重新综合起来，从而再现客观事物丰富内容的思维方法。通过思维的具体的方法，我们既能够把握认识对象的一般本质属性，又能把握其特殊和个别的本质属性的丰富内容。值得注意的是，思维的具体不同于感性的具体。感性的具体是反映认识对象的直观具体的认识形式，这里的具体是关于认识对象的表面认识；而思维的具体是关于认识对象的理性认识的具体，它是对认识对象的各种内在本质规定性的综合反映。因此，思维的具体是思维的抽象在认识上的飞跃，通过这一飞跃，人们才能真正掌握具体真理，进而更有效地指导自己的实践。

应用辩证抽象与具体法，一方面，就要正确把握抽象到具体的各个环节，遵循它的内在法则；另一方面，对从抽象到具体的逻辑出发点要有一个正确的认识。此外，作什么样的抽象和抽象到什么程度，才可以由具体到抽象转到由抽象到具体的过程，这是逻辑中介与逻辑终点的问题。

(1) 关于逻辑出发点

作为由抽象到具体的逻辑出发点的抽象，应该具有下列特征：

① 它必须是反映事物本质最一般、最基本的抽象和规定。例如，化学元素作为普通化学的逻辑起点，商品作为资本主义政治经济学的逻辑起点，蛋白体作为生物学研究的逻辑起点。只有从蛋白体（蛋白质和核酸）的抽象出发，才可能具体地说明生命，因为生命就在

于蛋白体不断地新陈代谢和自我更新。蛋白体构成的不同,决定着新陈代谢、自我更新的方式的不同;蛋白体构成的改变,决定着新陈代谢、自我更新方式的改变。蛋白体的抽象反映了生命的本质以及生命产生、发展的原因。

② 它在特定的研究范围内又必须是高度(极度)的抽象。所谓高度的抽象,指在所考察的问题的范围内不需要用事物的其他方面和属性来解释说明它,而它却能解释说明事物的其他方面和属性。过去,生物学曾把细胞作为生物学的高度抽象,从对细胞的研究出发建立生物学的体系。后来发现了病毒这一类没有细胞结构,但有遗传、变异、共生、干扰等生命现象的微生物。从细胞出发不能说明病毒的生命现象,而从由蛋白质和核酸组成的蛋白体出发,则不但能说明一切单细胞生物和多细胞生物的生命现象,而且能说明非细胞结构的病毒。

③ 它又必须是适度的抽象。抽象不达到一定程度就看不出对象一般的本质规定,就不能得到上升过程的逻辑起点。抽象超出了度,就失去对象原有的质,从这样的抽象出发不可能形成关于对象的正确的、具体的认识。就生物学的研究来看,抽象一旦超出了蛋白体(蛋白质和核酸)的范围,单纯的考察化学元素,那就起了质的变化,这样的抽象就不能从本质上说明生命现象,而只能说明化学的运动。

(2) 关于逻辑中介

从抽象到具体,逻辑起点和逻辑终点之间以大量的逻辑中介联结起来,构成环环相扣的整体。在由抽象到具体的运动过程中,逻辑中介既是抽象的又是具体的,每一逻辑中介较之于前面的环节是具体的,较之于后面的环节又是抽象的。只有通过这样的一系列的逻辑中介,高度抽象的逻辑起点之中的多样性才会从隐形的走向显形。以"胚胎"、"细胞"形式存在的抽象,才会逐渐"生长"、成熟起来,愈来愈清晰地显示出它自身的丰富内容,展开自身的矛盾。如此,我们才会合乎逻辑的认识事物的多样性,不断向思维中的具体逼近。马克思就是从对商品的抽象出发,开始了从抽象到具体的思维过程。列宁在概括马克思的研究方法时指出:"马克思在《资本论》中首先分析资产阶级社会(商品社会)里最简单、最普通、最基本、最常见、最平凡、碰到过亿万次的关系——商品交换。这一分析从这个最简单的现象中(从资产阶级社会的这个细胞中)揭示出现代社会的一切矛盾(或一切矛盾的胚芽)。往后的叙述向我们表明这些矛盾和这个社会的发展,在这个社会的各个部分的总和中的、从这个社会的开始到终结的发展(既是生长又是运动)。"①

(3) 关于逻辑终点

理性具体是从抽象到具体的逻辑终点,它是以一定结构有机地结合起来的具有许多规定性的丰富的总体。从抽象到具体绝不是把各个抽象的规定任意地组合起来,而是从事物单纯的、基本的、高度的抽象出发,也就是从构成事物基础的矛盾出发,逐步综合由它所导出、所产生、所规定的其他矛盾,从而逐步达到对复杂的矛盾的总体——事物——的认识,达到对具体多样性及其统一的认识。这个综合的进程是与具体事物内部矛盾发展和展开的客观进程基本一致的。这是一个充满着矛盾的转化过程,是一个由简单到复杂的过程。完成这一过程就完成了辩证思维运动的一个周期,就为更广泛、更深入的认识奠定了基础。

---

① 《列宁选集》第 2 卷,人民出版社,1960 年,第 713 页。

4. 逻辑与历史相统一的方法

逻辑与历史相统一的方法，是指逻辑的推演必须与历史的发展相一致，或者说，逻辑的推演必须反映或概括历史的发展。因为，逻辑的推演是历史发展的主观表现形式，历史的发展决定着逻辑的推演历程。逻辑（方法）与历史（方法）相统一，并不是没有差别或无矛盾的统一，而是具有差别、包含矛盾的辩证统一。

（1）逻辑与历史相统一具有以下三种基本形式：

① 逻辑的发展与客观事物的历史发展相统一。思想体系中概念的排列、逻辑的推演，与认识对象的客观发展进程相一致。

② 逻辑的发展与人类实践的历史发展相统一。实践的发展决定逻辑的发展，逻辑的发展一定要体现实践的发展。历史的发展表明，有什么样的生产力突破或变革，就会有与之相适应的科学与逻辑概念体系。

③ 逻辑的发展与人类认识的历史发展相统一。逻辑发展的进程必须反映人类认识发展的历史进程。人类认识发展的历史进程是曲折的和螺旋式上升的，逻辑发展的进程也必然是曲折的和螺旋式上升的。

在马克思主义的观点看来，历史的发展是客观的、第一性的，逻辑的发展是主观的、第二性的。两者属于不同的范畴，但是两者本质上具有一致性。因为逻辑是历史特别是历史中的本质与规律在人的意识中的反映。恩格斯指出："历史从哪里开始，思想的进程也应当从哪里开始，而思想进程的进一步发展不过是历史进程在抽象的理论上前后一贯的形式上的反映。这种反映是经过修正的，然而是按照现实的历史本身的规律修正的。"[1]恩格斯的这一论断有助于我们把握逻辑与历史相统一方法的实质。

（2）应用逻辑与历史相统一的方法，就要注意历史的双重内涵、逻辑与历史的双重一致以及逻辑与历史的双重区别。

① 在辩证逻辑中，历史的范畴包括双重内涵。一是指客观实在（自然界和社会）自身的历史发展过程；二是指对客观实在反映的人类认识的历史发展过程，即科学史、哲学史、认识史、语言发展史等。逻辑这一范畴则是指理论体系中范畴之间的次序、关系等。

② 逻辑与历史的双重一致。一是要求理论的概念体系反映客观历史发展顺序。主观的东西归根到底不能不是客观的东西的反映。由于事物发展的原始状态最简单、最单纯，因而也较易于为我们思想所把握，从这里出发，才能有效地、全面地认识和把握事物的辩证运动。因此，历史的东西是逻辑的东西的基础，逻辑的东西是历史的东西在理论思维中的再现，是由历史的东西派生出来的。二是要求理论的概念体系反映人类认识发展的历史。个人头脑中思维辩证运动的逻辑，基本上是同整个人类思维发展历史相一致的，科学的理论体系的逻辑是与科学发展的历史相符合的。例如力学，在亚里士多德的学说中就提出并研究了速度的概念，以后大体上按照历史的时间顺序，伽利略着重研究了加速度，牛顿对力的概念作了科学的规定，焦耳和赫尔姆霍兹则对功和能进行了精密的研究。与此相适应，力学理论体系的逻辑也就是从速度开始，然后再依次讲到加速度、力、功和能。

③ 逻辑与历史的双重区别。因为承认逻辑与历史的一致，并不是把二者看成一个东西。逻辑和历史既相统一，又有差别。

---

[1] 《马克思恩格斯选集》第2卷，人民出版社，1972年，第122页。

首先,逻辑的东西是"修正过"的历史的东西。这种修正有双重意味:一是逻辑是按历史规律修正过的历史的东西。它抛开了历史中的枝节、细流、偶然性,在比较纯粹的形态上把握历史发展的内在规律性。二是逻辑的东西有其相对的独立性。在某些情况下,逻辑的东西可以离开历史发展顺序,而不需要绝对准确地追随历史发展的具体进程。这种"修正过"的历史我们可以在《资本论》中看到。土地所有制和地租的出现在历史上先于资本和利润,然而在《资本论》中,马克思首先论述的却是资本和利润。他认为,把经济范畴按它们在历史上起决定作用的先后次序来安排是不行的。它们的次序倒是要由它们在资本主义社会中的相互关系决定的,而这种关系同它们的历史发展次序有时却正好相反。因为在资本主义社会各种因素的相互关系中占优势的、起支配作用的是资本。说不清资本,也就不可能说清其他的经济范畴和经济关系。

其次,逻辑与历史的差别又表现为逻辑方法和历史方法的差别。历史的方法是根据历史发展的自然进程来揭示历史规律的方法。为了再现历史发展最完整的情景,在研究过程中,人们必须追随历史发展中的重要曲折和偶然性的因素,并通过分析重大的历史事件,考察与之有关的有血有肉的历史人物及其活动,研究历史发展的具体过程。历史的方法是研究历史科学的基本方法。马克思的《1848—1850年的法兰西阶级斗争》、《路易·波拿巴的雾月十八日》等著作,就主要是采取历史的方法来叙述的。逻辑的方法是舍弃历史发展的曲折过程和偶然因素的研究方法。它是通过一系列的概念、范畴来揭示历史规律,根据问题的不同方面,根据现实事物的相互关系来建立理论体系的科学方法。马克思的《资本论》就主要是采取了逻辑的研究方法。当然,在采取逻辑的方法进行科学研究时,常常需要历史的佐证,需要与现实不断接触,在每一步分析中都要用事实、用实践来进行检验。

二、辩证逻辑方法的应用及案例分析

1. 如何应用辩证逻辑

应用辩证逻辑的方法,不仅要有尊重客观事实的唯物主义态度,还要有以大局为重的胸怀。

辩证思维能力是人类的共同财富,并不仅仅属于某一个阶级、某一些人群。但是,辩证逻辑作为发现真理的工具,作为与思维内容紧密相关的思维形式,它的应用不可能离开唯物主义,这不是人人愿意接受的。在这一方面,邓小平为我们作出了示范。党的十一届三中全会以后,全党和全国人民都希望对新中国成立以后的重大历史问题作出正确结论。在起草《关于建国以来党的若干历史问题的决议》时,正确评价毛泽东和毛泽东思想是一个关键性的问题,也是一件相当困难的工作。这不仅有复杂的认识问题,而且由于毛泽东晚年犯了错误,许多人在毛泽东发动的一次次政治运动特别是"文化大革命"中挨了整,受到了不公正的对待,造成了复杂的感情状况。邓小平本人在毛泽东发动的"文革"中也曾两次被打倒并遭到错误的批判。在历史的转折关头,面对这样一个事关全局的大问题,邓小平指出:第一,"毛主席的功绩是第一位的,他的错误是第二位的。""尽管毛主席过去有段时间也犯了错误,但他终究是中国共产党、中华人民共和国的主要缔造者。拿他的功和过来说,错误毕竟是第二位的。""毛泽东同志犯了错误,这是一个伟大的革命家犯错误,是一个伟大的马克思主义者犯错误。"主次必须分清。第二,关于犯错误的责任,毛泽东"要负主要责任",但"不能由他一个人负责","我们这些老一辈的革命家,包括我,也是有责任的","毛泽东犯的有些错误,我也有份"。不能只看到毛泽东的责任而看不到其他同志和领导集体的责任。第三,关于犯错误的原因,不能简单归咎于毛泽东的个人品质。固然,毛泽东个人"由于胜利,他不够谨慎了,在他晚年有些不健康的因素、不健康的思想逐步抬头,主要是一些'左'的思想。"但是,"单单讲毛泽东同志本人的错误不能解决问题,最重要的是一个制度问题"。主观错误的出现有它密切相关的客观条件,"要从制度方面解决问题"①。从这里我们可以清晰地看到,在对毛泽东和毛泽东思想的评价问题上,邓小平坚持了实事求是的原则,坚持了辩证法的全面性,显示了从政治上看问题、战略上想问题、全局上把握问题、根本上解决问题的远见卓识和伟大胸怀。在中国,懂得"一分为二"的人很多,懂得分析与综合、归纳与演绎的怕也不在少数,但却很少有人能在这样的重大问题上作出如此清醒的一系列辩证判断。这里不仅关涉思维方法,若没有通贯历史的唯物主义勇气,没有超越自我的坦荡胸怀,就不可能有如此自觉的理论意识和深邃的历史眼光。

2. 注重辩证逻辑与形式逻辑的互补性

正如在本章第一节中所述,"思维无疑的首先是知性的思维"②,只有通过知性思维即形式逻辑的思维,才能达到理性思辨即辩证思维。因此,我们必须把形式逻辑与辩证逻辑摆在适当的位置,而不是简单的拒斥形式逻辑。

例如:

> 一位医生向我介绍,他们在门诊中接触了一位患雄辩症的病人。医生说:"请坐。"病人说:"为什么要坐呢?难道你要剥夺我的不坐权利吗?"医生无可奈何,倒了一杯水,说:"请喝水吧。"病人说:"这样谈问题是片面的,因而是荒谬的,并不是所有的水都能喝。"医生说:"我这里并没有放毒药嘛,你放心!"病人说:"谁说你放了毒药呢?难道我诬告你放了毒药!"医生毫无办法,便叹了口气,换个话题说:"今天天气不错。"病人说:"纯粹胡说八道,你这里天气不错,并不等于全世界今天都是好天气,例如北极,今天天气就很坏,刮着大风,漫漫长夜,冰山正在撞击……"医生忍不住反驳道:"我们这里并不是北极嘛。"病人说:"但你不能否认北极的存在。你否认北极的存在,就是歪曲事实真相,就是别有用心。"医生说:"你走吧。"病人说:"你无权命令我走。这是医院,不是公安机关,你不可能逮捕我,你不可能枪毙我。"(王蒙:《雄辩症》)

像这样的雄辩症,只需应用形式逻辑的方法就能提供有效的"处方"。因为这位雄辩症患者在与医生的对话中多次转移论题,违反同一律。可见,在正确地认识思维对象的过程中,我们既需要辩证逻辑,又需要形式逻辑。

辩证逻辑的方法,不仅能应用于重大的课题研究和划时代的发现中,而且也能应用于日常工作与生活之中。

例如:

> 有个年轻人想到微软分公司工作,而公司并没有刊登过招聘广告。见洋总经理疑惑不解,年轻人便用不娴熟的英语解释说,自己是碰巧路过这里,就贸然进来了。总经理听了颇感新鲜,心想莫非对方真是个人才?便笑着说那今天就破例一次。

---

① 《邓小平文选》第2卷,第2版,人民出版社,1994年,第291-310页。
② 黑格尔:《小逻辑》,商务印书馆,1980年,第172页。

面试的结果却出乎意料。对总经理来说这是他在微软任职以来所经历过的最糟糕的一次面试。年轻人的中专学历与微软所要求的本科学历不符,他对微软编程也只是略知皮毛,对于总经理提出的许多专业性问题,年轻人要么答非所问,要么根本就答不上来。正当总经理要回绝他时,年轻人说:"对不起,这次我是因为事先没有准备。"总经理认为他只是找个托词下台阶,便随口说道:"那好,我给你两个星期时间,等你准备好了再来面试。"

回去后,年轻人去图书馆借了计算机编程专业的书籍在家苦读。两周后第二次面试,年轻人对总经理提出的相关专业问题已基本能应付下来,不过他仍没有通过面试,因为凭他的编程知识与微软所要求的软件工程师水平相差实在悬殊。面试结束后,总经理建议性地问道:"不知你对微软的其他岗位是否有兴趣,比如销售部门?"年轻人表示有兴趣。可是对于销售他却一窍不通,于是总经理又给了他一周时间去准备。

年轻人去书店买了一些关于营销的书籍,又埋头苦读一周。一周后,年轻人虽然在销售知识方面进步不小,但仍没能通过面试。

在第五次面试时,年轻人没有回答任何问题,因为当他第五次跨进总经理办公室时,总经理对他宣布,其实在第三次面试时他就已经被录取了。面对其他工作人员的困惑,总经理解释道,我发现他接受新东西的速度非常快,这说明他是一个有发展潜质的人才。尽管他没有本科文凭,但他五次应试都没有退缩,这说明他很乐观,心理很健康。他还勇于尝试,敢于接受挑战,不放过哪怕百分之一的机会,这说明他有强者的素质。

不久,年轻人就得到了微软的重点培训。①

这个故事的真实性和合理性都未可深信。假如这个年轻人真有如此神速的知识吸取能力,真有如此锲而不舍的精神,他在过去的学习中很应该是学有专长了。不过我们不必计较这些。无论如何,这个年轻人应试的过程和总经理的见解还是有趣的、值得欣赏的。年轻人第一次面试的表现并不令总经理满意,但总经理并未因此就下一个判断,认定这个年轻人是没有出息的。总经理给了年轻人一次又一次的机会,使年轻人展示了自己的优长。人的素质是多方面的,只见着一个方面,即便是很重要的方面,也不等于整个人的素质。考察人的素质需要一个过程,仅凭一次面试,即便是全面的测试,也不足以充分的了解一个人。年轻人在几次面试中展现了自己的敏捷、乐观和勇敢,这些品质在他现有的中专学历中都看不到,而总经理却看到了这些潜在的、无形的素质。什么叫辩证思维?迄今为止,逻辑学家们都是在超越知性的理性思维中寻找辩证思维的。其实,辩证思维并不是在伟大的科学发现中才能找到、在伟大的哲学家那里才能发现,在我们平常的生活中,一样可以运用辩证思维,一样包含辩证逻辑。

拓展讨论:近代辩证逻辑的发展与特征

在近代逻辑思想史上康德是以批判性思维著称,却止步于"二律背反"。与之不同,黑

---

① 唐维东:《五次敲开微软之门》,载《做人与处世》2001年第7期。

格尔运用其辩证的思辨方法迎着"二律背反"而进,从而构筑起其辩证逻辑的大厦。黑格尔的辩证的思辨方法之所以能超越康德的批判性的思维,不在于黑格尔对康德关于"纯概念或范畴是一切知识或科学中普遍的必然的因素"思想的直接承继,而是超越了康德在思想与客观事物之间划了一道不可逾越的鸿沟:纯思想不仅属于思想自身,而且也是事物的本身或对象的本质。

古代朴素的辩证思维及辩证逻辑的萌芽经过漫长的积淀,一直到近代,在黑格尔那里才得到系统的阐述。尽管黑格尔作为德国古典哲学的集大成者,首先对辩证思维进行了系统的论述,然而作为德国古典哲学的创始人康德(1724—1804),其辩证思维的批判性不仅对德国古典哲学,而且对黑格尔的辩证逻辑的建构具有深刻的重要影响。

一、康德的批判性思维及其特征与局限

康德受近代欧洲启蒙运动及法国大革命的鼓舞,以批判的眼光审视了当时占统治地位的莱布尼茨-沃尔夫独断论的形而上学体系,建构了先验逻辑的体系,并对人的认识能力、认识过程及阶段进行了独到的深入细致的研究,写下了在哲学史上著名的并引起了震撼性的"三批判"巨著。这三部巨著建构了真、善、美的哲学体系,蕴涵了其批判性思维的智慧,在思想史上影响十分深远,同时也对黑格尔哲学包括其思辨方法的生成和辩证逻辑及其体系的建构均有深刻的影响。

首先,康德的批判性思维的魅力就在于其存疑性。康德的存疑性"批判"表现为敢于对人们已经确认的认知结构和认识能力提出质疑,进而为弄清人的认知奥秘揭开了人类认识史上新的一页。这种存疑性的"批判"蕴涵了以下两层意思:一是准确地弄清每一个知识部门和哲学部门都要借助的认识能力或精神能力;二是探索理论理性和实践理性、艺术哲学和自然哲学由于意识本身的结构造成的那些无权超越的种种界限[①]。康德的先验逻辑主要体现在他的《纯粹理性批判》之中,该书是一部凝结着康德 30 多年心血的力作,也是康德哲学及其批判性思维的根基所在。这部著作的主旨在于通过分析考察纯粹思辨理性,弄清人类知识的来源、范围与界限。该著作中关于感性、知性、理性的考察与分析,以及二律背反的学说,对后来黑格尔思辨方法和辩证逻辑的建构有着决定性的影响。萧焜焘先生指出:"在认识史上,肯定理论思维中有知性环节,非自康德始。然而先哲们的论述是十分朴素而粗糙的。康德继承了先辈的优良传统,明确地肯定和突出了认识中的知性阶段,并作了系统全面的论述,这无疑是一大历史功绩。"[②] 黑格尔十分肯定康德的这一贡献:"康德是最早明确提出知性与理性的区别的人。"[③] 康德从感性与知性的关系中阐述了两者的联系,他说:"对于感性和知性这两种能力中的任何一种都不能有所偏爱。如果没有感性,对象就不会被给予我们,如果没有知性,就不能思维对象。"[④] 康德还指出:"思维无内容是空的,直观无概念是盲的。"[⑤] 康德肯定知性思维对感性材料具有综合统一功能且形成知识的必要条件,进一步阐发了意识在认识中的能动作用。在康德看来,认识就其实质来说,是主体凭借原有的认识结构对客体的信息材料加工处理的过程,主体通过接纳对象和重建对象这种双重

[①②] 萧焜焘:《科学认识论史》,江苏人民出版社,1995年,第 492,496 页。
[③] 黑格尔:《小逻辑》,商务印书馆,1980年,第 126 页。
[④⑤] 《18 世纪末—19 世纪初德国哲学》,商务印书馆,1960年,第 30 页。

运作,使主客双方达到一致。

其次,康德的批判性思维的魅力不仅表现为存疑性,而且表现为殊异性。正是由于康德的批判性思维具有超凡的殊异性透视力,进而在人类认识史上又建奇功——在探索理性作为人的最高级的认识能力时,提出了四组二律背反的命题。康德认为,理性要把知性所得到的有限的、有条件的知识再加以综合统一,使其改造为最为完整的系统,即认识现象背后的本质,认识物自体本身。然而理性认识它们时,自身并无特有的形式,只能运用已有的认识形式去规定它们,这却使认识不可避免地陷入自相矛盾之中,即两种相互矛盾的判断同时都能被证明成立。这就是所谓的"二律背反"。由此,康德提出了关于"世界"这个理念的四组二律背反的命题。其第一组的正题为:世界在时间上有开端,在空间上是有限的;其反题则为:世界在时间上无开端,在空间上亦无限。其他三组命题分别涉及世界的单一与复多、自由与必然、有无原始第一因等,其断定情形与第一组相同。尽管康德对此作出了不可知论的结论,但是这无论对辩证法的发展还是对辩证逻辑的发展都具有重大的意义。因为"它揭示了世界的矛盾性和认识的辩证性"[①]。

然而,康德的批判性思维也有其局限性,具体表现为所谓二相性即固守两种相互矛盾的判断各自的疆界,看不到两者既对立又统一。因为他在思想与客观事物之间划了一道不可逾越的鸿沟,进而使思想只能停留在此岸世界,不能到达物自体的彼岸世界。这样,便止步于"二律背反",进而使其先验逻辑与辩证逻辑失之交臂。

二、黑格尔思辨方法的特征与局限

与康德的批判性思维止步于"二律背反"不同,黑格尔运用其辩证的思辨方法解开了"二律背反"的悖结,从而构筑起其辩证逻辑的大厦。其思辨方法具有以下的特征。

首先,黑格尔的思辨方法在当时的历史条件下既具有创新的特征又表现为其整合性。这种整合性主要表现在以下方面:一是在阐发逻辑思维的形式时,他承继并发展了康德关于知性、理性的界定,将思维分为三个环节,即知性的或抽象的思维、辩证的或否定的理性思维、或肯定的理性思维,三者对立统一,构成分析综合的辩证思维。二是在对逻辑研究对象界定的过程中,黑格尔既与康德具有一致性,又有批判地继承性。如果说康德的先验逻辑以研究纯思想(范畴和理念)的来源、应用范围与客观有效性或真理性见长,那么黑格尔的辩证逻辑也是以纯思想或纯思想规定性作为研究对象。"黑格尔的纯思想或纯思想规定性同康德的纯概念一样,是属于思想自身的思想,是思想自身所产生的思想,是毫无经验内容的思想。"[②]黑格尔说过:"逻辑是关于思想的思想。"[③]在黑格尔看来,由于纯思想或纯思想规定性是思想中普遍的必然因素,因而也是各门经验科学中的普遍的必然因素。因此,研究纯思想或纯思想规定性的逻辑,是各门具体科学的普遍真理,并且是其本质的体现。这样,逻辑就不是和各门经验科学并列的科学,而是在各门经验科学之上的科学,是"覆盖所有科学的真理,即绝对真理"[④]。然而,黑格尔的辩证的思辨方法之所以能超越康德的批判

[①] 萧焜焘:《科学认识论史》,江苏人民出版社,1995年,第498页。
[②] 周礼全:《黑格尔的辩证逻辑》,中国社会科学出版社,1989年,第30页。
[③] 黑格尔:《小逻辑》,商务印书馆,1980年,第41页。
[④] 周礼全:《黑格尔的辩证逻辑》,中国社会科学出版社,1989年,第31页。

性的思维,不在于黑格尔对康德关于"纯概念或范畴是一切知识或科学中普遍的必然的因素"思想的直接承继,而是他对康德这一思想的批判性地继承。黑格尔认为,康德之所以止步于"二律背反",是因为康德仅仅把纯概念或范畴看作主观的思想,它们不能表示客观事物的性质。这样必然导致康德在思想与客观事物之间划了一道不可逾越的鸿沟,进而使思想只能停留在此岸世界,不能到达物自体的彼岸世界。与康德不同,黑格尔认为,纯思想不仅属于思想自身,而且也是事物的本身或对象的本质。黑格尔指出:"逻辑学是研究思维、思维的规定和规律的科学。但是只有思维本身才构成使得理念成为逻辑的理念的普遍规定性或要素。理念并不是形式的思维,而是思维的特有规定和规律自身发展而成的全体,这些规定和规律,乃是思维自身给予的,绝不是已经存在于外面的现成的事物。"①他主张辩证逻辑是研究对象与方法的统一,因为在黑格尔看来,逻辑不能假设任何反映的形式或思维规律及其规则,这些思维规律及其规则是逻辑的组成部分。思想形式是其研究对象,同时又是对象自身的活动。这样,它既能决定其自身的限度,又能揭示其自身的缺陷。这种思想活动即是思想的辩证法。它不是从外面给思想以规定性,而是内蕴于思想之中。"由此可见,(逻辑的)方法和方法所处理的对象是没有区别的——因为正是内容和内容中的辩证法推动了内容的运动。"②

其次,黑格尔的思辨方法在当时的历史条件下具有创新的特征又表现为其辩证的否定性。他批判了两种歪曲辩证法的观点,其一将辩证法看成一种外在的技术,通过主观的任性使确定的概念发生混乱,并给这些概念带来矛盾的假象,从而不以这些规定为真实,反而以这种虚妄的假象和知性的抽象概念为真实。其二将辩证法认作一种主观任性的往复辩难之术。这种辩难乃出于机智,缺乏真实内容,徒以单纯的机智掩盖其内容的空疏。然而,黑格尔认为:"辩证法却是一种内在的超越,由于这种内在的超越过程,知性概念的片面性和局限性的本来面目,即知性概念的自身否定性就表述出来了。凡有限之物莫不扬弃其自身。因此,辩证法构成科学进展的推动的灵魂。只有通过辩证法原则,科学内容才达到内在联系和必然性,并且只有在辩证法里,一般才包含有真实的超出有限,而不只是外在的超出有限。"③因而,"正确地认识并掌握辩证法是至关重要的。辩证法是现实世界中一切运动、一切生命、一切事业的推动原则。同样,辩证法又是知识范围内一切真正科学认识的灵魂"④。

根据其思辨方法的辩证否定性,黑格尔建立了概念辩证法的体系。他认为,否定同时也是肯定,自身矛盾的东西并不是消失于空虚,成为抽象的无,而只是对特殊内容的否定。对于一个新概念来说,它是一个比以前概念更高的、更丰富的概念。因为由于它否定了以前的概念或者与以前的概念相对立,它就不仅包含了以前的概念,而且包含了更多的东西,它是以前概念及其否定的统一。在黑格尔看来,一个概念系统,必须用这种方法建立起来。因此,黑格尔的辩证逻辑就是一个肯定—否定—再否定的正—反—合的统一体。其整个逻辑分为存在论、本质论、概念论和理念论四大阶段,是思想规定性由隐(自在)到显在(自为)

---

① 黑格尔:《小逻辑》,商务印书馆,1980年,第65页。
② 周礼全:《黑格尔的辩证逻辑》,中国社会科学出版社,1989年,第34页。
③ 黑格尔:《小逻辑》,商务印书馆,1980年,第185页。
④ 黑格尔:《小逻辑》,商务印书馆,1980年,第185-186页。

的发展过程;同时也是范畴由抽象到具体的发展过程。相对于后面的范畴,前面的范畴较贫乏、简单、片面,相对于前面的范畴,后面的范畴较丰富、复杂、全面。

　　复次,由于黑格尔的思辨方法具有辩证的否定性,因而他在阐释辩证逻辑的内容与形式的关系时,其创新特征表现为一种超越性,即超越了当时将逻辑形式与内容分离的观点。黑格尔在批评这种将逻辑形式与内容相分离的观点时指出:"思想与思想的规定性不是外在于思想对象的,而正是思想对象的本质;换言之,事物和关于事物的思想是本身和谐一致的,……思想的内在规定性和事物的真实性质具有同一内容。"①因而,逻辑形式必须是具有内容的形式。其内涵包括三个方面:一是在本体论上,他指出,逻辑形式必须具有内容,即逻辑形式所具有的真实性,要同客观外界的对象或事物和谐一致。因而,逻辑不能只研究思想形式而不管思想内容。由于黑格尔辩证逻辑的研究对象是客观思想,而客观思想既是思想的规定性也是事物或存在的规定性,因此,关于客观思想之间关系的正确性也就是事物之间关系的真理性。这样,研究客观思想范畴及其正确性的逻辑也就是研究事物范畴及其真理性的本体论。因为"逻辑思想比起一切别的内容来,倒并不只是形式,反之,一切别的内容比起逻辑思想来,却反而只是(缺乏实质的)形式。逻辑思想是一切事物的自在自为地存在着的根据"。在他看来,这种"思想不但构成外界事物的实体,而且构成精神性的东西的普遍实体。在人的一切直观中都有思维。同样,思维是(贯穿)在一切表象、记忆中,一般讲来,在每一精神活动和在一切意志、欲望等之中的普遍的东西。所有这一切只是思想进一步的特殊化或特殊形态。这种理解下的思维便与通常单纯把思维能力与别的能力如直观、表象、意志等能力平列起来的看法,有不同的意义了。当我们把思维认为是一切自然和精神事物的真实共性时,思维便统摄这一切而成为这一切的基础了"②。二是在方法论上,他指出,逻辑范畴自身包含着矛盾,能自己否定自己,形成一个辩证的运动过程。在形式逻辑中,各种思想形式之间只有一种外在的机械的关系。而在他的辩证逻辑中,逻辑范畴包含着矛盾,从而能自己否定自己,因此,不需要依靠任何外在的东西推动,自己发展成一个有机的概念体系。三是在认识论上,他批评形式逻辑不考虑思维形式与真理的相互关系,以及思维形式如何达到真理的过程。形式逻辑只是简单的假设思维形式能得到真理,并认为每个思维形式都是合适的。针对这一点,他提出逻辑应当考虑每个思维形式在认识真理过程中的价值,以及各种思维形式在认识真理过程中的相互联系。值得指出的是,以上3个方面的内容,其第一方面的内容是黑格尔承继了康德的先验逻辑的思想,并在客观唯心论的方面进一步加以发展;其第二、第三方面的内容,尽管看起来与康德的思想迥异,但实际上也是黑格尔从积极的意义上汲取了康德的先验逻辑,批判地进行改造的结果。

　　再者,黑格尔的思辨方法在当时的历史条件下具有创新的特征还表现为其辩证的统摄性,进而达到了逻辑与认识论的统一、逻辑与历史的统一。黑格尔指出:"逻辑学的职务也可以说是在于考察思维规定把握真理的能力和限度。"③因此,从这一视角看,辩证逻辑又是认识论。如上所述,黑格尔的辩证逻辑分为存在论、本质论、概念论和理念论三大阶段,这三大阶段在一定程度上反映了认识的感性阶段、知性阶段和理性阶段。存在论是相应于感

---

① 参见周礼全:《黑格尔的辩证逻辑》,中国社会科学出版社,1989年,第39页。
② 黑格尔:《小逻辑》,商务印书馆,1980年,第80-81页。
③ 黑格尔:《小逻辑》,商务印书馆,1980年,第86-87页。

性认识阶段的思想范畴,黑格尔指出:"感性确定性的这种具体内容使得它立刻显得好像是最丰富的知识,甚至是一种无限丰富的知识。对于这种无限丰富的内容,无论我们追溯它通过空间和时间而呈现给我们的广度,或我们从这种丰富的材料中取出一判断,通过深入剖析去钻研它的深度,都没有极限。此外,感性确定性又好像是最真实的知识,因为它对于对象还没有省略掉任何东西,而让对象整个地、完备地呈现在它面前。但是,事实上,这种确定性所提供的也可以说是最抽象、最贫乏的真理。"①因为在这种确定性里,意识只是一个纯自我。或者说,在这种认识里,我只是一个纯粹的这一个,而对象也只是一个纯粹的这一个。而本质论则相应于知性认识阶段的思想范畴,因为"就思维作为知性(理智)来说,它坚持着固定的规定性和各规定性之间彼此的差别,以与对方相对立。知性式的思维将每一有限的抽象概念当作本身自存或存在着的东西"②。本质论的范畴则表现了知性的这些特点。概念论和理念论则相应于理性认识阶段的思想范畴,在黑格尔看来,"概念是自由的原则,是独立存在着的实体性的力量。概念又是一个全体,这全体中的每一环节都是构成概念的一个整体,而且被设定和概念有不可分离的统一性。所以概念在它的自身同一里是自在自为地规定了的东西"③。概念论之所以是最高阶段,因为"概念的进展既不仅仅是过渡到他物,也不仅仅是映现于他物内,而是一种发展。因为在概念里那些区别开的东西,直接地同时被设定为彼此同一并与全体同一的东西。而每一区别开的东西的规定性又被设定为整个概念的一个自由的存在"④。

由于黑格尔的思辨方法具有辩证的统摄性,因而在他看来,感性认识是常识的认识,与此相应的存在论的范畴是常识性的范畴;知性认识是具体科学的认识,与此相应的本质论的范畴是具体科学的范畴;理性认识是哲学的认识,与此相应的概念论和理念论的范畴是哲学的范畴。因此,黑格尔辩证逻辑中范畴的发展,既相应于个体认识的发展、人类认识的发展,又相应于哲学史上哲学思想的发展。这样,在黑格尔那里,逻辑与历史也是一致的。

然而,我们应当看到,黑格尔的辩证逻辑的出发点和归宿都是客观唯心主义的,这正如马克思在《神圣家族》中揭示了黑格尔思辨哲学的秘密就在于,"第一,黑格尔善于用巧妙的诡辩把哲学家利用感性直观和表象从一实物推移到另一实物时所经历的过程,说成想象的理智本质本身即绝对主体本身所完成的过程。第二,黑格尔常常在思辨的叙述中作出把握住事物本身的、真实的叙述。这种思辨发展之中的现实的发展会使读者把思辨的发展当做现实的发展,而把现实的发展当做思辨的发展。"⑤这一秘密同样体现在黑格尔的辩证逻辑中,具体表现为,黑格尔将人们对客观事物的认识过程以及客观事物的发展过程表现为思想范畴的推演过程,然后又将这种思想范畴的推演过程或运动过程当做客观事物的发展过程,进而"把现实的发展当做思辨的发展",当做概念自身的运动发展。这样,黑格尔的思辨方法中的创新性便演变为一种神秘性,进而限制了其辩证思维的作用范围,即只能说明世界,而不能改造世界。

---

① 黑格尔:《精神现象学》,商务印书馆,1979年,第63页。
② 黑格尔:《小逻辑》,商务印书馆,1980年,第172页。
③ 黑格尔:《小逻辑》,商务印书馆,1980年,第327页。
④ 黑格尔:《小逻辑》,商务印书馆,1980年,第329页。
⑤ 《马克思恩格斯全集》第2卷,人民出版社,1957年,第75-76页。

三、关于近代辩证逻辑发展的特征与启示

以上我们考察了近代辩证逻辑发展过程中的两位著名代表人物康德、黑格尔的辩证思维的特征及其局限,从中可得到以下启示:

(1)近代辩证思维的发展表现为批判的存疑性和殊异性。康德正是有一种批判的存疑性和殊异性,才打破了同时代同一性的形式逻辑思维的坚冰,揭示了人的认识能力的有限性和认识的"二律背反"即内在矛盾性,实现了思维的革命。

(2)近代辩证思维的发展表现为辩证的否定性,黑格尔正是通过辩证的否定性不仅超越了康德"二律背反"的命题,而且弥合了康德在思想与客观事物之间划了一道不可逾越的鸿沟,揭示了逻辑形式与内容的内在相关性、肯定与否定的关联性。

(3)近代辩证思维的发展又表现为辩证的整合性。黑格尔正是运用这种辩证的整合性,一是承继并发展了康德关于知性、理性的界定,将思维分为三个环节,即知性的或抽象的思维、辩证的或否定的理性思维、或肯定的理性思维,三者对立统一,构成分析综合的辩证思维。二是在对逻辑研究对象界定的过程中,黑格尔既与康德具有一致性,又有批判地继承性,进而又超越了康德。

(4)近代辩证思维的发展还表现为辩证的统摄性。黑格尔运用了其思辨方法的辩证的统摄性达到了逻辑与认识论的统一、逻辑与历史的统一。因此,黑格尔在其辩证逻辑中,也常常"作出把握住事物本身的、真实的叙述"。这正是我们应当加以批判地汲取之处。列宁对黑格尔的辩证逻辑曾进行了这样的评价:"黑格尔逻辑学的总结和概要、最高成就和实质,就是辩证的方法——这是绝妙的。还有一点:在黑格尔这部最唯心的著作中,唯心主义最少,唯物主义最多。'矛盾',然而是事实!"①马克思在《资本论·第二版跋》中指出:"辩证法在黑格尔手中神秘化了,但这决不妨碍他第一个全面地有意识地叙述了辩证法的一般运动形式。在他那里,辩证法是倒立着的。必须把它倒过来,以便发现神秘外壳中的合理内核。"②

综上所述,认真研究近代辩证逻辑发展及其与辩证思维创新特征的关系,对于我们加强辩证思维,促进创新思维,使我们在当代高技术发展的条件下,社会主义市场经济的发展过程中,紧紧地抓住机遇,掌握竞争的主动权,为推进我国社会主义现代化进程,实现中华民族的复兴,都具有重要的启迪作用。

关键术语提要

辩证思维形式主要包括具体概念、辩证判断和辩证推理3种类型。这3种思维形式既相互区别又相互联系。

具体概念是相对于形式逻辑的抽象概念来说的。它是一定的认识主体在一定的时期或阶段反映一定的思维对象各种本质、非本质的规定及其概念间的各种关系、联系之总和的思维形式。

---

① 《列宁全集》第38卷,第253页。
② 《马克思恩格斯全集》第23卷,人民出版社,1972年,第24页。

辩证判断是从内容和形式的结合上反映自然、社会和思维矛盾本质的判断。这种判断既反映思维对象的矛盾对立，又反映思维对象的矛盾运动与普遍联系。

辩证推理就是通过对思维运动中的内在矛盾或内在层次的辩证分析，推出某个辩证结论的推理。

具体同一律表明辩证思维是一种同一性的思维。具体同一律反映了客观世界存在的对立统一关系及其相互联系性。

转化发展律表明在辩证思维中每一个具体概念、辩证判断和辩证推理，由于反映了客观事物的差异与矛盾，因而其自身包含着差异或矛盾，随着客观事物的发展和矛盾运动，必然会向另一具体概念、辩证判断和辩证推理转化和发展。

递进深化律表明人的认识总是按照由浅入深的层次，不断递进、反复深化的过程。因此，人们对于思维对象的认识，或形成一个科学思想（或科学概念），不能一蹴而就，而是经过多层次地反复、不断地深化，才能达到。

辩证思维方法是进行辩证思维的有力工具。根据不同的思维的目的或要求，就需要应用不同的辩证思维方法。辩证思维方法主要有辩证分析与综合法、辩证归纳与演绎法、辩证抽象与具体法、逻辑与历史相统一的方法。

逻辑与历史相统一的方法是指逻辑的推演必须与历史的发展相一致，或者说，逻辑的推演必须反映或概括历史的发展。

进一步阅读指南

1. 黑格尔.小逻辑.北京：商务印书馆，1980
2. 黑格尔.精神现象学.上卷.北京：商务印书馆，1979
3. 萧焜焘.科学认识论史.南京：江苏人民出版社，1995
4. 周礼全.黑格尔的辩证逻辑.北京：中国社会科学出版社，1989
5. 苏越.思路·逻辑·创造方法.北京：中央广播电视大学出版社，1992
6. 郁慕镛.形式逻辑纲要.南京：江苏科学技术出版社，1992
7. 马玉珂.西方逻辑史.北京：中国人民大学出版社，1985

问题与思考

1. 什么是辩证思维形式？它与形式逻辑思维形式有何区别和联系？
2. 什么是具体同一律？具体同一律在辩证思维过程中有何作用？
3. 什么是转化发展律？其逻辑特点是什么？
4. 什么是递进深化律？它在辩证思维过程中有何作用？
5. 辩证思维方法有哪些？它们与形式逻辑思维方法有何区别和联系？
6. 如何理解逻辑与历史相统一的方法？在实际运用中有什么作用？

附 录
论直觉思维及其作用——非形式逻辑思维探索

提 要

从哲学认识论的视角看,直觉思维可以分为经验直觉、知性直觉和理性直觉。直觉的生成必须要有相关知识的积累,同时也有其不同的境界:一是灵感;二是顿悟;三是直观。直觉的生成不仅有其生成过程的共同性,而且有其生成方法的相通性。直觉思维在科学研究中的作用首先表现为思维主体获得了一种超越性、创造性、应变性。直觉不仅在科研活动中发挥着重要的作用,而且在现代管理活动、文学创作活动、道德活动中也有着重要的作用。

直觉历来总是被笼罩着一种神秘的光环,由于它"来去匆匆",稍纵即逝,因而使人难以琢磨。然而,它给人的启迪却异常巨大,新的认识、新的发现因此而出现,科学的发展进程由此而改写。本文试图从发生学的角度探讨直觉的生成与类型,以便人们自觉地运用直觉思维,使其在我们的科学研究活动中发挥特有的功效。

一、直觉思维的生成与特征

直觉尽管产生得极为突然,然而其生成绝非偶然。直觉的生成有其极为复杂的原因与条件。首先,一定直觉的生成必须要有相关知识的积累。这里所说的相关知识既包括有关的经验知识,又包括有关的专业理论知识。就知识的积累而言,是指经过人们的反复实践和重复认知而积淀并存储于大脑皮层上,生成为深层的下意识并形成了相应的经验认知模块或有关学科专业认知模块。所谓认知模块是指一定的认知运作程序、经验知识或学科知识组合方式。人们常说"三句话不离本行",正说明一定的认知模块在人们日常思维和相互交流中的作用。其次,直觉的生成有其内在的机制。这里所说的"内在的机制"是指主体在问题的激发下,思维处于奋悱状态,进而对这一问题进行多方面、多层次甚至是长时间的思索或考察,然而却百思不得其解,于是便处于极度的困惑状态。再者,直觉的生成须有一种特定的情境:主体或者处于特定的场景之中,或者观察到特定的现象,或者在突发性的压力下,或者是主体思维奋悱状态的暂时"缓冲",进而使思维出现了突发性的脉动直觉出现了,随之思如泉涌。

直觉的生成有其不同的境界:一是灵感,即主体在瞬间突然捕捉到解决问题的思路,然而还不够清晰;二是顿悟,亦称恍然大悟,即主体突然间达到了对事物本质的了解,或者对问题的关键的把握;三是直观,即主体在瞬间突然对要解决的问题及其发展达到了整体性的了悟。

尽管直觉生成有其生成的条件与情境的差异性,但却有其共同的特征。首先是突发性,即对有关问题思索的量的积累的基础上产生了质的飞跃。这种质的飞跃是一种渐进过程的中断,在瞬间发生了思维"能级"的跃迁,具有思维时间上的突现性、短暂性,思维空间上的跳跃性、广阔性。其次是整合性。直觉生成的过程,实际上是将原来对有关问题认识所积累的知识的重组过程。这种重组过程是主体在特定的情境中将存储于下意识中的认知模块与当下情境的状况或现象经比较后进行瞬间的重组。这种重组不是认知模块与当下情境的状况或现象的机械叠加,而是在这一特定的情境中的有机组合,即是主体将已形成的认知模块对当下情境中的信息进行调整、筛选,使之迅速地组合为一个新的序列,进而使主体的思维在瞬间由混沌状态向有序状态升华。再者是统摄性。主体的直觉不同于一般的思维,这时主体不局限于对有关问题的某一方面的了解和体悟,而是对该事物有了全面的把握。如前所述,从直觉的生成来看,它往往是主体对有关问题经过了多方面、多层次的思考和长期的知识积累之后,在特定情境的激发下产生,因而就使主体对有关事物或问题产生了整体的而非局部的、全面的而非零散的认识。

直觉的生成不仅有其生成过程的共同性,而且有其生成方法的相通性。一般来说,直觉的生成有其生成条件的差异性和内容的殊异性,然而,在方法上都会运用联想、类比等逻辑方法。就主体来说,它对某一事物或某一现象作了多方面、多层次分析,甚至是长期的探索以后,便会在大脑皮层相应的区域内形成了连续的优势兴奋中心。在这种优势兴奋中心影响所及范围内,就把主体已有的经验、知识及其他信息激发出来,形成了相应的认知模块以解决当前的问题。而当这一(这些)问题一时很难解决时,这种优势兴奋中心便受到不同程度的抑制,而已形成的思维认知模块便暂时存储下来。当主体在特定情境的激发下,其大脑皮层中心区域以外的神经细胞便被激活,原来存储于大脑中的相关的认知模块便被激励起来,形成了联想,促使直觉的生成。另一种情况是,主体在特定情境的激发下,大脑皮层的优势兴奋中心再次被激活,主体在较短的时间内,将暂时存贮于大脑中对某一问题分析的相关属性的认知模块与当下的事物或现象的某些属性相类比,体悟到该问题的关键与实质,从而找到了解决该问题的途径。

二、直觉思维的类型

由于直觉生成首先与主体对有关知识的积累相关,其次又与所要解决的问题相关,因而就决定了直觉生成的类型是多种多样的。从哲学认识论的视角看,直觉可以分为经验直觉、知性直觉和理性直觉。

就经验直觉而言,它是一种未经理性抽象而直接呈现给经验主体的现象或操作过程等,因而经验直觉具有感性确定性。正如黑格尔在《精神现象学》中所描述的那样,这种感性确定性在其内容上"显得好像是最丰富的知识,甚至是无限丰富的知识。对于这种无限丰富的内容,无论我们追溯它通过空间和时间而呈现给我们的广度,或我们从这种丰富的材料中取出一片断,通过深入剖析去钻研它的深度,都没有极限。此外,感性确定性又好像是最真实的知识,因为它对于对象还没有省略掉任何东西,而对象整个的完备地呈现在它面前"[①]。然而,这种确定性所提供的真理仅仅包含着这一事物的存在,只是一个"纯自我",即只包含该事物的特殊性,不带有普遍性;不包括由此及彼、由表及里的相互关联性。因而,"这种确定性所提供的也可以说是最抽象、最贫乏的真理"[②]。这种经验直觉还有待于上升到更高的层次——知性直觉。

---

①② 黑格尔:《精神现象学》上卷,商务印书馆,1979年,第63页。

作为知性直觉的表征形式数学直觉和逻辑直觉都超越了感性直觉,达到了一种普遍的真理性。它们消除了个别与一般、特殊与普遍的对立。在时间上,这种知性直觉的确定性强调的是当下性;在空间上,它则强调事物或现象存在的相对稳定性。如果说在经验直觉中由于未省略掉对象的任何东西,因而它呈现给我们以无限丰富的内容;而在知性直觉中更多的是以超越经验直觉的感性实在的概念和规律为其存在方式。知性概念消除了普遍与个别的对立,超越了感观世界,进入了超感观世界。知性规律的本质在于"它所发现的事实上只是规律概念本身"①。它扬弃经验直觉的杂多性,达到了抽象的普遍性。由于"知性是人类特有的抽象与概括能力的表现,是从事实证科学研究的方法论的灵魂,是高级的人类辩证的哲学思维不可缺少的基础"②,因而知性直觉是主体对科学发现和科学研究过程的特有现象或特有的思维程序的概念和规律的把握。就逻辑直觉而言,它表现为思维主体对思维对象的逻辑形式、结构与规律的统摄。这是思维主体通过长期的逻辑思维训练,在大脑皮层上存储了诸多的逻辑思维认知模块。一旦在特定情境的激发下,便会对有关问题进行逻辑地统摄。逻辑直觉表现了主体对一定问题内在的逻辑形式、结构与规律的敏感度与分辨率。就数学直觉而言,表现为思维主体对思维对象的数量关系与空间形式的统摄力。这也是思维主体在长期的数学思维训练中形成了众多数学认知模块存储于大脑皮层上,在特定情境的激发下,对有关问题的数量关系和空间形式特有的直觉能力。由于知性思维具有静态性、分析性和抽象性的特征,因而知性直觉只善于把握那些处于当下的和相对稳定的事物与现象,而对于那些处于历时的和变化的事物与现象则需要以理性直觉来把握。

所谓理性直觉是指思维主体对思维对象的观念统摄或对其本质与规律的整体把握。前者称为思辨理性直觉;后者称为辩证理性直觉。就思辨理性直觉而言,它是用概念系统来统摄事物或现象的本质与规律。作为思辨理性的代表黑格尔曾指出:"真正的思想和科学洞见,只有通过概念所作的劳动才能获得"③,因为"只有概念才能产生知识的普遍性,而所产生出来的这种知识的普遍性,一方面,既不带有普遍常识所有的那种常见的不确定性和贫乏性,而是形成了的完满的知识,另一方面,又不是因天才的懒惰和自负而趋于败坏的理性天赋所具有的那种不常见的普遍性,而是已经发展到本来形式真理,这种真理能够成为一切自觉的理性的财产"④。思辨理性直觉固然有其理论上的深刻性、思维上的深邃性和对事物与现象把握的深沉性,但由于它往往将概念与事物及其本质与规律的关系颠倒,即认为概念是真实的存在,而事物及其本质与规律只是概念的外化而已,因而便陷入唯心主义思维方式之中。

再就辩证理性直觉而言,它是指用唯物辩证法的方法,从理性的高度对事物与现象的本质和规律进行统摄。因为辩证思维是反映客观事物辩证规律的理性认识,是对客观思维及其辩证规律反映的过程和成果。由于"辩证法是现实世界中一切运动、一切生命、一切事业的推动原则",同时,"辩证法又是知识范围内一切真正科学认识的灵魂"⑤,由于辩证思维运用了辩证法,便超越知性思维阶段概念、判断、推理的固定界限,从而使概念本身成为多

---

① 黑格尔:《精神现象学》上卷,商务印书馆,1979年,第101页。
② 萧焜焘:《精神世界掠影》,江苏人民出版社,1985年,第75页。
③④ 黑格尔:《精神现象学》上卷,商务印书馆,1979年,第48页。
⑤ 黑格尔:《小逻辑》,商务印书馆,1980年,第177页。

种规定性的统一,判断则是概念的展开,推理则是概念的实现和发挥,进而更能真实地反映事物之间的联系、变化和发展的规律。马克思(1818—1883)从唯物辩证法的角度论述了辩证思维。他在《1857—1858年经济学手稿·导言》中,将研究政治经济学的特殊思维方式发展为一般的思维方式。这种思维方式可以表达为这样的公式:"从抽象上升到具体"。其内容是:"具体之所以是具体,因为它是许多规定的综合,因而是多样性的统一。因此它在思维中表现为综合的过程,表现为结果,而不是表现为起点。虽然它是现实中的起点,因而也是直观和表象的起点。在第一条道路上,完整的表象蒸发为抽象的规定;在第二条道路上,抽象的规定在思维行程中导致具体的再现。"①这里马克思把辩证思维的过程分为两个相互联系又相互区别的阶段。第一个阶段,经过更切近的规定之后,就会在分析中达到越来越简单的概念,"从表象中的具体达到越来越稀薄的抽象,直到我达到一些最简单的规定"②,进而从分析中找出一些有决定意义的抽象的一般的关系。第二个阶段的行程是从抽象上升到具体,但是这个具体已不是一个整体的浑沌表象,"而是一个具有许多规定和关系的丰富的总体了"③,这是通过综合达到的。由于具体是许多规定的综合,因而是多样性的统一。马克思认为这种辩证思维的方法是科学研究的方法。

尽管从形式上,辩证理性直觉与思辨理性直觉有某种相似,它也是用概念系统来反映事物和现象的本质与规律,但与思辨理性直觉不同之处在于,它把事物和现象的本质与规律看作是客观的、不以人的意志为转移的,而概念系统则是对事物和现象的本质与规律所作的理性抽象。因而辩证理性直觉就与思辨理性直觉有了本质的区别。辩证理性直觉更能从事物的本质与规律和现实的关系上、理论上作出整体而全面的统摄。

除了从哲学上对直觉的生成类型进行分类以外,我们从学科上、职业上对其进行分类。若从学科上对直觉的生成进行分类,就有自然科学上的直觉——物理的直觉、化学的直觉等;工程技术中的直觉——计算机设计的直觉、建筑设计的直觉等;人文科学的直觉——伦理的直觉、文学的灵感等。这里既有知性直觉、理性直觉,也有一定的经验直觉。再从职业上对直觉的生成进行分类,就有各种职业的直觉,其中虽有知性直觉、理性直觉,但更多的是经验直觉。

三、直觉思维在科学研究中的作用

首先,直觉思维在科学研究中的作用表现为思维主体获得了一种超越性。一是对过去思维方式的超越,即在特定情境的激发下,思维主体突然中断或改变原有的探求问题的思路,以另一种新的思维方式激活了积淀于大脑中的潜意识思维模块,达到对当前问题的整体和本质的把握,实现了思维(方式)的超越(或跳跃)。二是对过去思维内容的超越,即在直觉生成的那一刻,思维主体超越了原有的思维内容,深入到原来的不可知的领域或事物及现象。这种超越性亦有不同的境界。其一是"茅塞顿开",即主体原来被阻塞的思路忽然打开了,一下子理解并领会了当前事物或现象的内在奥秘。其二是"山重水复疑无路,柳暗花明又一村",即指主体在思考某一问题陷入极度困难状态时,在特定情境的激发下摆脱了当前思维的困境,使思维有了转机。这种转机"是强大的习惯障碍的瓦解,这种瓦解,迅速

---

①②③《马克思恩格斯全集》第12卷,人民出版社,1962年,第751,750页。

地趋向革新"①。这种革新对于思维主体来说"是一种从不堪忍受的重负中突然解脱出来的感受"②。三是"恍然大悟",即思维主体在特定情境的激发下,突然间领悟了当前问题的真谛或解决当前问题的关键。

其次,表现为思维主体的一种创造性。这正如雅克·马利坦所说,直觉所把握的东西,"不是通过对所涉及的对象的自然外形的简单变换,而是通过运用完全独立的领域中的其他对象的全然不同的外形","因此在存在中被把握的奥秘的实在将能通过完全是由它自己的精神的努力而达到的全新的创造而被不可思议地表达出来"③。这种创造性一是表现为对原有经验认知的创造,即思维主体在当前的情境下,将已经积累的经验认知模块与当前的情境迅速整合,产生了新的经验认知模块,以解决当前的问题,同时又会在意识中积淀下来。二是表现为对原有知性认知的创造,即主体在特定情境的激发下,对原有的知性认知模块如思维程序、认知图式、概念系统、思维定律等根据当前的情境进行新的整合,从而生成新的思维程序、认知图式、概念系统、思维定律等,以解决当前科学发现、科学发明或科学研究中的问题。这种认知模块之间的重新整合,是主体在接受新信息的条件下进行的,因而这不仅仅是对原有的认知模块之间联系程式的重新调整和组合,而且是对已有认知模块充实和更新,进而使主体知性思维模式有所突破,知识结构有所更新,在科学活动中的创新能力进一步提高,在科学探求中的知性认知的敏感度进一步增强。三是表现为对原有理性认知的创造,即主体将原来在意识中积淀的关于事物或现象的本质和规律的认识的理性认知模块与当前特定情境相比较,同时在这一情境的激发下,从新的视角、新的高度对已有的理性认知模块迅速地进行重组,与此同时摄入了当前情境的新信息。在理性直觉生成过程中的理性认知的创造,其一,显现为将已有理性认知模块与当前情境整合并提炼、概括出新的概念。这一(或这组)概念"是事物赖以将自己从他物中分离出来而成其为自为存在的东西"④。即这种概念是从新的视角和新的高度对这一(或这组)事物与他物相分离的本质特征的反映。其二,显现为思维主体将已有的理性认知模块之间联结方式的重组,并与当前情境相整合,生成新的判断,以便对当前的问题的性质作出正确的断定,或对该问题的解决作出决断。其三,表现为思维主体将已有的理性认知模块与当前情境相整合,生成对当前事物或现象发展趋向和发展规律的有关推断,进而从整体和全局的高度,作出解决当前问题的相应步骤。

再者是应变性。这是指思维主体在特定情境的激发下生成的直觉对解决当前情境下的问题的变通能力。这种应变性在不同的情境中有不同的表现。一是指主体对一般的、非紧急情况下的应变能力,即是指通常情况下,主体在特定情境(即与解决某一问题相关的场景或观察到与此相关的某一现象)的激发下,突然悟出了解决问题的思路或从整体上把握了事物或现象的本质和规律,从而表现出主体不仅对简单的、常规的问题有应变能力,而且对较为复杂的、非常规问题亦有应变能力。二是指思维主体在紧急情况下的应变能力,"急中生智"便是对思维主体这种应变能力的表述。这是指主体在突发性的危急情况下,迅速提取存储下意识中的经验认知模块、知性认知模块与理性认知模块,并与当前紧急情况相整合,在较短的时间内作出处理当前问题的决断,或想出解决问题的方法,或作出相应的决

---

① ② ③ 雅克·马利坦:《艺术与诗中的创造性直觉》,三联书店,1991年,第188页,第167页。
④ 黑格尔:《精神现象学》上卷,商务印书馆,1979年,第165页。

策与解决问题的步骤,从而表现出思维主体作为从事社会活动的人所特有的智慧和变通能力。正是由于主体的直觉有这样的应变性,因而直觉在科学活动中常常表现为科学活动思维主体对科学发现中的机遇的把握、对科学发明中的灵感的捕捉和对科学研究过程中的顿悟的自觉。

直觉不仅在科研活动中发挥着重要的作用,而且在现代管理活动中表现为管理活动主体能把握住时机,适时地作出决断,运筹帷幄,决胜于千里之外;抓住管理活动中的种种机遇,随机应变,迅速敏捷地调整活动中的节奏,在激烈的竞争中把握主动权。直觉在文学艺术的创作活动中,表现为主体对创作题材的选择、对创作灵感的颖悟、对创作对象的统摄。直觉在道德活动中,表现为主体对道德义务、道德责任的自觉,对道德情感的自主,对道德意志的自律和在道德冲突的果断抉择。

通过以上对直觉的生成及特征、直觉的类型和直觉的作用所作的初步探索,说明直觉并不神秘,只要我们善于在科研活动和其他各项社会活动中把握住直觉给予我们的启示,就能对事物或现象的本质及其发展趋势有所了悟,更好地发挥思维主体的创造性,从而找到解决当前问题的途径。尤其在社会主义现代化建设的过程中,随着科技的高速发展,我们将面临更多的机遇和挑战,如果能正确地把握直觉给予我们的启示,就能抓住机遇,及时地应对挑战,推进社会主义现代化的进程。

主要参考文献

工具书

于光远. 中国小百科全书·思想学术·逻辑. 第 7 卷. 北京:团结出版社,1998

著作与教材

[1]　马克思恩格斯全集. 第 12、20、23、37、46 卷. 北京:人民出版社,1962—1979
[2]　马克思恩格斯选集. 第 1~4 卷. 北京:人民出版社,1972
[3]　恩格斯. 反杜林论. 北京:人民出版社,1970
[4]　恩格斯. 自然辩证法. 北京:人民出版社,1971
[5]　列宁全集. 第 32、38 卷. 北京:人民出版社,1972
[6]　列宁选集. 第 2 卷. 北京:人民出版社,1960
[7]　斯大林选集. 上、下卷. 北京:人民出版社,1979
[8]　列宁. 哲学笔记. 第 2 版. 北京:人民出版社,1993
[9]　毛泽东选集. 1~4 卷(合订本). 北京:人民出版社,1964
[10]　邓小平文选. 第 2 卷. 北京:人民出版社,1994
[11]　黑格尔. 小逻辑. 北京:商务印书馆,1980
[12]　黑格尔. 精神现象学. 上卷. 北京:商务印书馆,1979
[13]　雅克·马利坦. 艺术与诗中的创造性直觉. 北京:三联书店,1991
[14]　张一兵,胡大平. 西方马克思主义的历史逻辑. 南京:南京大学出版社,2003
[15]　萧焜焘. 科学认识论史. 南京:江苏人民出版社,1995
[16]　周礼全. 黑格尔的辩证逻辑. 北京:中国社会科学出版社,1989
[17]　郁慕镛,张义生. 逻辑·科学·创新. 长春:吉林人民出版社,2002
[18]　普通逻辑编写组. 普通逻辑. 上海:上海人民出版社,2011
[19]　宋文坚. 逻辑学. 北京:人民出版社,1999
[20]　张清宇,郭世铭. 哲学逻辑研究. 北京:社会科学文献出版社,1997
[21]　苏佩斯. 逻辑导论. 宋文淦译. 北京:中国社会科学出版社,1994
[22]　陈晓平. 归纳逻辑与归纳悖论. 武汉:武汉大学出版社,1994
[23]　苏越. 思路·逻辑·创造方法. 北京:中央广播电视大学出版社,1992
[24]　王宪钧. 数理逻辑引论. 北京:北京大学出版社,1992
[25]　王雨田. 归纳逻辑导引. 上海:上海人民出版社,1992
[26]　李小五. 现代归纳逻辑与概率逻辑. 北京:科学出版社,1992
[27]　郁慕镛. 形式逻辑纲要. 南京:江苏科学技术出版社,1992
[28]　王球,崔文琴. 逻辑学导论. 北京:中国广播电视出版社,1991

[29] 程仲棠. 现代逻辑与传统逻辑. 广州:暨南大学出版社,1990
[30] [美]R. J. 克雷切. 大学生逻辑. 宋文淦译. 北京:北京大学出版社,1989
[31] [美]B. F. 切莱士. 模态逻辑导论. 郑文辉译. 广州:中山大学出版社,1989
[32] 周礼全. 黑格尔的辩证逻辑. 北京:中国社会科学出版社,1989
[33] 郑毓信. 现代逻辑的发展. 沈阳:辽宁教育出版社,1989
[34] 江天骥. 归纳逻辑导论. 长沙:湖南人民出版社,1987
[35] 北京市逻辑学会编. 归纳逻辑. 北京:中国人民大学出版社,1986
[36] 马玉珂. 西方逻辑史. 北京:中国人民大学出版社,1985
[37] 江天骥. 西方逻辑史研究. 北京:人民出版社,1984
[38] 张巨青. 科学逻辑. 长春:吉林人民出版社,1984
[39] 朱志凯. 形式逻辑基础. 上海:复旦大学出版社,1983
[40] 李廉. 辩证逻辑. 合肥:安徽人民出版社,1982
[41] 张巨青. 辩证逻辑. 长春:吉林人民出版社,1981
[42] 西方哲学原著选读. 上卷. 北京:商务印书馆,1981
[43] 任继愈. 中国哲学史. 第1册. 北京:人民出版社,1963
[44] 周谷城. 形式逻辑与辩证法. 北京:三联书店,1962
[45] 全国工商管理硕士入学考试研究中心编. MBA联考综合能力测试辅导材料逻辑. 北京:机械工业出版社,2012
[46] 杜国平. 普通逻辑. 北京:高等教育出版社,2010
[47] 陈爱华. 科学与人文的契合——科学伦理精神的历史生成. 长春:吉林人民出版社,2003
[48] 陈爱华. 2002MBA逻辑. 北京:清华大学出版社,2001

论文

[1] 唐维东. 五次敲开微软之门. 做人与处世,2001(7)
[2] 陈爱华. 辩证逻辑探微. 东南大学学报·哲学科学版,2003(3)
[3] 陈爱华. 青年马克思劳动伦理观的三重思维向度. 苏州铁道师范学院学报,2001(3)
[4] 陈爱华. 试论法兰克福学派科学伦理思想演进的理论逻辑. 现代哲学,2001(4)
[5] 陈爱华. 类比在现代逻辑发展中的作用. 社会科学(沪),1994(2)
[6] 陈爱华. 试析"征候阅读"的方法论视域——读阿尔都塞《读资本论》. 南京社会科学,2002(2)
[7] 陈爱华. "烦—操持—实践"的三重语境之解析——读科西克《具体辩证法》. 学术研究,2001(2)
[8] 陈爱华. 马克思对黑格尔思辨方法的批判性解读. 马克思主义研究,2010(3)

后　记

　　本书经过近八年的实践和一年多的修订,终于又与广大读者见面了。从其思想的历程来看,经过了 30 年的积淀。

　　1980—1982 年笔者在南京大学系统地进修了数理逻辑、形式逻辑和辩证逻辑。在南京大学进修期间有幸得到莫绍奎教授、郁慕镛教授、李廉教授、沈百英教授等多位逻辑学专家的教诲和精心指教,进入了逻辑学的殿堂,大师们的渊博学识和颇具魅力的讲授,使笔者深深地被逻辑学所吸引,进而对逻辑学产生了浓厚的兴趣。

　　从事逻辑学教学 20 多年来,笔者一直有一个心愿——编著一本逻辑学教材。1988 年,笔者根据在全校开设公共选修课的要求,开始了最初的尝试——编写了《逻辑学基础》讲义,该教材获东南大学优秀教材二等奖。1991 年笔者参加了由王球教授和崔文琴教授主编的《逻辑学导论》一书的编写。在讨论书稿编写框架和内容的过程中,笔者有幸得到崔文琴教授、王球教授等多位老师的精心指导,这不仅使笔者对逻辑学的理解进一步加深,而且对类比推理产生了浓厚的兴趣。之后,笔者在南京大学进修了由郑毓信教授主讲的《现代逻辑》课程。在郑毓信教授的悉心指导下,笔者在东南大学开设了《现代逻辑》公共选修课。在从事逻辑学教学的过程中,开始了有关逻辑学的理论研究,发表了"类比在现代逻辑发展中的作用"等论文。与此同时,笔者开始从事伦理学的研究与教学,参加了多部著作的撰写。随着多学科的交叉研究,笔者的理论视阈大大拓宽。进而对逻辑学也由原来的单一的求真视角的审视,转变为多维考察。尤其在三段论的教学和研究中,笔者深深地被其公理的统摄性、体系的和谐性、规则之间的关联性所慑服,由此产生了对三段论的审美观照。近年来批判性思维异军突起,笔者从事了与之相关的 MBA、MPA、GCT-ME 逻辑的教学和研究,并试图将其与形式逻辑的教学与研究相融通并引发了对逻辑学真善美的多维探索。

　　1998 年笔者在南京大学攻读了马克思主义哲学博士学位,在读博期间,有幸得到多位名师——孙伯鍨教授(生前)、刘林元教授、侯惠勤教授、林德宏教授、张异宾教授的辛勤教诲,尤其是笔者的导师张异宾教授的悉心指导和榜样示范。师长们诲人不倦、勤业精业的学者风范、渊博的学识、宽广的学术视野、鞠躬尽瘁忠诚于教育事业的精神深深地感化着笔者。加之,自 1996—2000 年笔者承担了江苏省规划课题"科学精神人文精神与中国社会发展"研究,2001—2003 年承担了江苏省规划课题重点工程子课题:"高科技与社会主义市场经济道德问题研究",不仅进一步拓宽了理论视野,而且更加关注理论研究的方法论、真善美的相互关系。2001—2002 年在郁慕镛教授的悉心指导下,笔者对辩证逻辑进行了系统研究并参加了由郁慕镛教授和张义生教授主编的《逻辑·科学·创新》(吉林人民出版社 2002 年出版)一书有关章节的撰写。2008—2012 年承担了教育部人文社会科学规划基金项

后　记

目——马克思科技伦理思想及其当代发展研究,一是使笔者对马克思主义的历史唯物主义与历史辩证法的生成发展有了更加深刻的理解;二是对当代科学发展的前沿及其产生的伦理问题更加关注。笔者将这些收获都融入了本教材的修订之中,与广大读者分享。

三十年来笔者在多位师长、逻辑学前辈的教导、关心、指点和同行的启迪、支持下,在多学科的交叉研究的基础上,对逻辑学进行了不懈的探索;2010年笔者承担了东南大学逻辑学通论选修课的教学与研究,进而为本书的写作与修订奠定了更加坚实的学理基础和资料基础。在讨论本书第一版写作的过程中,得到本书副主编、南京大学政治学博士、南京信息大学公共管理学院书记苏向荣教授的鼎立策划;晓庄师范学院的吴海燕老师进行了积极的探索;东南大学档案馆肖太桃副馆长与笔者共同探索辩证逻辑问题,使笔者颇受教益。另外,陈晶晶、祖伟、梁修德、牛庆燕等硕士积极参与了初稿的编写工作。在本书体系编排上,深受《西方马克思主义的历史逻辑》(张一兵、胡大平合著,由南京大学出版社2003年出版)一书的启发。

本书在编写过程中,参考了有关的逻辑学专著与教材,同时也凝聚本书全体编写人员的智慧和辛勤劳动。本书第一版的分工如下:

导言　（东南大学　陈爱华）

第一章　形式逻辑概述（东南大学　陈爱华）

第二章　概念（东南大学　梁修德、牛庆燕、陈爱华）

第三章　性质判断及其推理（东南大学　陈爱华）

第四章　三段论（东南大学　陈爱华）

第五章　关系判断及其推理（东南大学　陈晶晶、陈爱华）

第六章　复合判断及其推理(上)（南京大学博士生　江苏警官学院　徐传宇）

第七章　复合判断及其推理(下)（南京大学博士生　江苏警官学院　徐传宇）

第八章　模态判断及其推理（晓庄师范学院　吴海燕）

第九章　逻辑基本规律（东南大学　祖伟、陈爱华）

第十章　归纳推理（南京大学博士　南京信息大学　苏向荣）

第十一章　类比与假说（东南大学　陈爱华）

第十二章　证明与反驳（东南大学　陈爱华）

第十三章　辩证逻辑及其发展（东南大学　陈爱华、肖太桃）

（附录）非逻辑思维方法的探索——直觉思维及其作用（东南大学　陈爱华）

尽管这次主要是由笔者负责全书的修订与校对,但在修订过程中,本书的副主编苏向荣教授提出了富有建设性意见并且为练习题的修订提供了重要素材,本书的副主编江苏警官学院的徐传宇博士也提出了宝贵的修改意见,东南大学禤庆文博士对于本书"证明与反驳"一章的修改提出了富有建设性价值的建议,本书的策划史建农编辑一直关注和支持本书的修订工作。东南大学博士生李扬、孙全胜,硕士生孙卫协助了本书修订版的校对工作。在此谨向他们表示衷心的感谢！

本书是教育部振兴行动计划东南大学重点资助教材、教育部振兴行动计划东南大学伦理学与科学哲学重点项目阶段性成果。在本书的出版过程中得到了东南大学教务处领导和人文学院领导的亲切关怀和指导,得到了东南大学出版社的大力支持,得到了中国逻辑学会副会长、江苏省逻辑学会会长、南京大学张建军教授的精心指导,得到了中国社会科学院哲学所研究员,中国逻辑学会秘书长杜国平教授的指导与关心,还得到了南京信息大学、江苏警官学院和晓庄师范学院的热情支持,东南大学马雷教授也给予了许多帮助,还得到了省内外逻辑学界同仁们的肯定与关注。在此谨向他们表示衷心的感谢!同时对长期以来关怀、关心笔者的亲人、师长、领导和同事们表示衷心的感谢!

谨将此书献给教导、关心、支持笔者的师长、领导和同事们!

陈爱华

2012 年 8 月修订版第一稿于南京

2013 年 1 月修订版定稿